시독관 오도일이 밀ㅇㅇㅇㅇㅇㅇ ㅇㅇㅇㅇㅇㅇ 건의한 것을 인해서
『심경』을 진강하게 되었으니 이는 참으로 본원(本源)을 다스리는 서책입니다. 청
컨대『통감강목』을 때때로 관찰하고 열람하셔서 귀감과 경계하는 자료로 삼으
시되, 『심경』을 잇따라 강독하게 하소서" 하니, 임금이 그것을 옳게 여겼다.

—『숙종실록』, 숙종 7년(1681년) 7월 12일

"그대가 심학(心學)으로 나를 면려하였으므로, 『심경』을 그대에게 주는 것이니, 그
대의 말을 저버림이 있겠는가? 『심경』이 여기에 있다" 하고, 날마다 부지런히 강토
(講討)하였다.

—『경종실록』, 경종 2년(1722년) 3월 15일

"법연(法筵)에서 바야흐로 『심경』을 강하고 있는데, 어떠한가?" 하니, 대답하기를
"마음 공부에 지극히 간절한 것입니다. 정자·주자의 격언이 모두 이 책에 있는데,
우리나라에서는 선정신(先正臣) 이황부터 시작하여 존신(尊信)하고 표장(表章)했
으므로, 이어서 세상에 성행하게 된 것입니다.

—『영조실록』, 영조 19년(1743년) 3월 25일

"이 편(篇)은 마음에 대해 말한 글들을 모아서 하나의 책을 만든 것으로 천고에 마
음을 다스리는 요법(要法)인 것이다. 진서산이 임금을 사랑하는 정성과 뒷사람들
에게 은혜를 베푼 공이 진실로 크다. 그런데 책의 이름을 『심경』이라고 한 것은 『시
경』이니 『서경』이니 한 것과는 같지 않으나, 설명이 하나의 '심(心)' 자에서 나왔으
므로 드디어 '경(經)'이라고 한 것이다." —『정조실록』, 정조 5년(1781년) 3월 18일

심경부주

心經附註

마음을 다스리는 법

심경부주

진덕수 · 정민정 지음 | 이한우 옮김

해냄

이 책은 송나라의 정치가이자 유학자인 서산(西山) 진덕수(眞德秀, 1178~1235년)가 편찬하여 원주(原註)를 붙인 『심경(心經)』에 명나라의 학자 황돈(篁墩) 정민정(程敏政, 1445~1499년)이 부주(附註)를 추가한 『심경부주(心經附註)』(이하 '심경'으로 약칭)를 우리말로 풀어 옮긴 것이다. 옮긴이의 공부 행적으로 보자면 진덕수의 『대학연의(大學衍義)』(해냄)를 2014년에 번역 출간한 데 이어 진덕수 저서를 두 번째로 번역한 셈이다. 동시에 올해 초, 일단 작업을 마친 사서(四書) 풀이 작업을 마음의 측면에서 새롭게 정리해 본다는 의미도 있다.

이 책을 번역하면서 가진 느낌은 생생함 그 자체였다. 1천 년이 지난 지금도 사람의 마음에 관해 이처럼 생생하게 잘 정리한 책은 본 적이 없기 때문이다. 특히 20년 전쯤 길버트 라일(Gilbert Ryle)의 『마음의 개념(The concept of mind)』(문예출판사)을 번역한 적이 있는 옮긴이로서는 동양에 이런 책이 있었고, 또 조선의 선비들이 그처럼 애지중지했다는 사실이 놀랍기도 했으며, 이제야 그 가치를 알게 됐다는 것이 부끄럽기도 했다. 이 책은 단순히 유학자들의 마음관을 보는 데 그치는 것이 아니라 인간 일반의 마음에 대한 개념을 파악하는 데도 살아 있는 교과서라 할 만하다.

진덕수(眞德秀, 1178~1235년)는 송나라 건녕부(建寧府) 포성(浦城) 사람으로 자는 경원(景元) 또는 희원(希元)이었는데, 나중에 경희(景希)로 고쳤다. 호는 서산(西山), 시호는 문충(文忠)이다. 그래서 조선시대 선비들은 그를 '서산 선생' 혹은 '서산 진씨'라고 불렀다.

영종(寧宗) 경원(慶元) 5년(1199년)에 진사(進士)가 되었고, 개희(開禧) 원년(1205년)에 박학굉사과(博學宏詞科)에 합격했다. 이종(理宗) 때 예부시랑(禮部侍郎)에 발탁되어 직학사원(直學士院)에 올랐으나 재상 사미원(史彌遠)에게 탄핵되어 파직되었다. 단평(端平) 원년(1234년)에 호부상서(戶部尙書)가 되고, 한림학사지제고(翰林學士知制誥)를 지냈다. 다음 해 참지정사(參知政事)가 되었으나 1년이 채 되지 않아 죽었다. 조선에서는 그가 쓴 『대학연의』와 『심경』이 크게 유행했다.

정민정(程敏政, 1446~1499년)은 명나라 휘주부(徽州府) 휴녕(休寧) 사람이다. 자는 극근(克勤)이고, 중년 이후 황돈(篁墩)을 호로 삼았다. 태상사경(太常寺卿) 겸 시강학사(侍講學士)를 거쳐 예부우시랑(禮部右侍郎)까지 올랐으나 홍치(弘治) 12년(1499년) 탄핵을 받아 물러났다.

자료를 조사해 보니 이미 국내에는 다섯 종류의 '심경'이 번역돼 있다. 석당전통문화연구원의 『국역 심경』(동아대학교출판부, 1987년), 이원주의 『중재이원주교수유고집 하 - 국역 심경』(중재이원주교수추모사업회, 1994년), 최중석의 『역주 심경부주』(국학자료원, 1998년), 성백효의 『역주 심경부주』(전통문화연구원, 2002년), 그리고 최근에 가장 체계적으로 조선 학자들의 주석까지 포함시킨 이광호(공역, 이하 '이광호'로 표기)의 『국역 심경 주해 총람 상, 하』(동과서, 2014년)이다. 하지만 이 책들의 번역은 한학(漢學) 혹은 한국 철학이나 동양 철학계 내에서는 서로 통하는 번역 방식인지는 몰라도 2015년 현재 대한민국의 언어 체계와는 조화될 수 없는 언어를 사용하고 있기 때문에 옮긴이는 다시 한 번 『심경』 혹은 『심경부주』를 풀어 옮길 필요를 느꼈다. 이 번역서들이 공통적으로 안고 있는 문제점들에 대한 비판적 지적은 생략한다. 대신 첫 구절에 대한 주요 번역서들의 번역과 옮긴이의 번역을 잠깐 비교해 보겠다.

먼저 최중석의 번역이다. 한자 중심의 석당전통문화연구원과 이원주의 번역본은 검토 대상에서 제외한다.

帝曰, 人心惟危, 道心惟微, 惟精惟一, 允執厥中

황제가 이르되, 인심(人心)은 오직 위태롭고, 도심(道心)은 오직 은미하다. 오직 정밀하게 살피고, 전일하게 지켜서, 그 중(中)을 잡으라. (1998년)

다음은 성백효의 번역이다.

帝曰 人心惟危하고 道心惟微하니 惟精惟一이라야 允執厥中하리라

舜임금이 말씀하였다. "人心은 위태롭고 道心은 미묘하니 精하게 살피고 한결같이 지켜야 진실로 中道를 잡을 것이다." (2002년)

이광호의 번역은 다음과 같다.

帝曰, "人心惟危, 道心惟微, 惟精惟一, 允執厥中."

순임금이 말하였다. "인심(人心)은 오직 위태롭고 도심(道心)은 오직 은미하니, 오직 정밀하게 살피고 오직 한결같이 지켜야 진실로 그 중(中)을 잡을 것이다."(2014년)

20년 가까운 시간 동안 번역의 개선 작업이 이뤄진 것 같기도 하고 그렇지 않은 것 같기도 하다. 이제 옮긴이의 번역을 소개한다.

帝曰 人心惟危 道心惟微 惟精惟一 允執厥中
제왈 인심 유위 도심 유미 유정유일 윤집궐중

순임금이 말했다. "사람의 마음이란 오직 위태위태한 반면 도리의 마음은 오직 잘 드러나지 않으니 (그 도리를 다하려면) 정밀하게 살피고 한결같음을 잃지 않아 진실로 그 적중해야 할 바를 잡도록 하여라."

이번 기회에 기초적인 개념부터 문장 구성까지 기존의 한문 번역이 갖고 있는 문제점이 무엇인지 한 번쯤 다시 생각해 보는 계기가 되기를 바란다.

이제 옮긴이의 『심경』 번역이 갖는 의미에 대해 몇 가지 언급하는 것으로 들어가는 말을 갈음할까 한다. 첫째, 옮긴이는 지금 진덕수의 저술들을 우리말로 옮기는 일련의 작업을 진행하고 있다. 1차로 『대학연의』가 끝났고, 이번에 『심경』을 마쳤으며, 앞으로도 진덕수의 『문장정종(文章正宗)』 『서산독서기(西山讀書記)』로 이어지는 번역 작업을 계속 해나갈 예정이다. 이 작업은 이미 완성된 사서 풀이에 이어 향후 진행될 삼경(三經) 풀이와도 깊이 연결돼 있다. 이런 맥락에서 『심경』

을 풀어내는 작업은 무엇보다 사서 중에서도 『중용(中庸)』과 『맹자(孟子)』를 보다 정확하게 이해하는 길잡이를 제공해 주었다고 할 수 있다.

그러나 이에 못지않게 중요한 의미는 한국 사람이라면 누구나 알 수 있는 용어로 『심경』을 풀어냈다는 점일 것이다. 한 가지 예를 들어보겠다. 지금도 그냥 '天理'라고 쓰고서 한글은 아예 쓰지 않는 번역들이 있는가 하면, 조금 더 번역한 경우가 '천리(天理)'인 정도다. 여기서 조금 더 나아가면 '하늘의 이치'다. 그런데 옮긴이는 이 경우 더 풀어내어 '하늘과도 같은 이치'라고 했다. 이렇게 하면 중심점이 '天'이나 하늘에서 '理', 즉 이치로 이동한다는 점을 알 수 있을 것이다. 억지 조어를 통해 순우리말 철학을 하자는 것이 아니라 한자의 원뜻에 가장 가까운 것을 그 문맥 속에서 찾아내어 정확하고 쉽게 번역하자는 것이 옮긴이의 일관된 번역 원칙이다.

이렇게 번역하는 이유는 한 가지다. 이렇게 해야만 『심경』이 더 이상 소위 전문가들의 탁상공론에 갇히지 않고, 많은 이들이 읽고 도움을 얻을 수 있는 교양 도서의 하나로 재탄생할 수 있기 때문이다. 그래서 부제도 그 뜻을 현대에 맞도록 옮겨와 '마음을 다스리는 법'이라고 정했다.

참고로 조선시대에 큰 인기를 끌었던 이 책이 선비들에게 미친 영향에 대해서는 앞서 언급한 이광호의 『국역 심경 주해 총람』과 더불어 홍원식(공역)의 『조선시대 심경부주 주석서 해제』(예문서원, 2007년)를 참고하기 바란다.

한문 원문은 번역서답게 가능한 한 노출을 줄였다. 따라서 사서삼경 등의 원문 부분에만 한문에 우리말을 덧붙였고, 원래의 주석〔原註〕_{원주}과 덧붙인 주석〔附註〕_{부주}의 원문은 생략하고 번역문만 실었다. 다만 핵심

개념이나 독자들이 궁금해할 만한 부분은 〔 〕 표시를 통해 원문을 덧붙였다.

이 책을 읽는 법은 그다지 어렵지 않다. 진덕수는 사서삼경 중에서 마음을 다스리는 법과 관련된 주옥같은 구절을 고르고 뽑은 다음, 주석을 달았다. 여기서 우리는 무엇보다 진덕수의 취사선택(取捨選擇)하는 안목을 배워야 한다. 거기에는 사서삼경에 통달한 그의 학식이 처음부터 끝까지 뒷받침되고 있기 때문이다. 그러고 나서 정민정의 덧붙인 주석〔附註〕이 따라온다. 잘 읽어보면 알겠지만 원래의 주석〔原註〕과 덧붙인 주석〔附註〕은 듬성듬성한 것 같아도 일관된 흐름을 형성하고 있다. 이 흐름을 찾아내는 것에 이 책을 읽는 또 다른 즐거움이 숨어 있다.

옮긴이는 나름의 계획에 따라 이 책을 옮겼다. 그 계획이란 진덕수의 사상 체계를 이 땅에 소개하는 것이다. 사실 조선시대 지식층은 너나 할 것 없이 진덕수의 책을 접하지 않을 수 없었다. 국왕을 비롯한 지배 계층은 『대학연의』를 읽었고, 퇴계 이황 이후 이 땅의 선비들은 그가 주요 경전에서 발췌하여 재구성한 『심경부주』를 필독서로 삼았다.

그렇다고 지금 조선 선비의 입장이 되어 이 책을 읽어야 한다는 말은 아니다. 옮긴이는 우선 조선 선비들의 정신세계가 궁금했기에 이 책을 옮겼고, 옮기는 과정에서 이 책의 내용이 현대인들에게도 그대로 적용될 수 있음을 알았다. 원래의 주석과 덧붙인 주석이 있기는 하지만, 결국 정민정이 덧붙인 주석은 진덕수의 주석을 따르려 했다는 점에서 크게 보면 하나의 정신이 지배하는 책이라 하겠다.

단도직입적으로 말하면, 현대의 한국인들이 이 책을 많이 읽었으면 한다. 그것은 역사 기행임과 동시에 그 시대 사람들의 심리 구조에 대한 탐색이 될 것이다.

이 작업을 하는 데 많은 분들의 도움과 격려가 있었다. 아내 김동화와 아들 이상훈이 가장 큰 힘이 됐고, 조선일보사 방상훈 사장님을 비롯한 회사 선배님들, 동료와 후배 들도 늘 많이 응원해 주었다. 진심으로 고마움을 전한다. 이기상 선생님과 고(故) 김충렬 선생님의 가르침이 없었다면 지금과 같은 학문의 세계에 눈뜨지 못했을 것이다. 내 작업의 든든한 후원자이신 해냄출판사 송영석 사장님과 이진숙, 이혜진 편집장 그리고 늘 애써주는 편집부 박은영 팀장에게도 특별한 감사의 인사를 전한다.

2015년 11월 상도동 보심서실(普心書室)에서
탄주(灘舟) 이한우(李翰雨) 삼가 쓰다

차례

일러두기

1 『심경부주』 번역에는 기초 자료로 대만국립도서관(http://rbook2.ncl.
   edu.tw)에서 공개 중인 조선 명종 21년(1566년)에 간행된 판본을 사
   용했으며, 그외 여러 저본을 참고했다.

2 진덕수가 집필한 '원래의 주석'은 眞 으로, 정민정의 '덧붙인 주석'은
   程 으로 표기했다. 또한 정민정의 주석 안에 성현의 말씀을 인용한
   부분은 들여쓰기로 구분했으며, '按'으로 표기해 자신의 생각을 덧붙
   인 부분은 '가만히 살펴보다'로 번역하였다.

3 역주는 번호를 달아 다른 색깔로 표시했고, '원래의 주석'이 끝나는
   부분과 '덧붙인 주석'이 끝나는 부분에 각각 내용을 첨부했다. 역주
   가 짧은 경우에는 괄호 안에 '-'로 추가했다.

4 한자 표기는 대부분 우리말로 풀고 〔 〕 안에 한자를 음과 함께 표기
   했다. '人心'을 '사람의 도리〔人心〕'로 푼 것과 같다.

5 옮긴이의 뜻에 따라 『심경부주』의 부속물은 내용 이해에 핵심적인
   '진덕수의 찬(贊)'과 '정민정의 심경후서(心經後序)'만 번역하여 실었
   다. (정민정이 쓴 '심경부주 서(序)', '진덕수의 찬'에 따르는 안약우(顔若
   愚)의 글, 정복심(程復心)의 '심학도(心學圖)'는 생략했다.)

진덕수의 찬(贊)¹⁾

순(舜) 임금과 우왕(禹王)이 주고받은 말은 16자인데²⁾ 아주 오랜 세대(萬世)의 심학(心學)은 이를 그 깊은 뿌리(淵源)로 삼고 있다.

사람의 마음(人心)이란 대체(伊) 무엇인가? (사람의 마음이란) 형체와 기운(形氣)에서 생겨나는 것이니 좋아함(好)이 있고 즐김(樂)이 있으며 성냄(忿)이 있고 한스러워함(懥)이 있다. 이런 욕심(이나 욕망)(欲)은 쉽게 (이리저리) 흘러 다니니 이를 일러 위태롭다(危)고 하는 바, 잠시라도 혹 그것을 놓아버리면 수많은 사특함(衆慝=諸邪)이 그것을 따르게 된다.

도리의 마음(道心)이란 대체 무엇인가? (도리의 마음이란) 본성과 천명(性命)에 뿌리를 두고 있는 것이니 의로움(義)이라 하고 어짊(仁)이라 하고 적중함(中)이라 하고 바름(正)이라 한다. 이런 이치(理)는 형체가 없으니 이를 일러 잘 드러나지 않는다(微)고 하는 바, 털끝(毫芒)만큼이라도 잃으면 그것을 보존하는 일은 거의 드물게 된다.

이 두 마음 사이에는 일찍이 중간지대〔隙〕를 용납하지 않으니 반드시 정밀하게 살펴서 흑백을 분별하듯 해야 한다.

앎이 미치고〔知及〕 (그 미친 바를) 어짊이 지키는 것〔仁守〕이 서로 처음과 끝이 되니 오직 정밀하기〔惟精〕 때문에 한결같고 오직 한결같기〔惟一〕 때문에 적중한다.[3]

빼어난 이와 뛰어난 이〔聖賢〕가 번갈아 일어나 순임금을 체득하고 우왕을 본받으며〔體姚法姒〕[4] 반드시 따라야 할 법도〔綱維〕를 들어서 후대의 세상에 훤하게 보여주었으니 (그것이 바로) 경계하고 두려워함〔戒懼〕과 홀로 있을 때에도 삼감〔謹獨〕이고 간사함을 막음〔閑邪〕과 열렬함을 잘 지켜냄〔存誠〕이며 분노나 욕심을 반드시 막아내고 반드시 징계하는 것이다.

상제(上帝)가 진실로〔寔〕 (어디에나) 임하여 계시니 어찌 감히 혹시라도 두 마음을 품겠는가? 방구석이 비록 은밀하다고 해도 어찌 (아무도 보지 않는다고 해서) 마음에 부끄러운 짓을 하겠는가?

네 가지 그릇됨〔四非〕[5]을 모두 이겨내되 마치 적을 물리치듯이 하고 네 가지 실마리〔四端〕가 이미 발현하면 그것을 모두 널리 펴서 (그것으로 마음 안을) 꽉 채워야 한다. (그래서) 억측〔意〕과 (반드시 하겠다며) 무리하는 마음〔必〕이 싹틀 때는 구름이 걷히고 자리를 없애버리듯이 깨끗하게 제거하고, 사랑하는 마음〔子＝慈〕과 믿음〔諒＝良〕이 생겨날 때는 봄 기운에 만물이 자라듯이 길러주어야 한다.

닭이나 개가 달아났을 때에는 그것을 찾을 줄 알 듯이 (바른 마음을) 찾으려 해야 하고, 소와 양이 뜯어 먹으면 민둥산이 되듯이 (바른 마음을) 해칠까 걱정해야 한다.

한 손가락과 어깨와 등 중에서 어느 것이 귀하고 어느 것이 천한가? 한 그릇 밥과 만종(萬鍾-많은 액수의 돈)에 대해서도 사양할 때와 받을 때[辭受]를 반드시 분별해야 한다.

(사사로움을) 이겨내 다스리는 것[克治]과 잘 지켜서 길러내는 것[存養]은 서로 교차하여 공을 쏟아야 하는 것이니 순임금은 어떤 사람이었던가? 더불어 그와 같이 되기를 기약하라.

아! 이 도리의 마음은 만 가지 좋은 것[萬善]의 주재자이니 하늘이 사람에게 주신 것 중에서 이것이 가장 크다. 이를 마음에 거두어들이면[斂=收] 태극(太極)은 내 몸에 있게 되고, 만 가지 일에 그것을 뿌리면 그 쓰임은 끝이 없다. 신령스러운 거북 껍질을 보배로 여기듯이, 큰 구슬을 받들듯이 (도리의 마음을 기르기를 그렇게) 하라. 늘 이를 생각하여 늘 마음이 여기에 있어야 하는 것이니 (거기에) 힘을 쓰지 않을 수 있으랴.

옛날에 뛰어난 이들[先民=先賢]을 살펴보면 다 삼감[敬]을 서로 주고받았으니 그것을 잡아 쥐어 다잡고 널리 베푸는 것[操約施博]보다 앞서는 것이 과연 뭐가 있겠는가?

내가 와서 고을[州]을 맡은 다음에 욕심을 부리다 마음이 막히는 것[茅塞]을 두려워하여 이에 바른 말들[格言]을 모아서 그것으로 폐부를 씻어낸다. 밝은 창문과 비자나무 책상[棐几=榧几], 맑은 한낮에 향로에서는 연기가 피어오르는데 책을 펴놓고[開卷] 숙연한 마음으로 나의 마음[天君]을 섬기노라.

1) 일반적으로 찬(贊)이라고 하면 인물이나 서화를 찬미하는 문체로 남의 좋은 점을 칭찬하는 글이다. 주로 성현들이 말한 마음에 관한 이야기들을 요약해 찬미하고 있다. 그러나 여기서는 이 책을 펴내는 이유를 밝히고 있다는 점에서 서문에 가깝다.

2) 제1장 '사람의 마음과 도리의 마음에 대해 말하다'의 『서경(書經)』에 나오는 순임금이 우왕에게 전해주는 말을 가리킨다.

3) 앎이 적중한 도리에 미치는 것이 바로 정밀함이고, 어짊을 지키는 것이 한결같음이다. 이 말은 『논어(論語)』 「위령공(衛靈公)」 편에 나오는 말의 일부다. 공자는 말했다. "앎이 도에 미치더라도 어짊이 그것을 뒷받침해 줄 수 없다면 설사 도를 (순간적으로는) 얻었다 하더라도 결국 자기 것이 되지 못하고 반드시 잃게 된다. 앎이 거기에 미치고 어짊이 그것을 지킬 수 있다 하더라도 장엄으로써 백성에게 임하지 않으면 백성들이 공경하지 않는다. 앎이 거기에 미치고 어짊이 그것을 지킬 수 있고 장엄으로써 백성에게 임할 수 있더라도 백성들을 예로써 분발시키지 않는다면 그 사람을 선하다고 할 수 없다[知及之 仁不能守之 雖得之 必失之 知及之 仁能守之 不莊以涖之則民不敬 知及之 仁能守之 莊以涖之 動之不以禮 未善也]."

4) 姚는 순임금의 성(姓)이고 姒는 우왕의 성이다. 앞서 말한 두 사람이 주고받은 심법(心法)을 배워 체화했다는 말이다.

5) 『논어』 「안연(顏淵)」 편에 나오는 사물(四勿)과 반대되는 것이다. 안연이 어짊[仁]에 관해 묻자 공자는 말했다. "자기(의 사사로운 바)를 이겨내고 예로 돌아가는 것이 곧 어짊(을 행하는 것)이니, 단 하루라도 극기복례를 행한다면 천하도 그런 사람을 어질다고 인정해 줄 것이다. 어짊을 행하는 것은 자기 자신에서 비롯되는 것이지 어찌 남

에게서 비롯되겠는가?" 안연은 이 점에 대해 보다 구체적인 사항들을 쉽게 설명해 줄 것을 정중하게 청한다. 이에 공자는 다음과 같이 말했다. "예가 아니면 '절대' 보지도 말고 듣지도 말며 말하지도 말고 움직여서도 안 된다[非禮勿視 非禮勿聽 非禮勿言 非禮勿動]." 즉 예가 아닌데도 보고 듣고 말하고 움직이는 것이 바로 네 가지 그릇됨[四非]이다.

제1권

사람의 마음과
도리의 마음에 대해 말하다

『서경(書經)』「우서(虞書)」 '대우모(大禹謨)'

순임금이 말했다.

"사람의 마음이란 오직 위태위태한 반면 도리의 마음은 오직 잘 드러나지 않으니 (그 도리를 다하려면) 정밀하게 살피고 한결같음을 잃지 않아 진실로 그 적중해야 할 바를 잡도록 하여라."

帝曰 人心惟危 道心惟微 惟精惟一 允執厥中
제왈　인심유위　도심유미　유정유일　윤집궐중

주자(朱子)가 말했다.

"마음(心)의 텅 빈 영혼과 알고 깨닫는 기능(虛靈知覺)은 하나일 뿐인데도 사람의 마음(人心)과 도리의 마음(道心)에는 차이가 있다고 한 것은 어떤 때는 형체와 기운(形氣)이 각 개인마다 다를 수밖에 없음(私)에서 생겨나기도 하고 어떤 때는 본성과 천명(性命)의 바름〔正〕에서 생겨나오지만 알고 깨닫는 것이 똑같지 않은 데서 비롯되기도 한다.

이로 인해 (마음은) 어떤 때는 위태로워서 안정되지 않고 어떤 때는 미미하여 눈에 잘 보이지 않는다. 그러나 사람이라면 이런 형체를 갖고 있지 않을 수가 없기 때문에 비록 최고의 지혜〔上智〕를 가진 사람이라 하더라도 사람의 마음이 없을 수 없고, 또한 (사람이라면) 이런 본성을 갖고 있지 않을 수가 없기 때문에 비록 최하의 어리석음〔下愚〕을 가진 사람이라 하더라도 도리의 마음이 없을 수 없으니 (사람의 마음과 도리의 마음) 이 두 가지가 마음〔方寸〕 안에 섞여 있다. 그래서 마음을 다스리는 방도를 알지 못하면 위태로운 것〔危者=人心〕은 더욱 위태로워지고 (잘 드러나지 않는) 미미한 것〔微者=道心〕은 더욱 드러나지 않게 되어, 하늘과도 같은 이치〔天理〕[1]의 공(公)은 끝내 사람의 욕심의 저 사(私)를 이길 수가 없다.

정밀하게〔精〕라는 것은 (사람의 마음과 도리의 마음) 이 두 가지 사이를 잘 살펴서 서로 섞이지 않게 하는 것이고, 한결같음〔一〕은 본래 마음의 바름을 잘 지켜서 떠나지 않게 하는 것이다. 여기에 온 힘을 다하여 조금이라도 중간에 쉬는 일〔間斷〕이 없도록 하면서 반드시 도리의 마음을 항상 자기 한 몸의 주인으로 삼고〔主〕 사람의 마음이 늘 그때마다 그 명을 따르게 한다면 위태로운 것〔危者〕은 안정되고 미미한 것〔微者〕은 드러나게 되어 움직임과 고요함, 말함과 행함은 절로 지나치거나 미치지 못하는〔過不及〕[2] 어긋남〔差〕이 없을 것이다.”

---

1) 진덕수는 이런 경우 하늘을 일종의 비유〔喩〕로 본다. 그러면 강조점은

하늘이 아니라 이치에 놓이게 된다.

2) 원래 이 말은 『논어』 「선진(先進)」 편에 있는 공자와 자공(子貢)의 대화에서 나온 것이다. 자공이 물었다. "자장과 자하 중에서 누가 더 현명합니까?" 공자는 이렇게 답했다. "자장은 지나치고〔過〕 자하는 미치지 못한다〔不及〕." 다시 자공이 "그렇다면 자장이 더 낫습니까?"라고 묻자 공자는 답했다. "지나친 것이나 모자란 것이나 다 문제다." 이 대화의 핵심은 자장이나 자하 모두 적중된 도리〔中〕를 잡아 쥐지 못하고 지나쳐버리거나 못 미친다는 말이다. 그래서 過不及은 곧 적중된 도리〔中=中道〕에 대한 보충 설명이 되는 것이다.

程 주자가 말했다.

"요순(堯舜) 이래로 (마음에 관해) 아무런 논의도 없었을 때 먼저 이 말이 있었다. 따라서 그 어떤 빼어난 이[聖人][1]의 마음 쓰는 법[心法]도 이 말을 바꿀 수는 없을 것이다. (하지만 『대학(大學)』이나 『중용(中庸)』 같은) 경서들 중에 이런 뜻을 담고 있는 구절들은 지극히 많다.

이른바 '좋은 것을 가려서 그것을 굳세게 쥔다[擇善而固執之]'[2]고 할 때 '좋은 것을 가린다'는 말은 곧 오직 정밀하게 한다[惟精]는 것이고, '굳세게 쥔다'는 것은 오직 한결같이 한다[惟一]는 것이다.

또 ('그것을 널리 배우고, 그것을 따져가며 깊이 묻고, 그것을 신중하게 생각하고, 그것을 밝게 가려내며, 그것을 독실하게 행해야 한다' 중에서)[3] 그것을 널리 배우고[博學], 그것을 따져가며 깊이 묻고[審問], 그것을 신중하게 생각하고[愼思], 그것을 밝게 가려낸다[明辨]는 네 가지는 다 오직 정밀하게 한다는 것이고, 그것을 독실하게 행해야 한다[篤行]는 것, 이것은 오직 한결같이 한다는 것이다.

(또) 『중용』에서 말하는 '좋음을 밝힌다[明善]'는 것은 오직 정밀하게 한다는 것이고, '몸을 열렬하게 한다[誠身]'는 것은 오직 한결같이 한다는 것이며, 『대학』에서 말하는 '일과 사물을 파악한다[格物]'와 '앎에 이른다[致知]'는 것은 오직 정밀하게 한다가 아니면 불가능하고, 능히 '그 뜻을 열렬하게 한다[誠意]'는 것은 곧 오직 한결같이 한다는 것이다.

따라서 배운다고 하는 것은 다만 이런 이치를 배우는 것일 뿐이요, 맹자 이후로 전해지던 바가 끊어졌다고 하는 것도 바로 이런 이치가 전해지던 것이 끊어졌다는 뜻이다."

(어떤 사람이) "사람의 마음[人心]과 도리의 마음[道心]에 대해 정이천(程伊川)[4]은 말하기를 '(각각) 사람의 욕심[人欲]과 하늘과도 같은 이치[天理]가 바로 그것'이라고 했습니다"라고 하자 주자가 말했다.

"진실로 옳다. 단, 이것은 두 가지 서로 다른 것이 있다는 것은 아니다. 단지 이 한 사람의 마음이 도리(道理)에 맞으면 그것이 하늘과도 같은 이치요, 그 마음이 정욕(情欲)을 따르면 그것이 사람의 욕심이다. 따라서 바로 그 둘이 나뉘는 지점에서 정확하게 그것을 이해해야 한다. 오봉(五峯)[5]이 말하기를 '하늘과도 같은 이치와 사람의 욕심〔天理人欲〕은 겉으로 드러나는 행동은 같지만 그 속사정은 서로 다르다〔同行異情〕'고 했으니 이 설이 아주 좋다."

잠실(潛室) 진씨(陳氏)[6]가 말했다.

"오봉의 이 말은 극진하게 음미해야 한다. 예를 들면〔如〕 음식과 남녀에 대한 욕망은 요순(堯舜)이나 걸주(桀紂)나 다르지 않지만 단, 그것이 이치에 적중하고 절도에 들어맞으면〔中理中節〕 곧 하늘과도 같은 이치가 되고 이치나 절도가 없으면〔無理無節〕 곧 사람의 욕심이 된다."

(주자가) 또 말했다.

"도리의 마음은 사람의 마음 사이에서 섞여〔雜〕 나오기 때문에 아주 미미해 잘 드러나지 않으니〔微〕 그것을 (제대로) 보는 것은 어렵다. 따라서 반드시 모름지기 그것의 정밀함〔精〕을 살피고 한결같음〔一〕을 살핀 이후에야 그 적중함〔中〕을 잡아 줄 수가 있다.

그렇다고 해서 이것이 또 두 가지 별개의 마음이 있다는 것은 아니다. 육자정(陸子靜)[7]이 말하기를 '순임금이 만약에 사람의 마음을 완전히 안 좋은 것으로 보았다면 모름지기 사람들에게 그것을 다 버리라고 말했어야 하는데 지금 다만 위태롭다[危]고만 말한 것은 그것에 기대어서는 편안할[安] 수 없기 때문일 뿐이다. 정밀하게 살피다[精]라는 것은 자세하게 살핌으로써 잡스러운 것이 섞이지 않도록 하려는 것이다'라고 했으니 이 말은 참으로 그 자체로 옳다."

(어떤 사람이) 도리의 마음은 오직 미미하다[道心惟微]는 것에 대해 묻자 (주자가) 말했다.

"의로움과 이치[義理](-도리의 마음)는 정밀하고 미미하여 눈으로 보기 어렵지만 이익과 손해[利害](-사람의 마음)는 가장 쉽게 볼 수 있다. 그리고 이 둘의 차이는 별것 아니지만 새와 짐승들은 그것을 알지 못한다."[8]

또 말했다.

"사람의 마음과 도리의 마음은 단지 아주 작은 것[些子]을 다툴 뿐이니 그래서 맹자는 '사람이 새와 짐승들과 다른 이유[所以]는 거의 없다[幾希]'고 했던 것이다."

(어떤 사람이) "위태롭다[危]는 것은 위태롭게 움직이기 때문에 [危動] 편안하기 어려운 것인가"라고 묻자 (주자가) 말했다.

"그것은 위태롭게 움직이기 때문에 편안하기 어려운 것에 그치는 것이 아니라 더 크게는 사람의 욕심을 따르게 되면 그 자체로 위태롭고 험난해진다[危險]. 그 마음이 홀연히 저쪽에 있다가 또 홀연히 사방과

만 리 밖에 있으니 그것이 바로 『장자(莊子)』에서 말하는 '(마음이 초조하여) 뜨거울 때는 불이 타오르는 듯하고, (마음이 움츠러들어) 차가울 때는 얼음이 어는 듯하다〔其熱焦火 其寒凝氷〕'라는 것이다.
　(그래서) 무릇 구차스럽게 화(禍)를 면한 것은 모두 다 요행일 뿐 대부분은〔動不動=動輒〕 곧 구덩이에 빠지고 굴러떨어질 것이니 위태로움이 어찌 이보다 더 심할 수 있겠는가?"

　(어떤 사람이) "빼어난 사람〔聖人〕에게도 사람의 마음〔人心=人欲〕이 있다고 했으니 그렇다면 빼어난 사람도 위태로운 것 아닌가"라고 묻자 (주자가) 말했다.
　"빼어난 사람은 (각고의 노력을 통해) 온전하게 도리의 마음이 그 마음을 주관하여 다스리고〔主宰〕 있어 사람의 마음도 저절로 위태롭지 않지만 만약에 단지 그 안에 사람의 마음뿐이라면 그 또한 위태롭다. 그래서 말하기를 '빼어난 사람도 힘써 생각하지〔念〕 않으면 마음을 마구잡이로 하는 사람〔狂=狂人〕이 된다'[9]라고 한 것이다."

　면재(勉齋) 황씨(黃氏)[10]가 말했다.
　"요임금이나 순임금과 같은 빼어난 사람〔聖〕도 제왕이라는 높은 자리에 처해 그 마음을 스스로 다스린 이치가 이와 같았다. 그런데 세상의 배우는 자들은 이런 마음이 중대한지를 알지 못하고서 (마음을) 정욕〔情〕에 내맡기고 욕심을 마구 내버려두어 교만함과 안일함이 거침없이 뿜어져 나와 생각을 하고 있는 순간에도 어떤 때는 올라가서 하늘을 날고 어떤 때는 내려와서 연못에 빠지기도 하며, 또 어떤 때는 뜨거워져서 불이 타오르는 듯하고 어떤 때는 차가워져서 얼음이 어는 듯

한다. 그래서 그것은 마치 미치거나 현혹되어 마음을 놓아버린[喪心=放心] 사람이 비록 편안한 집에 살고 잘 어울리는 옷을 입고 좋은 음식을 먹더라도 진실로 아득히 깨닫지 못하는 것과 같으니 어찌 참으로 깊이 안타깝지 않을 수 있겠는가?

빼어나고 뛰어난 이들[聖賢]이 남겨주신 가르침이 찬란하게 밝고 빛나니 배우는 자들이 진실로 어찌 깊이 생각하여 그것을 다잡아서 자신의 것으로 만들지[熟玩] 않을 수 있겠는가?"

서산(西山) 진씨(眞氏-진덕수)가 말했다.

"사람의 마음이란 오직 위태위태하다[人心惟危]' 이하 16자(字)는 곧 요임금, 순임금, 우왕이 서로 전수하고 전수받은 마음의 법칙[心法]이니 모든 세대에 통용될 수 있는 빼어난 배움[聖學]의 깊은 뿌리[淵源]이다. 이에 대한 선배 유학자들의 훈고(訓詁)와 주석(註釋)이 비록 많기는 하지만 주희의 학설이 가장 정확하다. 음악, 여색, 좋은 냄새와 맛을 가진 음식[聲色臭味]을 탐하는 욕망은 모두 다 기질[氣], 즉 사람의 마음[人心]에서 생겨나고, 인의예지(仁義禮智)의 이치는 다 본성[性], 즉 도리의 마음[道心]에 뿌리를 두고 있다.

(그런데) 사람의 마음이 일어나는 것은 예리한 창끝이나 사나운 말과 같아서 쉽게 제어하거나 길들일 수 없기 때문에 이를 일러 '위태위태하다[危]'고 한 것이다. 도리의 마음이 일어나는 것은 불이 처음 붙는 것이나 샘이 처음 솟아나는 것과 같아서 쉽게 확산시키거나 채울 수 없기 때문에 '숨은 듯 미미하다[隱微]'고 한 것이다. 오로지 평상시에 장중한 태도와 삼가는 자세로 스스로의 몸가짐을 지키면서 하나의 생각이 일어나는 바의 근원을 살펴서 그 생각이 음악, 여색, 좋은

냄새와 맛을 가진 음식을 향해 일어난 것이라면 온 힘을 다해 그것이 자라나지 못하도록 다스려야 한다. 또 그 생각이 인의예지를 향해 일어난 것이라면 한결같은 의지로 지켜내어 바뀌거나 다른 데로 옮겨가지 못하게 해야 한다.

무릇 마음 다스리기를 이와 같이 한다면 이치와 의로움은 항상 우리 곁에 있게 되고 물욕은 물러가게 된다. 이런 자세로 세상 만 가지 변화에 대응한다면 어디로 가든지 적중한 도리[中道]¹¹⁾에 부합하지 않는 것이 없을 것이다."

노재(魯齋) 왕씨(王氏)¹²⁾가 말했다.

"주자가 말하기를 '사람의 마음과 도리의 마음이 같지 않은 것은 때로는 형체와 기운[形氣]의 사사로움[私]에서 생겨나거나[生] 때로는 본성과 천명[性命]의 바름[正]에서 나온다[原]'라고 했는데 이미 사사로움을 말했으면 그것이 곧 사람의 욕심[人欲]이다. 그런데 또 '사람의 마음을 사람의 욕심이라고 부를 수 없다'라고 말한 것은 어째서인가?

대개 나온다[原]는 것은 밖으로부터 미루어 들어가서 그것이 본래부터 있는 것임을 아는 것이다. 그래서 미미하다[微]고 했다. 그리고 생겨난다[生]는 것은 사물과 접한 뒤에 느낌이 생겨난 것이니 그것이 본래부터 있었던 것은 아님을 알 수 있다. 그래서 위태롭다[危]고 했다.

바름[正]과 사사로움[私]은 모두 겉으로 드러난다. 따라서 사람의 마음을 사람의 욕심이라고 부를 수는 없다. 사람의 마음이 만약에 곧바로 사람의 욕심이라면 옛 성인은 반드시 (그것을) 위태롭다고 말하지 않았을 것이다. 위태롭다는 것은 사람의 욕심 쪽으로 흐르기 쉽다는 것을 말한다. 그래서 손으로 그림을 그려서 다음과 같이 완성하였다."

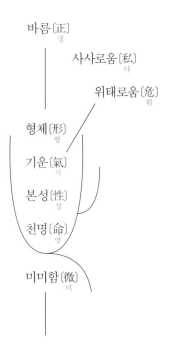

바름[正]
정

사사로움[私]
사

위태로움[危]
위

형체[形]
형

기운[氣]
기

본성[性]
성

천명[命]
명

미미함[微]
미

사람의 마음과 도리의 마음 그림[人心·道心·圖][13]
인심 도심 도

1) 공자를 특정해서 가리킬 때는 그냥 '성인(聖人)'이라고 옮기지만, 그 밖의 경우에 '聖'은 '빼어나다', '賢'은 '뛰어나다'로 옮긴다.
성   현

2) 『중용』 제20장에 나오는 말이다.

3) 이 다섯 가지는 같은 『중용』 제20장에서 '좋은 것을 가려서 그것을 군세게 쥔다[擇善而固執之]'에 바로 이어지는 문장이다.
택선 이 고집 지

4) 송나라의 유학자 정이(程頤, 1033~1107년)다. 형 정호(程顥)와 함께 주돈이에게 배웠는데, 형과 아울러 '이정자(二程子)'라 불리며 정주학(程朱學)의 창시자로 알려졌다.

5) 송나라 유학자 호굉(胡宏, 1106~1161년)의 호이며, 호굉은 호안국(胡安國, 1074~1138년)의 막내아들이다.

6) 송나라 유학자 진식(陳埴, 생몰년 미상)을 가리키며 주희의 제자다.

7) 중국 남송(南宋)의 유학자 육구연(陸九淵, 1139~1192년)을 말한다. 자 정(子靜)은 그의 자(字)이고 호(號)는 상산(象山)이다. 형(兄)인 육구소(陸九韶), 육구령(陸九齡) 등과 함께 '삼육자(三陸子)'라 불린다. 그는 우주는 이치[理]로 충만하고, 인간에게는 '그 마음이 곧 이치[心卽里]'라는 명제를 정립했다. 이로써 심(心)을 성(性)과 정(情), 도심(道心)과 인심(人心), 천리(天理)와 인욕(人慾)으로 구별한 주희의 학설에 반대했다. 그의 심즉리설은 실천에 중점을 두는 왕양명(王陽明)의 심학(心學), 즉 지행합일설(知行合一說)로 계승됨으로써 육왕학파(陸王學派)로 성립되었다.

8) 아주 작은 차이지만 결국은 이것을 알고 모르고에 따라 사람과 짐승은 구별된다는 말이다.

9) 『서경』「주서(周書)」 '다방(多方)'에 나오는 말이다. 이어서 "마음을 마구잡이로 하는 사람도 능히 힘써 생각하면 빼어난 사람이 될 수 있다"라는 구절이 나온다.

10) 주희의 사위로 주희의 학문을 후대로 전수하였다. 이름은 황간(黃榦, 1152~1221년)이다.

11) 바른 도리[正道]와 비슷하지만 바른 도리란 말에는 이미 약간의 가치판단이 개입돼 있다.

12) 송나라 학자 왕백(王柏, 1197~1274년)이다. 황간(黃幹)의 문인 하기
(何基)의 문하에서 공부했다. 하기, 김이상(金履祥), 허겸(許謙)과 함
께 '금화사선생(金華四先生)' 또는 '북산사선생(北山四先生)'으로 불렸
다. 『시의(詩疑)』와 『서의(書疑)』를 지어 『시경』과 『상서(尙書-서경)』에
대해 의문을 제기했고, 『독역기(讀易記)』와 『독서기(讀書記)』『시변
설(詩辨說)』『함고역설(涵古易說)』『오경장구(五經章句)』『연기도(研
幾圖)』『주자지요(朱子指要)』『천관고(天官考)』『지리고(地理考)』등의
저서가 있다.

13) 형체와 기운에서 바름으로 가는 과정에 사사로움이 있으니 위태로울
수 있다는 것이고, 또 본성과 천명은 외부의 자극을 받지 않는 한 아
래쪽에 가라앉아 있기 때문에 잘 드러나지 않고 미미하다는 것이다.

2

상제가 너에게 임하다

『시경』「대아(大雅)」 '대명(大明)', 「노송(魯頌)」 '비궁(閟宮)'

『시경』에 이르기를 '상제께서 너에게 임하여 계시니 / 두 마음을 품지
말라'고 했고, 또 이르기를 '두 마음을 품지 말고 근심하지 말라 / 상제
께서 너에게 임하여 계신다'고 했다.

詩曰 上帝臨女 無貳爾心 又曰 無貳無虞 上帝臨女
시왈 상제임녀 무이이심 우왈 무이무우 상제임녀

 모씨(毛氏)[1]가 말했다.
"감히 두 마음을 품어서는 안 된다는 말이다."

주자가 말했다.
"하늘의 명[天命]은 반드시 그러함[必然]을 알아서 그 결단을 도와
준다는 말이다."

어리석은 제가 말씀드리겠습니다.[2]

"이 시의 뜻은 (은나라의 마지막 임금이자 폭군인) 주(紂) 왕을 정벌하는 것을 위주로 말했으나 배우는 자가 평소에 그 말을 읊조리면서 마치 상제(上帝)가 실제로 그 위에서 근엄하게 굽어보고 있다고 여긴다면 간사함(邪)을 막고 열렬함(誠)을 간직하는 데 도움이 되는 바가 도리어(顧) 크지 않겠는가? 또 의로움을 보고서도 반드시 행하겠다는 용기(勇)가 없거나 혹은 이해관계나 얻고 잃는 것(得喪=得失)으로 인해 두 마음을 품는 자도 마땅히 이 말을 음미함으로써 스스로 (바른 길을 걷는) 결단을 해야 할 것이다."

1) 한나라 사람 모장(毛萇, 생몰년 미상)으로 소모공(小毛公)으로도 불렸다. 『시경』을 풀이했다.

2) 여기서 말하는 제가 진덕수인지 주희인지에 대해서는 논란이 있지만 분명치 않다. 다만 내용만 놓고 보면 진덕수일 가능성이 더 크다.

정자(程子)가 말했다.

"삼가지 않음[不敬]이 조금도 없다면 얼마든지 상제를 만날[對越] 수 있다."

구산(龜山) 양씨(楊氏)[1]가 말했다.

"도리는 훤히 드러남과 잘 드러나지 않음[顯微] 사이의 간격이 없다. 그래서 그 홀로 있을 때에도 삼가는 것[愼獨]이 하늘에 계신 상제를 만날 수 있는 까닭이 되는 것이다. 그 때문에 『시경』에 이르기를 '두 마음을 품지 말고 근심하지 말라 / 상제께서 너에게 임하여 계신다'라고 한 것이다."

---

1) 양시(楊時, 1053~1135년)를 가리킨다. 정명도, 정이천 형제의 제자로 이정자(二程子-정명도, 정이천)의 학파인 낙학(洛學)의 대종(大宗)이 되었다. 그 학파에서는 주자, 장식, 여조겸 등 뛰어난 학자를 많이 배출하였다.

3

네가 군자들과
벗 사귀는 것을 살펴보다

『시경』「대아」 '억(抑)'

『시경』에 이르기를 "네가 군자들과 벗 사귀는 것을 살펴보니 / 너의 낯빛을 온화하고(輯=和) 부드럽게 하여 / 무슨 허물(愆=過)이라도 짓지나 않을까 하는구나. / 네가 홀로 방에 있을 때 깊이 살펴볼 것이니(相=察) / 이때에는 방구석에도 부끄러움이 없게 해야 하는 것이다. / 드러나지 않은 곳이라 하여 나를 보는 이가 없다고 말하지 말라 / 귀신의 이름도 헤아릴(度) 수 없거늘 하물며(矧=況) 귀신을 싫어할(射) 수 있겠는가?"라고 했다.

詩曰 視爾友君子 輯柔爾顔 不遐有愆 相在爾室 尙不愧于屋漏 無曰
시왈 시이우 군자 집유이안 불하 유건 상재이실 상 불괴우 옥루 무왈

不顯 莫予云覯 神之格思 不可度思 矧可射思
불현 막여운구 신지격 사 불가 탁사 신 가역사

眞 정씨(鄭氏)[1]가 말했다.

"귀신은 사람이 하는 바를 다 보고 있다. 따라서 너는 아득하고 어두워[幽昧] 밝지 못하니 나(의 마음)를 보지 못할 것이라고 말하지 말라! 귀신이 (항상) 너를 보고 있다."

주자가 말했다.

"시에서 말하기를 네가 군자들과 벗 사귈 때를 살펴보면 너의 낯빛을 온화하고 부드럽게 하여 조심하고 두려워하는 마음을 품고서 항상 스스로 살피기를 '무슨 허물이라도 짓지나 않을까'라고 한다고 했다. 대개 일반 사람들의 실상[情]을 보면 (남들이 다 지켜보는) 훤히 드러나는 곳에서 자신을 단속하는 모습[修]은 이와 같지 않은 바가 없다.

그러나 네가 홀로 방 안에 머물 때에도 또한 마땅히 방구석에도 부끄러움이 없게 해야 한다. 그래서 여기는 훤히 '드러나지 않는 곳이라 하여 나를 보는 이가 없다고 말하지 말라'고 한 것이다.

귀신의 신묘함[妙]은 어떤 사물이나 일에도 그 본바탕[體]을 이루지 않음이 없으니 (우리는 비록 알 수 없지만) 홀로 있을 때에도 귀신이 와서 보고 있다는 것을 헤아리지는 못하더라도 귀신이 와서 보고 있다는 것 자체는 반드시 알아야 한다.

그래서 훤히 드러나지 않은 때에도 귀신이 또한 임하여 오히려 잘못이 있으면 어떡하나 두려워해야 하는데 하물며 귀신을 싫어하여 삼가지 않을 수 있겠는가? 이는 단지 남들이 다 지켜보는 밖에서 자신을 단속해야 할 뿐만 아니라 또한 (자기 안에서) 아무도 보지 않고[所不睹] 아무도 듣지 않는 곳[所不聞]에서도 조심하고 삼가며 두려워해야 함을 말한 것이다."

1) 후한 사람 정현(鄭玄, 127~200년)으로 당시 최고의 학자 마융(馬融)을 사사(師事)하여 배움에 힘썼다. 그는 고문(古文)을 주로 하고, 금문(今文)의 참위설 등도 종합하여 일가를 이루었고, 훈고에 의해 모든 경전의 통일적 해석을 완성하여 한당 훈고학의 지표가 됨으로써 경학의 권위를 높였다. 저서로『모시정전(毛詩鄭箋)』이 있다.

程 주자가 말했다.

"위(衛) 나라 무공(武公)의 배우고 묻는 노력[學問之功]은 참으로 구차스럽지가 않았다. 나이 95세에도 오히려 여러 신하들에게 명하여 자신을 채찍질하고 간언하는[規諫] 글을 올리게 했다. 시 '억(抑)'의 경우에 이는 (무공이) 그 스스로를 경계한 시인데 후세 사람들은 그것을 알지 못하고서 마침내 여왕(厲王)을 경계시킨 시라고만 여겼다. 결국 주나라의 경사(卿士)[1]는 그 (시간적) 거리가 빼어난 이들[聖人]과 가까웠고 그래서 그 기운과 풍모[氣象]가 절로 (지금의 사람들과는) 같지 않다."

서산 진씨가 말했다.

"이 시는 무공이 스스로를 경계한 시다. 사람들의 일반적인 마음상태[人之常情]란 여럿이 함께 있을 때에는 삼가 조심하는 것[祗敬]이 쉽고 혼자 있을 때에는 삼가 두려워하는 것[兢畏]이 어렵다. 자사(子思)가 『중용』을 지을 때 이 말을 미루어 헤아려 밝히기를[推明] '(이는) 미미함이 나타나는 것이니, 열렬함을 가릴 수 없다[微之顯 誠之不可揜]'라고 했다. 아! 무공은 빼어나고 뛰어난 이[聖賢]의 부류라 할 것이다."

첩산(疊山) 사씨(謝氏)[2]가 말했다.

"장자(莊子)가 말하기를 '훤히 밝은 데서 좋지 못한 일을 하는 자는 사람들이 알아보고서 그를 벌하고, 아득하고 어두운 데서 좋지 못한 일을 하는 자는 귀신이 알아보고서 그를 벌한다. 반면에 군자는 사람들이 비판하지도 않고 귀신도 꾸짖지 않는다'고 했는데 그것도 이와 같은 뜻이다."

1) 무공은 제후로서 주나라에 들어가 천자국 주나라의 신하가 되었기 때문에 이렇게 말한 것이다.

2) 사방득(謝枋得, 1226~1289년)을 가리키는 것으로 전하는 바에 따르면 기개가 있고 직언(直言)을 잘 하였다. 송나라 말기 국운이 기울어 원(元) 나라 군대의 침공을 받았는데, 그는 송조(宋朝)의 회복을 위해 노력하였으나 성공하지 못했다. 뒷날 원(元) 나라의 부름을 받았으나, 두 조정을 섬길 수 없다며 단식하다가 죽었다.

4

사특함을 막아
열렬함을 보존하다

『주역(周易)』「문언전(文言傳)」

『주역』의 건(乾) 괘〔☰〕 구이(九二)[1]에서 공자가 말했다.

"평상시 말할 때에 믿음을 주고 평상시 행동할 때도 삼가며 간사함을 막아 그 열렬함을 보존해야 한다."

易乾之九二 子曰 庸言之信 庸行之謹 閑邪存其誠
역 건 지 구이 자왈 용언 지 신 용행 지 근 한사 존 기성

眞 정자가 말했다.

"평상시 말을 할 때에 믿음을 주고 평상시 행동할 때도 삼간다는 것은 급박한 상황〔造次〕에서도 반드시 그와 같이 한다는 것
조차
이다."

(정자가) 또 말했다.

"간사함을 막으면 열렬함은 (내면에서) 저절로 보존되는 것이다. 따라서 외면으로부터 하나의 열렬함을 가져다가 그것을 보존하는 것은 아니다."[2]

(정자가) 또 말했다.

"어떻게 하는 것이 간사함을 막는 것[閑邪]인가? 예(禮)가 아니면 보지도, 듣지도, 말하지도, 행동하지도 않는다면[3] 간사함은 제대로 막아진다."

1) 괘마다 6효(爻)를 갖고 있는데 아래쪽부터 명칭을 붙인다. 구(九)는 이어진 효이고 육(六)은 끊어진 효다. 예를 들어 맨 아래에 이어진 효가 있으면 초구(初九), 끊어진 효가 있으면 초육(初六)이다. 그리고 둘째부터 다섯째까지는 구이, 구삼, 구사, 구오 혹은 육이, 육삼, 육사, 육오가 되고 가장 위는 다시 상구(上九)나 상육(上六)이라 부른다.

2) 열렬함[誠]은 나의 외부에 있는 것이 아니라 내면에 잠재되어 있다는 뜻이다.

3) 이것은 『논어』「안연(顔淵)」편에 나오는 사물(四勿)이다. 안연이 어짊[仁]에 관해 묻자 공자는 말했다. "자기(의 사사로운 바)를 이겨내고 예로 돌아가는 것이 곧 어짊(을 행하는 것)이니, 단 하루라도 극기복례를 행한다면 천하도 그런 사람을 어질다고 인정해 줄 것이다. 어짊을 행하는 것은 자기 자신에서 비롯되는 것이지 어찌 남에게서 비롯되겠는가?" 안연은 이 점에 대해 보다 구체적인 사항들을 쉽게 설명해 줄 것을 정중하게 청한다. 이에 공자는 다음과 같이 말했다. "예가 아니면 '절

대' 보지도 말고 듣지도 말며 말하지도 말고 움직여서도 안 된다〔非禮
비례
勿視 非禮勿聽 非禮勿言 非禮勿動〕." 이에 안연이 말했다. "회(回-안연)
물시 비례 물청 비례 물언 비례 물동
가 비록 불민하지만 그 말씀을 따르도록 노력하겠습니다."

程 정자가 말했다.

"간사함을 막기 위해 다시 특별하게 무슨 공부 같은 것을 하겠는가? 용모를 바르게 갖고 사려(思慮)를 가지런히 하면 자연스럽게 삼감[敬]이 생겨난다. 삼감이란 단지 한결같음을 주로 하는 것[主一]이다. 한결같음을 주로 한다면 (마음은) 이미 동쪽으로 가지 않고 또 서쪽으로도 가지 않는다. 이와 같이 한다면 단지 그것은 적중함[中]일 뿐이다. 그리고 (한결같음을 주로 한다면) 이미 이쪽으로도 가지 않고 또 저쪽으로도 가지 않는다. 이와 같이 한다면 단지 그것은 안[內]에 있을 뿐이다.

(따라서) 한결같음을 주로 하는 것을 보존하면 하늘과도 같은 이치[天理]가 자연스럽게 밝아진다. 배우는 자는 반드시 삼감으로써 안을 곧게 하여[敬以直內] 자신의 뜻을 함양해야 한다. 따라서 안을 곧게 하는 것이야말로 (배움의) 근본이다."

(정자가) 또 말했다.

"(외부에서 생겨나는) 간사함을 막으면 (내 안의) 열렬함은 절로 보존된다. 만약에 사람이 집을 갖고 있는데 (무너진) 담장을 수리하지 않을 경우 도둑을 막을 수 없다. 도둑이 동쪽으로부터 들어올 경우 그를 내쫓고 나면 다시 서쪽으로부터 들어오고, 한 명을 내쫓고 나면 또 한 명이 다시 들어오는 것과 같으니 이는 담장을 수리하는 것보다 못하다. (반면) 담장을 수리하면 절로 도둑이 들지 않는다. 그렇기 때문에 (무엇보다도 외부로부터 들어오는) 간사함을 막고자 하는 것이다."

(정자가) 또 말했다.

"삼감[敬]이야말로 간사함을 막는 길이다. 그래서 간사함을 막아 그 열렬함을 보존하는 것은 비록 두 가지 일이지만 동시에 단지 한 가지 일이기 때문에 간사함을 막으면 열렬함은 절로 보존되는 것이다. 천하에는 하나의 좋음[善]과 하나의 나쁨[惡]이 있으니, 좋음을 버리면 곧 나쁨이요 나쁨을 버리면 곧 좋음이다. 이를 문에 비유하자면 문 밖으로 나가지 않으면 곧 들어오는 것이다."

주자가 말했다.

"평소에 하는 말[常言=庸言]에 이미 믿음이 있고 평소에 하는 행실[常行=庸行]에 이미 삼감이 있으면서 단지 간사함을 막아 저것이 (밖에서부터) 들어올까 봐 두려워해야 한다. 이것이 바로 '싫어하는 바가 없으면서 마땅히 보존해야 한다[無射亦保]'는 말의 뜻이다. 싫어하는 바가 없으면서 보존한다는 것은 비록 싫어하는 바가 없을 때라도 또한 마땅히 보존해야 한다는 것이다. 이때 보존한다[保=存]는 것은 곧 어떤 것을 꼭 잡아 지킨다[持守]는 뜻이다."

임천(臨川) 오씨(吳氏)[1]가 말했다.

"정자가 말하기를 '생각함에 간사함이 없다[思無邪]는 것은 곧 열렬함[誠]이다'라고 했다. 이때 간사함[邪]이라는 글자는 사사로운 욕심[私欲]과 잘못된 생각[惡念]을 가리켜 말한 것이다. 이치만 있고 욕심은 없으며 좋음만 있고 나쁨은 없는 것, 이것이 간사함이 없음[無邪]이다. 간사함이 없다면 이는 곧 거짓이 없음[不妄]이요, 거짓이 없는 것을 일러 열렬함이라고 하는데 이를 『대학』의 조목[2]으로 말하자면 뜻을 열렬히 한다[誠意]는 것에 해당한다.

『주역』의 「문언전」에 '간사함을 막아 그 열렬함을 보존해야 한다〔閑邪存其誠〕'고 했으니 이 간사함이라는 글자는 사사로운 욕심과 잘못된 생각을 말하는 것이 아니다. 열렬함이란 빼어난 사람의 거짓되지 않고 참으로 꽉 채운〔眞實〕 마음이다. 일이나 사물이 외부에서 (안과) 접촉하려 하면 그것을 막아서 안을 범하지〔干=犯〕 않게 하고, 안의 마음〔內心〕이 둘이 되거나 섞이지 않게 하여 열렬함이 절로 보존되는 것이니 이를 『대학』의 조목으로 말하자면 마음을 바르게 한다〔正心〕는 것에 해당한다.

평범한 사람들이 이치와 욕심, 좋음과 나쁨의 나뉨에 대해 어두운 까닭은 욕심에 따라 나쁜 짓을 저질러 마치 미친 병에 걸린 사람이 물 속으로 뛰어들고 불 속으로 들어가면서도 편안하게 여겨 잘못되었다고 생각하지 않는 것과 같다. 이는 어리석고 미련하여 앞뒤가 꽉 막히고 정신이 없어 거의 짐승들과 차이가 없는 것이다.

그다음은 그나마 이것이 이치가 되고 좋다는 것과 저것이 욕심이 되고 나쁘다는 것을 알기는 하되 뜻이 기운을 이기지 못해 평소 가만히 홀로 있을 때에 간사한 생각〔邪思〕이 일어나는 것이다.

하지만 한번이라도 간사한 생각이 있을 때에 즉각 그것을 막아 제어하는 것이 곧 스스로를 속이지 않는 열렬함이다. 무릇 이미 간사한 생각이 없다면 생각하는 바는 다 이치에 맞으며 좋은 것이다. 반면에 하나의 생각이 문득 일어나자 곧 또 하나의 생각이 다시 싹트고, 하나의 생각이 사라지기도 전에 여러 생각들이 서로 이어진다면 이는 둘이요 섞인 것이다. 그래서 (거기에) 욕심이나 나쁜 것이 없더라도 진실로 그것을 일러 간사하다고 하는 것이니 이것은 『주역』에서 이른바 '간사함을 막는다〔閑邪〕'고 할 때의 간사함이요 『논어』에서 이른바 '생각함에 간사함이 없다'고 할 때의 간사함은 아니다.

　대개는 반드시 먼저 사사로운 욕심과 나쁜 생각이라는 의미에서의 간사함을 물리쳐 끊어낸 뒤에야 둘이면서 섞인[二而雜] 간사함을 다스려 고칠[治療] 수 있다. (우선적으로) 뜻을 열렬히 하고서 (그다음에) 마음을 바로잡는 것이니 그 등급[等]을 어찌 건너뛸 수 있겠는가?"

1) 오징(吳澄, 1249~1333년)을 가리킨다. 주희의 사전제자(四傳弟子)로, 이학(理學)을 위주로 하면서 심학(心學)도 아울러 취하여 주륙이가 (朱陸二家)의 사상을 조화시켰다. 『도통도(道統圖)』『의례일경전(儀禮 逸經傳)』『오문정집(吳文正集)』 등을 지었다.

2) 8조목을 가리키는데 '격물(格物), 치지(致知), 성의(誠意), 정심(正心), 수신(守身), 제가(齊家), 치국(治國), 평천하(平天下)' 여덟 가지를 말한다.

5

삼감으로써
안을 곧게 하다

『주역』「문언전」

『주역』의 곤(坤) 괘[☷]육이(六二)[1]에서 공자가 말했다.

"군자는 삼감으로써 안을 곧게 하고 의로움으로써 밖을 반듯하게 한다. (이리하여) 삼감과 의로움이 서게 되면 다음은 외롭지 않다. 따라서 '곧고 반듯하고 커서 익히지 않아도 이롭지 않음이 없다'는 것은 곧 그 행하는 바를 의심하지 않는 것이다."

> 易坤之六二曰 君子敬以直內 義以方外 敬義立而德不孤 直方大 不習無
> 역 곤 지 육 이 왈 군 자 경 이 직 내 의 이 방 외 경 의 립 이 덕 불 고 직 방 대 불 습 무
> 不利 則不疑其所行也
> 불 리 즉 불 의 기 소 행 야

이천(伊川) 선생이 말했다.

"삼감이 서면 안이 곧아지고 의로움이 모습을 드러내면 밖이 반듯하게 되니 의로움은 (안에서) 밖으로 드러나는 것이지 밖에 있는

것은 아니다."

(이천 선생이) 또 말했다.

"한결같음을 주로 하는 것[主一]을 일러 삼감[敬]이라고 한다. 따라서 안을 곧게 한다[直內]는 것이 바로 한결같음을 주로 하는 것의 뜻이다. 감히 속이지 않고 감히 오만하지 않아서 혹시라도 방구석에도 부끄럽지 않게 하는 것은 다 삼감의 일이다. 따라서 이런 마음을 지키고 함양하여 그것을 오래도록 유지하면 자연스럽게 (내 안의) 하늘과도 같은 이치[天理]가 밝아진다."

(이천 선생이) 또 말했다.

"마음이 삼가면 안은 절로 곧아진다[心敬則內自直]."

구산(龜山) 양씨(楊氏)가 말했다.

"열렬한 마음[誠心]을 다하여 조금도 거짓[僞＝妄]이 없는 것을 일러 곧음[直]이라 한다. 만약에 이것을 일에 베풀면 두텁고 엷음[厚薄], 높이고 낮춤[隆殺]이 일정하여 (마음대로) 바꿀 수 없다. 거기에 반듯함[方]이 있게 된다. 주된 바[所主]는 삼감[敬]이고 의로움은 여기서 나온다. 그래서 안과 밖의 구분이 있게 된다."

1) 붙어 있는 효를 구(九), 떨어져 있는 효를 육(六)이라 하고 이(二)는 아래부터 두 번째라는 뜻이다.

程 정자가 말했다.

"배우는 자는 반드시 (배우려는 바를) 먼 데서 구할 필요가 없고 가까이 자신의 몸에서 취하되 다만 사람의 도리〔人理〕를 밝힘으로써 삼갈 뿐이니 이것이 바로 (예로써) 자신을 다잡으며〔約=約禮〕 (어짊에) 처하는 것〔處=處仁〕이다.

『주역』의 건(乾) 괘에서 빼어난 이〔聖人〕의 배움을 말했고 곤(坤) 괘에서 뛰어난 이〔賢人〕의 배움을 말하면서 오로지 '삼감으로써 안을 곧게 하고 의로움으로써 밖을 반듯하게 한다. (이리하여) 삼감과 의로움이 서게 되면 다음은 외롭지 않다'고만 했으니 빼어난 이의 경지에 이르러서도 진실로 이와 같은 데 머물 뿐이요, 그 밖의 다른 길은 없다.

억지로 구멍을 뚫고〔穿鑿〕 외부의 일이나 사물에 얽매이는 것〔繫累〕은 그 자체가 곧 도리와 이치〔道理〕가 아니다. 따라서 도리가 있고 이치가 있으면 하늘과 사람은 하나가 되어 다시 나뉘어 구별되지 않으니 큰 기상〔浩然之氣〕이 곧 나의 기운이다. 그래서 그 기상을 잘 기르고 해치지 않는다면 하늘과 땅에 가득 차게〔塞=充=實〕 되고 만일 하나라도 사사로운 마음이 그것을 가리게 되면 (그 기상이) 부족하여 줄어들어 작아짐을 알게 된다.

'생각함에 간사함이 없다〔思無邪〕'와 '삼가지 않음이 없다〔無不敬〕', 이 두 가지만을 잘 따라서〔循=從=隨〕 행한다면 어찌 어긋남〔差〕이 있겠는가? 어긋남이 있게 되는 것은 다 삼가지 않고〔不敬〕 바르지 않아서〔不正〕 생겨나는 것이다."

(어떤 사람이) 물었다.

"(맹자가 말하기를) '반드시 (호연지기를 기르는) 일에 온 마음을 쓰되 바로잡으려 하지 말라〔必有事焉而勿正〕'라고 한 것은 맹자가 본래 큰 기상〔浩然之氣〕을 기르기 위해 말한 것인데 정자(程子)의 문하에서는 마침내 마음을 기르는〔養心〕 방법으로 삼았으니 이는 왜 그런 것인가?"

잠실 진씨가 말했다.

"『맹자』라는 책은 삼감을 (내 몸에) 잡아 쥐는〔持敬〕 공부가 적다. '온 마음을 쓴다'와 '바로잡으려 하지 말라'는 두 구절은 지극히 세밀하기는 하다. 그러나 또한 단지 큰 기상을 기르는 데에만 (한정되어) 베풀었으니 이른바 '(일에) 온 마음을 쓴다〔事〕'는 것은 의로움과 곧음〔義直〕을 가리켜 말하는 것이다. 대체로 보아 공부하는 바가 비교적 조금 거칠다고 할 수 있다. 그래서 (정자가) 이른바 '맹자는 지나치게 똑똑하다〔英氣〕'라고 한 것은 바로 이것을 두고서 말한 것이다.

정자의 문하에서는 이 두 구절을 좋아해 그것을 빌려다가 마음을 기르는 방법으로 삼았으니 그것은 마음을 길러 큰 기상을 길러내기 위함이다. 그래서 그 온 마음을 쓰는 바는 곧 삼감을 (내 몸에) 잡아 쥐는〔持敬〕 공부이니 그 학설은 자세하지만 그 이하 공부하는 법은 진실로 맹자가 행하는 절도(節度)의 방법과 같을 뿐이다.

(정자가) 또 말했다.

"삼감과 의로움〔敬義〕이 서로를 잡아주며〔夾持〕 곧바로 올라가 하늘과도 같은 다움〔天德〕에 이르게 되는 것은 이것으로부터 시작한다."

(어떤 사람이) '서로를 잡아준다'라는 것의 뜻을 묻자 주자가
대답했다.

"삼감과 의로움 두 자를 가장 아래에 둔 것은 잘한 일이다. 삼
감을 속[中]에 두어 주로 하면서 의로움은 밖[外]을 막아서 이
둘이 서로 지탱해 잡아주니 잠시[霎] 놓아두려 해도 그럴 수가
없고 다만 곧바로 위로 올라가게 된다. 그래서 곧 하늘과도 같은
다움에 이르게 된다고 한 것이다."

(주자가) 또 말했다.

"겉과 속이 서로를 잡아 마음대로 동쪽이나 서쪽으로 내달려
가지만 않는다면 위쪽에는 다만 하늘과도 같은 다움만이 있을
뿐이다."

(주자가) 또 말했다.

"삼감과 의로움은 안팎으로 서로를 길러주고 서로를 꽉 붙잡
아 그 속[裏=中]에 있게 하여 단 하나라도 달아나지 못하게 해야
한다. 이와 같이 (마음을 잘 기르고 단속)하면 아래로는 물욕에
물들지 않고 다만 위로 하늘과도 같은 다움에 이르게 된다."

어떤 사람이 「단서(丹書)」[1]에 나오는 '삼감[敬]이 게으름[怠]을 이기
는 자는 길하고, 게으름이 삼감을 이기는 자는 망한다. 또 의로움이
욕심을 이기는 자는 순조롭고[從=順], 욕심이 의로움을 이기는 자는
흉하다'라는 것에 대해 묻자 주자가 대답했다.

"삼가면 곧 굳건하게 서고, 업신여기면 곧 마음을 놓아버려 쓰러진
다. 또 이치에 따라 일을 행하는 것이 의로움이고, 이치에 따라 일을
행하지 않는 것이 욕심이다. 이 삼감과 의리는 바로 본체와 쓰임[體用]

이니 그것은 곤(坤) 괘의 풀이²⁾와 같다.

서산 진씨가 말했다.

"(주나라) 무왕(武王)이 즉위한 초에 태공(太公)을 불러 (황제(黃帝)와 전욱(顓頊)의 도를 담고 있는)「단서(丹書)」를 물었으니 그만큼 통치의 바른 길〔道〕을 얻고자 했던 것이 절박했다고 할 수 있다.

이때 태공망(太公望)이 무왕에게 고한 바는 삼감〔敬〕과 의로움〔義〕 두 단어에서 벗어난 것이 조금도 없다. 무릇 삼가면 온갖 좋은 일들이 바로 서게 되고 게으르면 곧 거꾸러진다. 의로움은 이치〔理〕가 그 주인이 되고, 욕망은 외부의 일이나 사물〔物〕이 그 주인이 된다. 길흉(吉凶)과 존망(存亡)이 여기서 나뉘게 되니 먼 옛날〔上古〕 빼어난 이〔聖人〕(-여기서는 황제와 전욱)들도 이미 이것을 아주 조심했던 것이다. 무왕이 이를 듣고서는 마치 무서운 것을 본 듯 두려워하며 각종 기물(器物)에 그것을 새겨 넣음으로써 스스로를 경계했다. 무릇 이를 두려워함이 전혀 없어 게으름과 욕망에 빠져드는 것은 (길흉과 존망의) 그 틈을 더 크게 할 수 있다. 그 후에 공자는『주역』의 곤(坤) 괘 육이(六二)에 대한 풀이에서 말하기를 '삼감으로써 안을 곧게 하고 의로움으로써 밖을 반듯하게 한다〔敬以直內 義以方外〕'라고 했다. 선배 유학자는 이를 주석하여 말하기를 '삼감이 바로 서면 안이 곧아지고 의리가 채워지면 밖이 반듯해진다'라고 했다. 무릇 (매사를) 삼가면 이 마음에 사사로움의 폐단이 전혀 없어 안이 곧아지는 것이고, 의로움을 지키면 일은 일답고 사물은 사물다워져〔事事物物〕³⁾ 각각이 다 주어진 분수에 들어맞으니 밖이 반듯해지는 것이다. 황제

(黃帝)로부터 무왕에 이르기까지, 그리고 다시 무왕으로부터 공
자에 이르기까지 그것은 모두 같은 길[道]이었다."

(어떤 사람이) '삼감으로써 안을 곧게 하고 의로움으로써 밖을 반듯
하게 한다[敬以直內 義以方外]'라는 것에 대해 묻자 (주자가) 대답했다.
"말은 다만 이와 같이[恁地=如此] 했지만 모름지기 스스로 나아가
공부를 해야만 바야흐로 그와 같다는 것을 깨달을 수 있다. '삼감으로
써 안을 곧게 한다[敬以直內]'는 것은 곧 실오라기만 한 사사로운 뜻
[私意]도 없어서 가슴속이 훤하게 트여 저 위와 아래 끝까지 다 겉과
속이 한결같다는 것이다. 또 '의로움으로써 밖을 반듯하게 한다[義以
方外]'는 것은 곧 올바른 곳에서는 결단코 이렇게 마음을 정하고 올바
르지 않는 곳에서는 결단코 이렇게 마음을 정하지 않는다는 것을 깨
달아서 단호하게[截然] 해야 반듯해진다는 것이다. 그러므로 모름지기
스스로 장차 나아가 공부를 이루어내야[做=作=成] 한다.
　　공자의 문하[聖門=孔門]에서 배우는 자들은 하나의 구절을 물어 공
자께서 그 구절에 대해 답을 주거든 곧바로 그 뜻을 알아가지고 가서
알차게[實] 그것을 온 힘을 다해 행하였다[要行]. (그런데) 지금에 이르
러서는 말들은 지극히[盡=極] 많이 하는데 다만 일찍이 자기 자신의
몸에서부터 실천하려고 하지 않는다.
　　만약에 알차게 그것을 잡아 공부를 이루어내려 한다면 오직 '삼감
으로써 안을 곧게 하고 의로움으로써 밖을 반듯하게 한다[敬以直內
義以方外]'의 여덟 글자만 평생토록 사용해도 다하지 못할 것이다."

주자는 서당 옆의 두 협실(夾室)[4]에 한가로운 날 말없이 앉아 그 사

이에서 책을 읽었는데 왼쪽 협실을 경재(敬齋), 오른쪽 협실을 의재(義齋)라 이름 붙이고 이렇게 기록했다.

"일찍이 『주역』을 읽다가 이 두 마디를 얻었으니 다름 아닌 '삼감으로써 안을 곧게 한다〔敬以直內〕'와 '의로움으로써 밖을 반듯하게 한다〔義以方外〕'이다. 그리고 배우는 요체로 이 밖에 다른 것이 있을 수 없다고 여겼지만 정작 힘을 써야 할 방향을 알지 못했는데 마침 『중용(中庸)』을 읽다가 도리를 닦는 가르침〔修道之敎〕을 논하면서 반드시 경계하고 삼감〔戒愼〕과 두려워함〔恐懼〕을 시작으로 삼은 뒤에야 삼감을 잡아 쥐는〔持敬〕 뿌리를 알게 되었고, 또 『대학』을 읽다가 다움을 밝히는 차례〔明德之序〕를 논하면서 반드시 사리를 파악함〔格物〕과 앎에 도달함〔致知〕을 우선으로 삼은 뒤에야 의로움을 밝히는〔明義〕 단서를 알게 되었다.

그러고 나서 이 두 가지 공부를 잘 살펴보니 하나의 움직임이나 하나의 고요함〔一動一靜〕이 다 서로에게 쓰임이 되고 또 주자(周子)[5]의 태극론(太極論)과 합치됨이 있었다. 그런 뒤에야 천하의 이치란 그윽하고 밝음〔幽明〕, 크고 작음〔鉅細〕, 멀고 가까움〔遠近〕, 얕고 깊음〔淺深〕이 모두 하나로 관통되지 않음이 없다는 것을 알았다. 즐기면서 그것에 익숙해진다면 충분히 내 몸을 마칠 때까지 싫증을 내지 않을 것이니 또 어느 겨를에 (공명(功名)이나 이익과 같은) 외부의 일이나 사물을 탐내겠는가?"

정자가 말했다.
"(배우는 데) 간절하고 긴요한 방법으로 '삼감으로써 안을 곧게 한다〔敬以直內〕'는 것만 한 것이 없다."

(정자가) 또 말했다.

"'삼감으로써 안을 곧게 한다〔敬以直內〕'고 했으니 마음 안에서 (한 결같이) 주로 하는 바가 있으면 마음이 비게 되어 자연히 그릇되거나 쏠리는〔非僻〕 것이 없게 된다. 또 (맹자가) '반드시 (호연지기를 기르는) 일에 온 마음을 쓴다〔必有事焉〕'고 했으니 모름지기 삼감을 잡아서 한 가지만을 해야 한다. 이 방법이 가장 간략하면서도 가장 쉬우며 또한 공부하는 데도 간편하다. 이 말은 비록 너무 평범해 일반 사람들에게 나 해당되는 것 같지만 오랫동안〔久〕 잡아 쥐게 되면 반드시 (그 효험이) 특별할 것이다."

(어떤 사람이) "(마음속에) 아무런 느낌이 없을 때 어디에 마음을 붙여야 합니까"라고 묻자 (정자가) 이렇게 대답했다.

"(마음은) 잡아 쥐면 보존되고 놓아버리면 없어져서 들고 나는 것〔出入〕이 일정한 때가 없어 그 방향〔鄕=向〕을 알 수 없으니 다시 어떻게〔怎=何〕 붙여둘 곳을 찾아내겠는가? 다만 잡아 쥘 뿐이니 그것을 잡아 쥐는 방법은 삼감으로써 안을 곧게 하는 것〔敬以直內〕이다."

윤화정(尹和靖)[6]이 일찍이 말했다.

"이천 선생께서는 사람들을 가르치실 때 다만 삼가는 데에만 힘을 쏟아 안을 곧게 하도록 했다. 만약에 이런 이치를 쓰게 되면 모든 일들을 감히 거짓되게 하지 않아 방구석에도 부끄럽지 않을 것이니 그것을 익혀 이미 오랫동안 잡아 쥔다면 자연스럽게 얻게 되는 바가 있을 것이다."

『주역』에서 말한 '삼감으로써 안을 곧게 한다〔敬以直內〕'와 '의로움으로써 밖을 반듯하게 한다〔義以方外〕'는 진실로 배우는 자가 빼어나게〔聖〕되기를 바라는 데 중추가 되는 요체〔樞要〕이다. 하지만 (그중에서도) '삼감으로써 안을 곧게 한다'가 근본이니 이상의 네 조목[7])과 같은 것은 다 정자가 평소에 간단하게 말하여 배우는 자들을 가르친 것이요, (지금부터 인용한 것들은) 삼감〔敬〕이란 글자의 뜻을 드러내어 밝힌 것이 더욱 상세하므로 지금 아래와 같이 뽑는다.

정자가 말했다.

"한결같음을 주로 하는 것〔主一〕을 삼감〔敬〕이라 하고, (다른 데로) 가지 않음〔無適〕을 한결같음〔一〕이라고 한다."

어떤 사람이 "삼감은 어떻게 하면 얻을 수 있는가"라고 묻자 정자가 대답했다.

"한결같음을 주로 하는 것만 한 것이 없다."

이어 소계명(蘇季明)[8])이 "저는 어떤 생각을 할 때 정해진 바가 없어 혹 한 가지 일을 생각하다가 끝이 나지 않았는데 또 다른 일이 마치 삼〔麻〕처럼 연이어지며 생겨나 늘 큰 근심거리입니다"라고 말하자 정자가 대답했다.

"그래서는 안 된다. 그것은 열렬하지 못함〔不誠〕의 뿌리다. 모름지기 (한결같음을 주로 하는 법을) 익혀야 하는데 익히는 것은 오로지 한결같이 할 때〔專一〕 (오락가락하는 병폐가 사라져) 제대로 이루어진다. (따라서) 생각하는 바와 일에 대응하는 데 구애되지 말고 모두 다 한결같이 하려고 해야 한다."

　(어떤 사람이) "한결같음을 주로 하면서 (다른 데로) 가지 않음 〔主一無適〕은 무슨 뜻입니까?"라고 묻자 주자가 대답했다.

　"오로지 마음이 다른 데로 달아나지 않게 하는 것이다. 그런데 지금 사람들은 한 가지 일(에 대한 생각)이 끝나지도 않았는데 또 다른 한 가지 일을 하려고 하여 마음속이 천 갈래 만 갈래〔千頭萬緖〕다."

　(주자가) 또 말했다.

　"배우고 묻는 것〔學問〕은 다만 오로지 한결같이 하는 것〔專一〕을 요구한다. 예를 들어 도를 닦고 기르는 무리〔修養家〕[9]가 없음〔無〕을 생각해 있음〔有〕을 이루고, 불교의 무리〔釋氏〕가 있음을 생각해 없음을 이루니 이것도 일단은 오로지 한결같이 하는 것이라 할 수 있다. 그러나 저들이 도달하는 바〔底=至〕는 어려운 것이지만 우리 자신에게 있는 도리와 이치〔道理〕는 원래부터 있는 것이어서 단지 사람이 나아가 그것을 만나기만 하면 되는 것이니 매우 순조로우면서도 쉽다. 또 장자(莊子)가 말한 '뜻을 쓰는 것이 여기저기 나뉘어지지 않아야 마침내 귀신에게 닿을 수 있다〔用志不分乃凝於神〕'는 것도 마찬가지로 (수양가나 석씨와) 같은 취지에서 사람들을 가르친 것이다. 다만 그들에게는 오직 텅 비어 있음〔空寂〕일 뿐인 반면 유학하는 사람들의 배움에는 많은 도리와 이치가 있다. 따라서 이런 도리와 이치를 꿰뚫어 본다면 일과 사물을 관통할 수 있고, 옛일과 지금의 일을 훤히 들여다볼 수 있다."

(주자가) 또 말했다.

"옛사람들은 어려서부터 곧 이런 공부를 다 마쳤다. 그래서 예를 들면 활쏘기를 배울 때에 만약 마음이 여기에 있지 않으면 어떻게 과녁의 한가운데를 명중할 수 있었으며, 또 말 모는 것을 배울 때에 만약 마음이 여기에 있지 않으면 어떻게 말을 잘 부릴 수 있었겠는가? 그 밖에 글쓰기나 셈하기도 역시 그러하다.

(그런데) 지금 사람들은 어렸을 때부터 일찍이 (오로지 한결같이 하는〔專一〕) 공부를 하지 않는다. (지금까지는) 어쩔 수 없었다고 해도 모름지기 이제부터라도 시작해야 한다. 만약에 이런 공부를 하지 않은 채 책을 읽어 의로움과 이치〔義理〕를 알려고 한다면 이는 마치〔恰似〕 집을 세우려고 하는데 기반이 없어 탄탄하게 기둥을 세울 수 없는 것과 같다. 따라서 먼저 이런 마음이 튼튼히 자리 잡게 한 다음에야 배움이 돌아갈 곳이 있다. 만약에 이 마음이 뒤섞여 어둡고 어지러우면 자연히 기반이 없을 것이니 어디에서 배워야 하며, 또 어디서 효과를 거둘 수 있겠는가? 그래서 정(程) 선생이 모름지기 (배우는 자들로 하여금) 삼감〔敬〕에서 공부를 (시작)하도록 한 것은 바로 이 때문이다."

정자가 말했다.

"정연하여 가지런하고〔整齊〕 엄격하여 묵직하면〔嚴肅〕 마음은 절로 한결같아진다. 그리고 마음이 한결같아지면 그릇되거나 쏠리는〔非僻〕 생각이 범하지 못할 것이다."

또 말했다.

"엄격하고 위엄 있고 의젓하고 삼가는 것〔嚴威儼恪〕이 (그 자체로)

삼감의 도리는 아니지만 일단은 삼감을 지극히 하려면 이 네 가지에서부터 시작해야 한다."

주자가 말했다.

"이천(伊川)의 '정연하여 가지런하고〔整齊〕 엄격하여 묵직하라〔嚴肅〕'이 한 문장은 바로 간절하고 지극한 공부법을 사람들에게 말씀해 준 것이다."

(주자가) 또 말했다.

"최근에 벗들과 강론을 하던 중에 배우는 자들의 병폐에 대해 깊이 이야기를 해본 결과 (그것은) 다만 진정으로〔合下=本來〕 삼감을 잡아 쥐는〔持敬〕 공부가 결여되었기 때문에 힘쓰는 일마다 지리멸렬한 것이었다. (어쩌다가) 삼감을 입에 올리는 자도 단지 '이 마음을 능히 보존하면 자연적으로 이치에 적중한다〔中理〕'라고 하면서도 (정작) 용모와 말의 기운〔詞氣=辭氣〕에는 종종 아무런 공력도 들이지 않는다.

또 비록〔設使〕 정말로 이와 같이 (용모와 말의 기운에 아무런 공력을 들이지 않고서) 하여 마음을 보존할 수 있다 하더라도 그것은 결국 불교나 노장〔釋老〕과 무엇이 다르겠는가? 더 나아가 하물며 마음과 생각이 거칠고 소홀하여〔荒忽〕 반드시 정말로 이와 같이 보존하지도 못한다면 무슨 할 말이 있겠는가?

정자(程子)께서 삼감에 대해 말하면서 '반드시 정연하여 가지런하고 엄하여 묵직히 함으로써〔整齊嚴肅〕 의관을 바로 하고 시선을 공손하게 하는 것을 우선으로 삼아야 한다'고 했고, 또 '두 다리를 뻗고 걸터앉아 있으면서 마음이 남을 업신여기지 않는

자는 없다'고 했으니 이와 같이 한 연후라야 마침내 그 논의가
지극해진다.

(사실 나는) 옛 빼어난 이〔先聖 - 공자〕가 말한 극기복례(克己復
禮)를 평소 강의하고 토론하면서 예(禮) 자에 이르러서는 늘 그
뜻이 흔쾌하지 않아 반드시 (그것을) 이(理=이치) 자로 해석한 뒤
에야 마치곤 했다. 그런데 이제야 나는 비로소 (공자가 예(禮)라고
한 것의) 그 정교하고 치밀함이 보통 사람의 마음으로는 도달할
수 있는 것이 아님을 알게 되었다.”[10]

상채(上蔡) 사씨(謝氏)[11]가 말했다.
“삼감은 항상 (마음을) 깨어 있게〔惺惺〕해주는 방법이다.”

　　주자가 말했다.
　　“(마음을) 깨어 있게〔惺惺〕 한다는 것은 곧 마음이 어둡고 어리
석음〔昏昧〕에 빠지지 않는다는 것을 가리키는 것이니 다만 이것
이 바로 삼감〔敬〕이다. 오늘날의 사람들은 삼감을 '정연하여 가지
런하고 엄격하여 묵직히 함〔整齊嚴肅〕'이라고 말한다. 그것은 참으
로 옳기는 하지만 만약에 마음이 어둡고 어리석어서 이치를 밝히
는 것〔燭〕이 밝지 못하다면 비록 억지로 힘을 써서 (겉으로만) 그
것을 잡는다 한들 어찌 삼감에 이르렀다고 할 수 있겠는가?”
　　(주자가) 또 말했다.
　　“옛사람들이 맹인 악사〔瞽史=樂師〕로 하여금 (늘 자신들의 곁
에서) 시를 암송토록 한 일은 타이르고 조심하게 하고 경계시키
고 일깨우는 것〔規戒警誨〕이 시도 때도 없었다는 뜻이다. 저들에

의해 (마음이) 떠들썩하게 되고 나면 본래 마음이 평안하게 안정될 수가 없었다. (그렇기 때문에) 대체로 배우고 묻는 것은 모름지기 깨우치고 살피는 것〔警省〕이다."

또 이어서 말했다.

"서암사(瑞巖寺)의 중[12]은 매번 아침저녁으로 항상 '마음〔主人翁〕은 깨어 있는가?'라고 스스로 묻고는 '깨어 있다'라고 답하곤 했다. 그런데 오늘날 배우는 자들은 이렇게 하지 못한다."

또 불교〔釋氏〕에서 마음에 대해 말하기를 '다른 데 두지〔跳擧〕말고 어두운 곳을 헤매게 하지〔昏沈〕 말라'고 한 것을 끌어들여 말했다.

"이것은 그들이 이 마음에 단지 두 가지가 있음을 본 것이다. 도거(跳擧)는 마음이 다른 데로 달려가는 때이고, 혼침(昏沈)은 마음을 놓아버려 암담해질 때이니 오직 삼간다면 이런 병통은 모두 없어질 것이다."

어떤 사람이 "사량좌가 했던 말은 불교에도 있지 않은가"라고 묻자 말했다.

"이 마음을 불러서 깨우치는 것〔喚醒〕은 똑같지만 그 방도는 다르다. 우리 유가는 이 마음을 불러서 깨우쳐 수많은 도리와 이치를 밝게 비추어 통제하려〔照管〕 하지만 불교에서는 공연히 불러서 깨우쳐 여기에 있게 해놓고는 그에 대해 아무것도 하는 바가 없다."

화정(和靖) 윤씨(尹氏)가 말했다.

"삼감이라는 것은 그 마음을 거두어 모아서〔收斂〕 단 하나의 (허튼)

일이나 사물[一物]도 허용하지 않는 것을 말한다."

화정이 스스로 말했다.

"처음에 이천 선생을 뵈었을 때 나에게 삼감[敬]이란 글자의 뜻을 살펴보라 하시기에 내가 더 말씀해 주실 것을 청했더니 '한결같음을 주로 한다[主一]면 그것이 곧 삼감이다'라고 하셨다. 그당시에 비록 이 말씀을 알아차리기는[領=覺] 했지만 근래에 내가 깨달아 더욱 간절하게 이해한 것만은 못했다."

기관(祁寬)[13]이 "어떻게 하는 것이 한결같음을 주로 하는 것입니까?"라고 묻자 윤 선생이 말했다.

"삼감에 무슨 형체와 그림자[形影]가 있겠는가? 다만 몸과 마음을 거두어 모으는 것이 곧 한결같음을 주로 하는 것이다. 예컨대 사람이 귀신을 모신 사당에 들어가 삼감을 지극히 할 때 그마음은 거두어 모아져서 더 이상 털끝만 한 것도 덧붙일 수가 없으니 이것이 한결같음을 주로 하는 것이 아니고 무엇이겠는가?"

주자가 말했다.

"삼감이라는 것은 빼어난 배움[聖學]이 시작을 이루고 끝을 이루는 실마리다. 정자(程子)와 사씨(謝氏-사량좌)와 윤씨(尹氏-윤돈)의 여러 말씀들을 잘 살펴보면 어디에 힘을 써야 할지 그 배움의 방향을 충분히 알 수 있다."

어떤 사람이 세 분 선생이 삼감에 대해 했던 말들의 차이를 묻자 주자가 말했다.

"그것을 이 방에 비유하자면 사방 어느 쪽에서든 다 들어올 수 있다. 그래서 만약에 그중 한쪽을 따라 들어와서 이곳에 이른다면 나머지 세 방향에서 들어오는 것도 다 마찬가지라 할 수 있다."[14]

서산 진씨가 말했다.

"삼감을 (내 몸에) 잡아 쥐는〔持敬〕 길은 마땅히 세 분 선생의 말씀을 다 합하여 힘을 써야 할 것이다. 그런 뒤에야 마음의 안과 밖이 서로를 길러주는 효과가 비로소 다 갖춰진다."

면재 황씨가 말했다.

"삼감이란 한결같음을 주로 하는 것이면서 (다른 데로) 가지 않음〔主一無適〕이라고 한 것은 정자의 말씀이다. 그러나 스승(주자)의 학설에 '삼감이라는 글자는 오직 두려워함〔畏〕에 가깝다'고 했으니 삼감이란 이 마음이 묵직하여〔肅然〕 두려워하는 바가 있다는 것을 이른다. 두려워하게 되면 마음은 한결같음을 주로 하게 된다. 예를 들어 종묘에 들어가거나 임금 혹은 아버지〔君父〕를 뵈올 때에는 자연스럽게 잡스러운 생각이 없어진다. 반면에 한가로이 거처하여 안일하게 마음을 놓아버리면 온갖 생각이 요란하게 생겨나 한결같음을 주로 하지 못하게 된다. 두 분의 말씀이 서로 겉과 속이 되니 배우는 자가 이를 체득한다면 얼마든지 그것이 뜻하는 바를 알 수 있게 될 것이다."

각헌(覺軒) 채씨(蔡氏)[15]가 말했다.

"삼감이라는 글자의 뜻은 깊고 크다. 옛 스승인 주자가 정자의 문하에서 삼감을 논한 중요한 말씀을 모은 것이 상세하면서 빈틈이 없다. 황씨도 '옛 스승이 말씀하신 삼감이라는 글자의 뜻은 오직 두려워함〔畏〕에 가깝다'고 했으니 이는 더욱 정교하고 간절하다.

대개 사람의 한 마음〔一心〕에 있는 텅 빈 영혼과 알고 깨닫는 기능〔虛靈知覺〕이 늘 묵직하여 어지럽지 않고 훤하여 어둡지 않으면, 고요하게 되어 이치의 본체〔體〕가 보존되지 않음이 없고, 감응하게 되어 이치의 쓰임〔用〕이 행해지지 않음이 없다. 다만 텅 빈 영혼과 알고 깨닫는 기능은 이미 일정한 기운〔氣〕에 갇히지 않을 수 없고, 또 욕심에 따라 영향을 받지 않을 수 없다. 이렇게 되면 이 마음의 본체와 쓰임〔體用〕은 그에 따라 어두워지고 또 어지러워진다. 바로 그 때문에 삼가지 않으면 안 되는 것이다. 그래서 만일 근심하고〔惕然〕 두려워하여〔悚然〕 항상 귀신과 웃어른〔父師〕이 바로 위에 임하신 것처럼 생각하고 깊은 못과 얇은 얼음이 바로 아래에 있는 듯이 여긴다면 텅 빈 영혼과 알고 깨닫는 기능이 어두워지고 어지러워지는 것을 저절로 용납하지 않을 것이다. 이것이 바로 '삼감이라는 글자의 뜻은 오직 두려워함에 가깝다'고 한 까닭이니 그것을 달리 바꿔서는 안 된다.

일찍이 그 본래의 원천〔本原=本源〕에 나아가 그것을 깊이 생각해 보니, 삼감은 움직임과 고요함〔動靜〕을 포괄하고, 한결같음을 주로 하는 것 또한 움직임과 고요함을 포괄한다. 아무 일이 없을 때 이 마음이 맑디맑게〔湛然〕 늘 보존되는 것은 고요할 때 한결같음을 주로 하는 것이요, 무슨 일이 있을 때 마음이 그 일에 응하고 그 밖의 다른 일은 거기에 섞이지 않게 하는 것은 움직일 때 한결같음을 주로 하는 것이다. 고요할 때 한결같음을 주로 하는 것은 곧 '적중함〔中〕이란 천하의 큰 뿌리'라는 것이요, 움직일 때 한결같음을 주로 하는 것은 곧 '조화〔和〕란 천하의 달성해야 할 도리〔達道〕'라는 것이다.[16]

여기서 우리가 주자(周子-주돈이)가 '한결같음〔一〕이란 아무런 욕심이 없는 것이다'라고 했을 때의 한결같음과, 정자가 '나의 한결같음을 가만히 길러낸다'라고 했을 때의 한결같음과, 주자(朱子)가 '한결같음이란 그 마음이 맑디맑아 다만 이 속에 있는 것이다'라고 했을 때의 한결같음을 (비교해서) 살펴본다면 고요할 때 한결같음을 주로 하는 것이 아마도 태극(太極)의 경지〔境界〕임을 알 수 있을 것이다.

배우는 자가 진실로 이것을 모두 취하여 서로 통하게 하여 이해함으로써 그 실체를 정교하게 생각해 본다면 그것을 거의 얻을 수 있을 것이다."

어떤 사람이 "사람들은 오로지 삼감으로써 안을 곧게 하는 것〔敬以直內〕에만 힘쓰고 밖을 반듯하게 하는 것〔方外〕에는 힘을 쓰지 않으니 어떻게 해야 합니까"라고 묻자 정자가 답했다.

"저 마음속에 있는 것은 반드시 밖으로 드러나게 된다. 오직 안을 곧게 하지 못할까 봐만 두려워할 일이다. 안이 곧으면 밖은 반드시 반듯해진다."

🔖 가만히
살펴보다

삼감과 의로움〔敬義〕의 설(說)에 대해 선배 유학자들이 직접적으로 상호 언급한 것들이 많지만 정자의 이 말씀과 호씨(胡氏) 및 주자(朱子)의 설을 살펴보면 또다시 덜 중요한 것과 더 중요한 것〔賓主〕, 가벼움과 무거움〔輕重〕의 차이가 있으니 배우는 자는 이 점을 자세히 살펴야 한다.

오봉(五峯) 호씨(胡氏-호굉)가 말했다.

"삼감에 마음을 쓴다는 것〔居敬〕은 의로움을 정교하게 하는 것이다."

　　주자가 말했다.

　　"근래에 의로움을 정교하게 하는 학설 중에 『정몽(正蒙)』[17]만큼 상세한 것이 없고, 또 오봉의 이 말은 더욱더 정교하고 간절하며 간략하면서도 딱 맞아떨어지니〔精切簡當〕 깊이 새기고 음미할 만하다."

주자가 말했다.

"삼감으로써 안을 곧게 하는 것〔敬以直內〕은 가장 긴요하면서도 간절한 공부다."

(주자가) 또 말했다.

"삼감으로써 안을 곧게 하면〔敬以直內〕 곧 의로워져서 밖이 반듯하게 되는 것이지 별도로 의로움이 존재하는 것은 아니다. 삼감이란 비유하자면 거울과 같고, 의로움은 곧 (거울로) 비출 수 있는 것을 가리킨다."

(주자가) 또 말했다.

"삼감으로써 안을 곧게 하자마자〔敬以直內〕 곧 의로워져서 밖을 반듯하게 할 수 있으니 의로우면 곧 삼감이 있게 되고 삼가면 곧 의로움이 있게 된다. 예컨대 어짊에 마음을 쓰면(居仁) 곧 의로움을 행하게 되고, 의로움을 행하면 곧 어짊에 마음을 쓰는 것이다."

어떤 사람이 "삼감은 단지 함양하는 것이요, 의로움은 곧 옳고 그름(是非)을 분별하는 것 아닙니까?"라고 묻자 (주자가) 말했다.

"그렇게까지 말할 것 없다. 삼가지 않을 때에는 곧 의롭지도 못하다."

1) 주나라 무왕이 즉위할 때 강태공이 지어 올렸다는 경계의 말로, 『대대례(大戴禮)』에 실려 있다.

2) 앞서 본 바 있는 '삼감으로써 안을 곧게 하고 의로움으로써 밖을 반듯하게 한다(敬以直內 義以方外)'를 가리킨다.

3) 이 표현을 통해 옮긴이가 物을 일이나 사물 혹은 일과 사물로 풀이하는 이유를 알 수 있을 것이다.

4) 주희가 지은 자양서당(紫陽書堂)을 가리킨다. 그리고 협실이란 서당의 좌우에 있던 작은 방 두 개를 말한다.

5) 주돈이(周敦頤, 1017~1073년)를 가리킨다. 『주역』에 정통했고, 명리(名理)를 논하기 좋아했다. 정호와 정이가 그의 문하에서 공부했다. 무극(無極)과 태극(太極), 이기(理氣), 심성명(心性命) 등의 철학 범주를 제안하고, 입성주정(立誠主靜) 학설을 세워 도학(道學)을 창시하였다. 또 염학(濂學)의 창시자이기도 하다. 정호, 정이, 소옹(邵雍), 장재(張載)와 함께 '북송오자(北宋五子)'로 불리었다.

6) 윤돈(尹焞, 1071~1142년)을 가리킨다. 송나라의 관리 겸 학자로 정이(程頤)를 사사(師事)했다. 저서에 『논어맹자해(論語孟子解)』와 『화정집

(和靖集)』『문인문답(門人問答)』이 있다.

7) 바로 위에서 정이천이 말한 네 가지를 가리킨다.

8) 정자와 장횡거(張橫渠)의 제자로 이름은 병(昞)이다.

9) 신선이 되는 방법을 배우려는 사람들로 여기서는 주로 도가 계통의
   사람들을 가리킨다.

10) 이 말은 곧 주자가 처음에는 예(禮)의 깊은 의미를 깨닫지 못해 억지
    로 그것을 이치[理]로 바꿔서 자기 식으로 풀이했었는데 정자의 이
    말을 듣고 나서야 비로소 예의 의미를 깨닫게 되었다는 뜻이다. 여기
    서 우리는 주자가 저질렀던 주지주의적(主知主義的) 해석의 함정을
    보게 된다. 그러나 주자는 그 점을 여기서 용기 있게 인정하고 있다.

11) 사량좌(謝良佐, 1050~1103년)를 가리킨다. 이정(二程)의 문하에서 배
    웠다. 유초(游酢), 여대림(呂大臨), 양시(楊時)와 함께 '정문사선생(程
    門四先生)'으로 불린다. 인(仁)을 각(覺), 생의(生意), 성(誠)을 실리(實
    理), 경(敬)을 상성성(常惺惺), 궁리(窮理)를 구시(求是)라고 주장했다.
    그의 사상은 선불교(禪佛敎)의 내용을 다분히 포함하고 있어 주자로
    부터 비판을 받았다. 저서에 『상채어록(上蔡語錄)』과 『논어설(論語
    說)』이 있다.

12) 이름은 사언(師彦)이고 법명은 공적(空寂)이다.

13) 윤돈의 제자다.

14) 들어오는 방향의 차이일 뿐 결국 방 한가운데 이르게 되는 것은 다
    똑같다는 뜻이다.

15) 채모(蔡模, 생몰년 미상)를 가리킨다. 『주역』에 능통했던 채원정(蔡元
    定, 1135~1198년)의 손자이자 『서경』을 풀이한 채침(蔡沈, 1167~1230년)
    의 아들로 주희의 제자이다.

16) 적중함과 조화에 대한 이 언급은 『중용』에 나오는 말이다.

17) 중국 송(宋) 나라 때의 유학자 장재(張載, 1020~1077년)가 쓴 책으로 제목의 뜻은 몽매함을 바로잡는다는 것이다. 우주만물은 기일원(氣一元)이 되고, 그 일원기(一元氣)를 태허(太虛)라고 하는데, 이것은 무형(無形)이지만 항상 움직이고 정지하는 일 없이 집산(集散)하며, 모이면 모양이 생기고 흩어지면 소멸한다. 기(氣)는 태허로서 항상 존재하고 결코 무(無)가 되지는 않는다. 만물은 일기(一氣)의 집산으로써 생멸(生滅)하기 때문에 사람과 물체는 본질적으로 차별이 없고 인물(人物), 만물(萬物), 천인(天人), 사생(死生)은 일체일여(一體一如)이다. 그러나 기(氣)에는 청탁의 구별이 있으므로 인간에게 현(賢), 우(愚), 선(善), 악(惡), 재(才), 부재(不才)의 구별이 생긴다. 이에 그것을 보충하기 위하여 인간은 독서와 예(禮)를 존중해야 하는 것이다.

6

화를 누르고 욕망을 막다

『주역』「상전(象傳)」

손(損) 괘〔☲☶〕에 대한 상(象) 풀이에서 이렇게 말했다.

"산 아래에 못이 있는 것[1]은 덜어냄〔損〕이니 군자는 이것을 갖고서 화
를 누르고 욕망을 막는다."

損之象曰 山下有澤損 君子以懲忿窒慾
손 지 상 왈 산 하 유 택 손 군 자 이 징 분 질 욕

眞 이천 선생이 말했다.

"몸을 닦는 도리에서 마땅히 덜어내야 하는 것은 오직 화와
욕망이다. 그래서 그 화를 눌러 경계하고〔懲戒〕 그 욕망하는 바를 틀
어막는 것〔窒塞〕이다."

구산 양씨가 말했다.

"(『논어』의) 구사(九思)가 '(여덟 번째) 분할 때는 어려움을 먼저 생각하며 (아홉 번째) 얻음을 보면 의리를 먼저 생각해야 한다'로 끝마친 것은 이 때문이다."[2]

1) 손괘는 위에 산을 나타내는 간(艮) 괘〔☶〕가 있고, 아래에는 못을 나타내는 태(兌) 괘〔☱〕가 있다.

2) 구사(九思)는 아홉 가지 생각해야 할 것으로『논어』「계씨(季氏)」편에 나온다. 공자는 말했다. "군자는 아홉 가지 염두에 두어야 할 것이 있다. 볼 때는 밝음을 먼저 생각하고, 들을 때는 귀 밝음을 먼저 생각하고, 얼굴빛은 온화함을 먼저 생각하며, 몸가짐을 할 때는 공손함을 먼저 생각하며, 말할 때는 진실함을 먼저 생각하며, 섬길 때는 공경함을 먼저 생각하며, 의심스러울 때는 물음을 먼저 생각하며, 분할 때는 어려움을 먼저 생각하며, 얻음을 보면 의리를 먼저 생각해야 한다〔君子有九思 視思明 聽思聰 色思溫 貌思恭 言思忠 思思敬 疑思問 忿思難 見得思義〕."

程 명도(明道) 선생이 장자(張子)[1]에게 말했다.

"사람의 감정 중에서 쉽게 일면서도 제어하기 어려운 것으로는 저 성냄〔怒〕이 아주 심하다. 만일 크게 성이 났을 때에는 그 성낸 것을 빨리 잊어버리고 이치의 옳고 그름을 잘 살피게 되면 진실로 외부에서 자극한 것〔外誘〕을 미워할 필요가 없다는 것을 알게 되고 나아가 생각은 벌써 도리의 절반을 넘어서 있게 된다."

주자가 말했다.

"빼어난 사람들〔聖人〕의 기쁨과 성냄〔喜怒〕은 크게 공평무사하여〔大公〕 순조롭게 순리에 따르니 하늘과도 같은 이치의 표준〔天理之極〕이 되는 반면, 일반 사람들〔衆人〕의 기쁨과 성냄은 그 자체가 사사로워〔自私〕 억지로 머리를 써야 하니 사람의 욕심이 번성한 것〔人欲之盛〕이 된다. 성냄을 잊어버리면 공평무사해지고 이치를 잘 살피면 순조로워진다. 이 두 가지는 그 자신에게로 돌아가서〔自反〕 (욕심 등으로 인해) 가려진 바〔蔽〕를 제거하는 방법이다.

장자가 도리에 이른 경지는 진실로 뒤에 배우는 자〔後學〕들이 감히 이렇다 저렇다 할 바는 아니다. 그러나 짐작건대 그에게는 억지로 탐구하고 힘으로 얻으려는〔强探力取〕 뜻이 많은 반면에 함양을 통해 내적으로 완전하게 기르는 공효는 적은 듯하다.[2] 그래서 (나는) 이 점에 대해 의심하는 바가 없지 않았는데 정자가 여기서 그것을 밝혀주고 있으니 그 뜻이 참으로 깊다고 하겠다."

이천 선생이 말했다.

"『논어』에서 (공자는 말하기를) '신정(申棖)은 욕심이니, 어찌 굳세다고 할 수 있겠는가[棖也慾 焉得剛]?'[3]라고 했다. 그만큼 욕심이 사람을 해치는 것이 심하다는 뜻이다.

사람이 좋지 못한 짓을 하는 것은 욕심이 끌어당기기 때문이다. 따라서 끌어당기는데도 그것을 알지 못한다면 하늘과도 같은 이치를 무너트려 되돌아올 수가 없다. 예를 들어 눈은 여색[色]을 욕심내고 귀는 좋은 음악을 욕심내는 것으로부터 코는 좋은 냄새를, 입은 맛난 음식을, 몸[四肢]은 편안함과 게으름을 욕심내는 것에 이르기까지 다 그렇다. 이는 모두 욕심 혹은 욕망이 그렇게 하도록 만든다.

그렇다면 무엇으로 그런 욕심을 막아야 하는가? 오로지 생각하는 것[思]뿐이다. 배우는 자에게는 생각만큼 중요한 것이 없다. 오로지 생각을 해야만 능히 욕심을 막을 수 있다. 증자(曾子)의 세 가지 살핌[三省][4]은 곧 욕심을 막는 방법이다."

이천 선생이 (제자인) 장사숙(張思叔)에게 말했다.

"내가 타고난 기운은 매우 엷었지만 30세가 되면서 점점 성해졌고, 40과 50을 넘긴 후에야 온전해졌다. 지금 나이가 72세지만 근육과 뼈[筋骨]를 한창 때와 비교해 보면 조금도 줄어들지 않았다."

이에 장사숙이 "스승님께서는 아마도 타고난 기운이 엷다고 여기시어 섭생과 보양을 두터이 하신 것입니까?"라고 묻자 선생이 한동안 가만히 계시다가 말했다.

"나는 섭생 따위는 잊었고[忘生] 욕심에 휘둘리는 것을 심히 부끄럽게 여겼다."

오봉 호씨가 말했다.

"기운이 외부의 사물에 감응하는 것은 마치 빠른 번개처럼 일어나서 미친 듯하여 제어할 수가 없다. 오직 (지혜가) 밝은 자〔明者〕만이 능히 그 자신에게 돌아갈 수 있고, 용기 있는 자〔勇者〕만이 능히 스스로 결단을 내릴 수 있다."

주자가 말했다.

"산에 대한 상(象) 풀이를 보고서 화를 누르고, 못에 대한 상 풀이를 보고서 욕심을 틀어막는다. 사람이 성낼 때에는 저절로 이처럼 돌발적으로 불쑥〔突兀〕 일어난다. 그래서 손권(孫權)은 '사람으로 하여금 성내는 기운이 산처럼 솟아나게 한다'라고 했던 것이다.[5]

욕심이란 웅덩이나 못과 같아 그 속이 더럽고 흐려〔穢濁〕 사람을 더럽게 물들인다. 따라서 욕심을 틀어막는 것은 구덩이를 메우듯 하고, 화를 누르는 것은 산을 넘어트리듯 해야 하는 것이다."

(주자가) 또 말했다.

"예전에 여백공(呂伯恭)을 만났는데, 그가 말하기를 '젊을 때는 성품과 기질〔性氣〕이 거칠고 사나워 음식이 마음에 들지 않는다고 불만스러워하여 집안 살림을 때려 부수곤 했다. 훗날 오랫동안 병을 앓게 되면서 단지 『논어』 한 책만을 갖고서 아침저녁으로 여유롭게 보다가 '자기 자신을 책망하기를 두텁게 하고 남에게 책임을 묻기를 엷게 한다'[6]는 구절에 이르러 문득 뜻과 생각이 한순간에 평안해짐을 깨달아 마침내 평생토록 느닷없이 성내는 것〔暴怒〕이 없어졌다'라고 하였다. 이는 기질을 바꾸는 방법으로 삼을 만하다."

1) 장횡거(張橫渠, 1020~1077년)를 가리키며 이름은 재(載)이다. 앞서 언급된 『정몽』을 지었으며, 기(氣) 철학자로서 후세에 큰 영향을 끼쳤는데, 그것은 역(易)의 해석 『역설(易說)』 가운데에서 기일원(氣一元)의 철학을 구축한 것이다. 송나라 유학의 기초를 세웠다고 평가받는다.

2) 이 대목은 장횡거의 글 『정성서(定性書)』에 나오는 내용을 포괄적으로 비판하는 것이다.

3) 이 말은 『논어』 「공야장(公冶長)」 편에 나온다. 공자가 "나는 아직 진정으로 굳센 사람〔剛者〕을 보지 못했다"라고 하자 어떤 사람이 "신정 (申棖)이 있습니다"라고 대답했다. 이에 공자는 다음과 같이 말했다. "신정은 욕심〔慾〕이니, 어찌 굳세다고 할 수 있겠는가?" 굳셈의 반대로 욕심을 설정했다는 점에 주목할 필요가 있다.

4) 이 말은 『논어』 「학이(學而)」 편에 나온다. 증자는 말했다. "나는 매일 세 가지로 나 자신을 살핀다. 남을 위하여 일을 도모함에 최선의 마음을 다하지 못한 것은 없는가? 벗과 사귐에 믿음을 주지 못한 것은 없는가? 스승으로부터 전수받은 것을 제대로 익히지 못한 것은 아닌가?〔吾日三省吾身 爲人謀而不忠乎 與朋友交而不信乎 傳不習乎〕"

5) 이에 대해 조선시대 학자 송시열은 다음과 같이 풀이했다. 위(魏) 나라 요동태수 공손연(公孫淵)이 오(吳) 나라에 표문(表文)을 올리고 스스로를 신하로 칭했다. 이에 오나라의 손권은 크게 기뻐해 장미(張彌)와 허안(許晏)을 보내 공손연을 연왕(燕王)으로 봉해주었으나 공손연은 장미와 허안의 목을 베어 위나라에 바쳤다. 손권은 이 소식을 접하고 크게 노하여 이렇게 말했다. "내 나이 60세에 세상의 온갖 일을 다 겪었는데 근래에 쥐새끼 같은 자에게 봉변을 당하니 사람으로 하여금 성내는 기운이 산처럼 솟아나게 한다."

6) 이 말은 『논어』 「위령공(衛靈公)」 14에 나온다. 공자는 말했다. "자기 자신을 책망하기를 두텁게 하고 남에게 책임을 묻기를 엷게 한다면 원망이 멀어질 것이다〔躬自厚而薄責於人則遠怨矣〕."

7

좋은 쪽으로 바뀌어
허물을 고치다

『주역』「상전」

익(益) 괘(☲)에 대한 상(象) 풀이에서 이렇게 말했다.

"바람과 우레〔風雷〕가 더함〔益〕이니 군자는 이것을 갖고서 좋은 것을
보면 그렇게 바뀌고 허물이 있으면 그것을 고친다."

益之象曰 風雷益 君子以見善則遷 有過則改
익 지 상 왈 풍 뢰 익 군 자 이 견 선 즉 천 유 과 즉 개

眞 신안(新安) 왕씨(王氏)[1]가 말했다.

"좋은 쪽으로 바뀌어 허물을 고치는 것만큼 (사람에게) 크게
유익한 것〔益〕은 없다."

정자가 말했다.

"좋은 것을 보았을 때 그쪽으로 바뀌어갈 수 있으면 천하의 좋음

〔善〕을 다할 수 있고, 허물이 있을 때 그것을 고칠 수 있다면 허물은 없게 될 것이다. 그러니 사람에게 유익함이 이보다 큰 것은 없다는 것이다."

---

1) 이름은 염(炎), 자는 회숙(晦叔), 호는 쌍계(雙溪)로 주자의 문인이다.

程 명도 선생이 말했다.

"자로(子路-공자의 제자)는 진실로〔亦〕백세(百世)의 스승이다."
<small>역</small>

본주(本註)에 이르기를 '(자로는) 사람들이 (자신에게) 허물이
있음을 일러주면 기뻐했다'고 했다.

(명도 선생이) 또 말했다.

"나는 나이 16, 17세 때 사냥〔田獵〕을 좋아했는데 한번은 스스로 말
<small>전렵</small>
하기를 '이미 사냥을 좋아하는 마음이 사라졌다'고 하자 주무숙(周茂
叔)[1])이 말씀하기를 '어찌 그리 쉽게 말할 수 있는가? 다만 그런 마음
이 안으로 잠기어 숨어들어가서 나오지 않았을 뿐이니 어느 날 (문
득) 싹터 올라 움직이게 되면 다시 처음과 같아질 것이다'라고 하셨다.
12년 후, 저녁 무렵에 (집으로) 돌아오던 중에 사냥터를 지나며 사냥하
는 사람들을 보고서는 나도 모르게 설레는 마음〔喜心〕이 일었다. 이에 바
<small>희심</small>
야흐로 과연 (내 마음이 한결같이) 그러하지 못하다는 것을 알게 되었다."

건안(建安) 엽씨(葉氏)[2)]가 말했다.

"주자(周子)는 공력을 쓰는 바〔用功〕가 깊었기 때문에 (그런 말
<small>용공</small>
을) 쉽게 말할 수 없다는 것을 알았고, 정자는 마음을 다스리는
바〔治心〕가 정밀했기 때문에 능히 아주 작은 곳까지 다 살폈으니
<small>치심</small>
배우는 자는 경계하여 살피고〔警省〕스스로를 이겨내 다스리려
<small>경성</small>
는〔克治〕노력을 더욱더 힘써 하지 않으면 안 될 것이다."
<small>극치</small>

이천 선생이 말했다.

"자신에게 죄를 묻고 또 스스로를 꾸짖지〔罪己責躬〕 않으면 안 된다.
그렇지만 또한 그런 것을 오랫동안 마음속〔心胸=胸中〕에 둔 채로 뉘우
치기〔悔〕만 해서도 안 된다."[3]

　주자(朱子)가 말했다.

　"뉘우치다〔悔〕라는 말은 그 뜻을 풀이하기가 어렵다. 이미 항
상 마음속에 (그런 것을) 보존한 채로 뉘우쳐서는 안 되고 또한
(그렇다고) 뉘우치지 않아서도 안 된다. 왜냐하면 만약에 다만
뉘우치지 않는다고 말한다면 이는 이번에 잘못된 행동을 하고서
는 또 (뉘우치지 않은 채) 그만두고 다시 다음번에도 잘못하고는
그냥 그만둘 것이니 말이 되지 않는다."

　어떤 사람이 "(그러면) 어떻게 하는 것이 도리와 이치〔道理〕에
딱 들어맞는 것〔中〕입니까?"라고 묻자 주자는 이렇게 말했다.

　"뉘우치지 않을 수는 없다. 다만 (그런 것을) 마음속에 그냥 두
어서는 안 된다. 이미 이 일을 잘못했을 경우에는 다른 때에 다
시 이 일을 만나거나 또는 이와 비슷한 일을 만났을 때 모름지기
(마음을) 누르고 경계하여〔懲戒〕 두 번 다시 같은 잘못을 반복해
서는 안 된다."

상채 사씨가 이천 선생과 헤어진 지 1년 만에 찾아가 뵙자 선생이
물었다.

"무슨 공부를 했는가?"

사씨가 답했다.

"나를 자랑하고자 하는 것〔矜〕, 이 하나를 제거하려 했습니다."

선생이 물었다.

"무엇 때문에 그리했는가?"

사씨가 답했다.

"제가 하나하나 짚어보니 모든 병통이 다 이 '긍(矜)'이라는 말 속에 있었습니다. 만약에 이 자랑하려고 하는 죄와 허물[罪過]을 잘 어루만 져 굴복시킨다면 비로소 방향을 잡아 나아갈 곳이 있을 것입니다."

선생은 머리를 끄덕이시며 자리에 있던 사람들에게 말했다.

"이 사람이 학문하는 바는 간절히 묻고[切問] 가까이에서 생각하는 것[近思]이다."[4]

주자가 말했다.

"좋은 쪽으로 바뀌는 것[遷善]은 마땅히 바람처럼 빨리 해야 하고, 허물을 고치는 것[改過]은 마땅히 우레처럼 맹렬하게 해야 한다."

(어떤 사람이) "좋은 쪽으로 바뀌는 것이 곧 허물을 고치는 것입니 까?"라고 묻자 (주자가) 말했다.

"그렇지 않다. 좋은 쪽으로 바뀌는 것이라는 말은 가볍고, 허물을 고 치는 것이라는 말은 무겁다. 즉 좋은 쪽으로 바뀌는 것이 옅은 색깔의 [滲淡] 물건을 희게 하는 것과 같다면 허물을 고치는 것은 검은 색깔의 물건을 희게 하는 것과 같으니 그 힘쓰는 바가 자연히 똑같지 않다.

좋은 쪽으로 바뀌는 것이란 일단 다른 사람이 한 가지 일을 하는 것 이 나보다 나은 것을 보고서 마음에 편안치 못한 바가 있으면 즉각 그 쪽으로 바뀌는 것이다. (반면에) 허물을 고치려 한다면 모름지기 대단 한 용기와 맹렬함이 있어야 비로소 그렇게 될 수 있다."

면재 황씨가 말했다.

"손(損) 괘와 익(益) 괘의 뜻은 대단히 큰데 성인(聖人-공자)께서는 오직 화를 누르고 욕망을 막는 것[懲忿窒慾]과 좋은 쪽으로 바뀌고 허물을 고치는 것[遷善改過]만을 취한 것은 어째서인가?

마음을 바르게 하고[正心] 몸을 닦는 것[修身]은 배우고 묻는 것의 큰 실마리이며 동시에 집안을 가지런히 하고 나라를 다스리며 천하를 편안케 하는 것[齊家治國平天下]의 뿌리다.

옛날에 배우는 자들은 작은 생각 하나라도 몸과 마음의 안[身心之中]에 두지 않은 것이 전혀 없었는데 지금에 배우는 자들은 작은 생각 하나라도 몸과 마음의 밖[身心之外]에 두지 않은 것이 없다. 이는 뛰어남과 어리석음[賢愚]이 나눠지는 까닭이니 공자께서는 그 때문에 깊이 경계하신 것이다."

1) 주돈이를 가리킨다.

2) 주희의 제자인 엽채(葉采)를 가리킨다. 주희의 『근사록(近思錄)』에 관한 가장 뛰어난 풀이집을 낸 것으로 유명하다.

3) 스스로를 죄책하면서도 그런 마음을 그냥 마음속에 오랫동안 머물게 한다면 이 또한 사사로움을 버리지 못했다는 뜻이다.

4) 간절히 묻고 가까이에서 생각하는 것은 『논어』 「자장(子張)」 편에 나온다. 자하는 말했다. "널리 배우고 뜻을 독실히 하며 절실하게 묻고 가까이에서 생각하면 어짊은 그 가운데에 있다[博學而篤志 切問而近思 仁在其中矣]."

8

멀리 가지 않고 돌아오다

『주역』「계사전(繫辭傳)」

　　복(復) 괘〔䷗〕의 초구(初九)는 '멀리 가지 않고 돌아오므로 뉘우침에 이르지 않으니[1] 으뜸으로 길하다'라고 했는데[2] 이에 대해 공자는 다음과 같이 말했다.

　　"안씨(顏氏)의 아들은 아마도 거의 (도리에) 가까웠다고 할 것이다. 좋지 못한 점이 있으면 일찍이 그것을 알아차리지 못한 적이 없었고, 알아차리면 일찍이 그것을 다시 행한 적이 없었다."

　　復之初九曰 不遠復無祇(抵)悔元吉
　　복 지 초구 왈 불원 복무 지 저 회 원길

　　子曰 顏氏之子其殆庶幾乎 有不善未嘗不知 知之未嘗復行也
　　자왈 안씨 지 자 기 태 서기 호 유 불선 미상 부지 지 지 미상 복 행 야

　이천 선생이 말했다.

　　"잃어버린〔失〕 후에야 돌아옴이 있는 것이니 잃어버리지 않았

다면 무슨 돌아옴이 있겠는가? 오직 잃어버리기를 멀리 하지 않고 또 돌아오면 뉘우침에 이르지 않으니 크게 좋고 길한 것이다."

(이천 선생이) 또 말했다.

"멀리 가지 않고 돌아온다는 것[不遠而復]은 군자가 그것으로써 몸을 닦는 도리다. 배우고 묻는 도리는 다른 것이 없고 오직 그 좋지 못함을 알았으면 빨리 고쳐서 좋음을 따르는 것뿐이다."

횡거(橫渠) 선생이 말했다.

"좋지 못함을 알았으면 일찍이 다시 행하지 않는 것이 허물을 두 번 저지르지 않는 것[不貳過]이다."

1) 뉘우칠 일이 없다는 말이다.
2) 복(復) 괘의 맨 아래 붙은 효에 대한 주공의 효 풀이[爻辭]다.

程 정자가 말했다.

"안자(顏子)[1]와 같은 경지에 어찌 좋지 못함[不善]이 있었겠는가? (그에게) 이른바 좋지 못함이란 단지 조금 벗어남[差失=差跌]이 있는 것이다. 따라서 조금 벗어남이 있으면 곧바로 그것을 알아차리고, 알았다면 두 번 다시 싹터 나오지 않아야 한다. 안자는 대체로 성인(聖人-공자)과 모든 면에서 같았으나 다만 이 점에서 곧 구별되는 것이 있었다. 만약 이런 점마저 없었다면 이는 곧 빼어난 이[聖人]다. 증자(曾子)의 세 가지 살핌[三省]은 단지 (몸을) 꽉 다잡아 매는 것[約束]이다."

소자(邵子)[2]가 말했다.

"입으로 말하는 것은 몸으로 행하는 것만 못하고, 몸으로 행하는 것은 마음으로 모든 것을 다하는 것만 못하다. 왜냐하면 입으로 말하는 것은 사람들이 들을 수 있고, 몸으로 행하는 것은 사람들이 볼 수 있지만 마음으로 모든 것을 다하는 것은 귀신만이 안다. 사람의 귀 밝음과 눈 밝음[聰明]도 속일 수 없는데 하물며 귀신의 귀 밝음과 눈 밝음이야 어찌 속이겠는가?

(이를 통해 우리는) 입에 부끄럽지 않은 것이 몸에 부끄럽지 않은 것만 못하고, 몸에 부끄럽지 않은 것이 마음에 부끄럽지 않은 것만 못하다는 것을 알 수 있다. 그래서 입에 허물[口過]이 없기는 쉽고 몸에 허물[身過]이 없기는 (그보다) 어려우며, 몸에 허물이 없기는 쉽고 마음에 허물[心過]이 없기는 (그보다) 어렵다."

주자가 말했다.

"병산(屛山) 선생[3]이 병중에 계실 때 나는 시중드는 아이로 병간호를 했는데 하루는 평소 도리에 들어가는 절차〔次第=次序〕에 관해 물었더니 선생께서는 흔쾌히 일러주시기를 '나는 『주역』에서 다움〔德〕으로 들어가는 문을 얻을 수 있었다. 이른바 '멀리 가지 않고 돌아온다〔不遠復〕'는 것이 나의 세 글자로 된 비결〔三字符〕이다. 너는 앞으로 이에 힘써야 할 것이다'라고 하셨다."

(주자가) 또 말했다.

"지금의 사람들은 단지 안자(=안회)가 일찍이 (좋지 못함이 있음을 알면) 다시는 행한 적이 없다는 것이 어렵다는 것만 알고, 좋지 못함이 있으면 일찍이 알지 못한 적이 없었다는 것이 어렵다는 사실은 전혀 알지 못한다. (그리고) 지금 사람들은 진실로 이런 도리를 안다고 말은 하지만 일이 눈앞에 닥치면 또다시 다만 사사로운 욕심만을 따라 행하여 전에 (도리에 대해) 알게 되었던 것들을 모두 스스로 잊어버린다. 이는 (결국) 단지 일찍이 알지 못한 것이나 마찬가지가 되는 것이다.

(안회가) '좋지 못한 점이 있으면 일찍이 그것을 알아차리지 못한 적이 없었고 알아차리면 일찍이 그것을 다시 행한 적이 없었다'는 것은 다름이 아니라 안자의 타고난 자질이 좋아 지극히 맑은 물에서는 아주 가느다란 지푸라기조차 반드시 (훤하게) 보이는 것과 같다."

남헌(南軒) 장씨(張氏)[4]가 말했다.

"무릇 익힘〔習〕에 끊어짐[5]이 있는 것은 마음의 허물〔心過〕이 그것을 해치기 때문이다. 마음의 허물은 훨씬 더 막아내기 어렵다. 하나의 허물이라도 일단 마음속에서 싹트게 되면 비록 보고 듣는 것이 도달하는 바가 아니라 하더라도 나의 쉼 없이 익히려는 노력〔時習之功〕은 이미 중간 중간에 끊어지게 된다. 이처럼 살피기를 느슨하게 한다면 (허물은) 점점 더 자라나게 될 것이다.

그런데도 사람들은 예로부터 전해져 오는 지켜야 할 바〔故常〕를 그냥 편안히 여겨 별것 아니라고 생각하고서 (그것을 쉼 없이 익히려는 노력을) 소홀히 하니 이 어찌 그것을 숙달할 수 있겠는가? 오늘 한 가지 생각의 잘못이 있는데 그것을 통렬하게 고치려고 하지 않는다면 다음 날 그 생각이 다시 생겨날 것이고, 그런 (잘못된) 생각이 쌓여서 거기에 익숙해지면 쉼 없이 익히려는 노력은 가로막혀 흐지부지되고 만다. 바로 이 점을 군자는 두려워하여 (그런 생각이) 마음속에서 싹트면 반드시 깨닫고, 깨달으면 통렬하게 징계하며 그것을 끊어버리기를 마치 오동나무 잎사귀를 가르듯이 하여〔分桐葉〕 다시는 서로 이어지지 못하게 하는 것이다.[6] 이렇게 하게 되면 허물을 짓는 일이 절로 드물어지고 쉼 없이 익히려는 노력이 한결같아져 다움으로써 도리를 응집시키는 경지〔德以凝道〕[7]에 이를 것이다. 안회가 (허물을) 두 번 저지르지 않은 것〔不貳〕은 곧 한 번에 끊어 두 번 다시 생겨나지 않게 했기 때문이다. 그래서 나의 서재의 이름을 불이(不貳)라고 짓는다."

서산 진씨가 말했다.

"남헌(南軒)이 마음의 허물을 끊어내려고 힘쓴 것이 이와 같았으니 배우는 자들에게 모범이 될 만하다."

1) 안회(顏回, 기원전 521~기원전 490년)를 가리킨다. 공자가 가장 아꼈

던 제자이며, 공자보다 30세 어리나 공자보다 먼저 죽었다. 특히 학문과 덕이 높아서, 공자도 그를 학문을 좋아하는 사람이라고 칭송하였고, 또 가난한 생활 속에서도 도(道)를 즐긴 것을 칭찬하였다. 그는 공자의 가르침을 지킨 사람임에도 불구하고, 은군자적(隱君子的)인 성격 때문인지 장자(莊子)와 같은 도가(道家)에서도 높이 평가되었다.

2) 소옹(邵雍, 1011~1077년)을 가리킨다. 중국 송나라의 학자이자 시인이다. 도가사상의 영향으로 유교의 역철학(易哲學)을 발전시켜 수리철학(數理哲學)을 만들었다. 음(陰), 양(陽), 강(剛), 유(柔)의 4원(四元)을 근본으로 하여, 4의 배수(倍數)로서 우주의 모든 현상을 설명하고자 하였다.

3) 남송 사람으로 이름은 유자휘(劉子翬, 1101~1147년)이고 자는 언충(彦沖), 호는 병옹(病翁) 혹은 병산(屛山)이다. 주희가 그의 문하에서 배웠다.

4) 장식(張栻, 1133~1180년)을 가리킨다. 호굉(胡宏, 五峯)을 사사했으며, 그의 학문을 이어받아 송나라 호상학파(湖湘學派)를 이끌었다. 성리학에 관한 지식이 깊었는데, 주자의 학문에 많은 영향을 주었다. 저서에는 『남헌역설(南軒易說)』『수사언인(洙泗言仁)』『논어설(論語說)』『맹자설(孟子說)』 등이 있다.

5) 우리는 여기서 『논어』의 「학이」 편에 나오는 學而時習의 時習이 뜻하는 바를 끌어낼 수 있다. 즉 이때의 時란 쉬지 않고, 항상이라는 뜻이지 때때로라고 옮겨서는 안 된다는 것을 알 수 있다.

6) 당나라 때 이회광(李懷光)이 배반을 했다가 다시 항복을 청하자 덕종(德宗)이 그를 받아들이려 했다. 이에 이필(李泌)이 오동나무 잎사귀를 칼로 잘라서 올리며 말했다. "이회광은 폐하에게 신하이니 임금과

신하의 분수는 이 오동잎처럼 분명합니다." 그것은 곧 나눠짐이 명백

해 다시 이어 붙이거나 할 수 있는 성질의 것이 아니라는 뜻이다.

7) 이 말은 『중용』 제27장에 나오는 "진실로 지극한 다움이 아니면 지극

한 도리는 엉기어 형체를 이루지 못한다〔苟不至德 至道不凝焉〕"라는

구 불 지덕　 지도　불응　언

구절을 압축한 것이다.

9

공자가 네 가지를
끊어버리다

『논어』「자한(子罕)」

공자께서는 네 가지를 끊으셨으니, 사사로운 뜻을 품지 않으셨고, 일을 함에 절대나 반드시라는 다짐을 하지 않으셨으며, 고집스러운 태도를 버리셨고, 아집에 사로잡히지 않으셨다.

子絶四 毋意 毋必 毋固 毋我
자 절 사 무 의 무 필 무 고 무 아

무(毋)는 『사기(史記)』에 무(無)로 되어 있다.

眞 주자가 말했다.

"의(意)는 사사로이 뜻하는 바〔私意〕이고, 필(必)은 반드시 기약하려는 바〔期必〕이며, 고(固)는 집착하여 머물러 있으려는 것〔執滯〕이고, 아(我)는 사사로운 자아〔私己〕이다."

程 정자가 말했다.

"삼가면〔敬〕 이것이 곧 예(禮)다. 따라서 (삼갈 경우) 더 이상
이겨내야 할 사사로움이 없기는 하지만〔無己可克〕 (그렇더라도 배우려
는) 처음에는 모름지기 네 가지를 끊어야 한다."

서산 진씨가 말했다.

"네 가지를 끊는다〔絶四〕는 것은 자신의 사사로움을 이겨내는
일이니 능히 삼갈 수 있다면 예를 회복할 수 있다. 그래서 더 이
상 이겨내야 할 사사로움이 없다고 말한 것이다."

어떤 사람이 "마음이 없어야 한다〔無心〕"고 하자 정자가 말했다.
"마음이 없어야 한다는 것은 결코 옳지 않다. 단지 마땅히 사사로운
마음이 없어야 한다〔無私心〕고 말해야 한다."

주자가 말했다.

"이른바 사사로운 뜻을 품지 않는다〔毋意〕라는 것은 곧 자기의
사사로운 뜻에 맡기지 않고 단지 도리와 이치가 어떠한가만을
살펴서 도리와 이치상으로 마땅히 이와 같이 해야 한다면 곧 그
이치를 그대로 따름으로써 스스로 추호의 사사로운 마음〔私心〕
도 없도록 하는 것이다. 이 때문에 사사로운 뜻을 품지 않는다라
고 말한 것이다. 따라서 조금이라도 (억지로) 안배하고 (의도적으
로) 배치하려는 마음이 있다면 이는 사사로운 뜻〔私意〕에 내맡기
는 것이다. 이럴 경우 뜻이 생겨나 우연히 이치에 맞아떨어지는
일이 있더라도 그것은 역시 사사로운 뜻일 뿐이다."

(어떤 사람이) 네 가지를 끊어버리는 것에 대해 묻자 주자가 말했다.

"모름지기 네 가지가 서로 연결돼 있는 것부터 알아야 한다. 무릇 사람이 일을 할 때에는 반드시 먼저 뜻〔意〕을 일으켜 이치의 옳고 그름을 따지지 않고 반드시〔必〕 그것을 이룬 다음에 그만두고자 하며, 일이 이미 이루어지고 나면 또다시 집착하여 머물러 있으면서〔執滯〕 바뀌어 나아가지 못하니 이를 일러 고집스러운 태도〔固〕라고 한다. 따라서 뜻〔意〕과 반드시〔必〕와 고집스러운 태도〔固〕, 이 세 가지는 단지 하나의 사사로운 아집〔我〕만을 나아가 얻을 뿐이다.

사사로운 자아의 근원이 더욱 커지게 되면 순식간에 세 가지가 또 그 속에서 생겨 나오게 되니 사사로운 아집이 뜻을 낳고 뜻이 또 반드시를 낳고 반드시가 또 고집스러운 태도를 낳아서 다시 사사로운 아집으로 돌아와 머물게 된다. 이는 바로 (『주역』에서 말하는) 으뜸〔元〕, 형통〔亨〕, 이로움〔利〕, 곧음〔貞〕이 으뜸이 끝나면 형통이 되고 형통이 끝나면 또 이로움이 되고 이로움이 끝나면 또 곧음이 되어 순환하여 그치지 않는 것과 똑같으니 다만 여기에는 좋음과 좋지 못함의 구분이 있을 뿐이다.[1]"

물헌(勿軒) 웅씨(熊氏)[2]가 말했다.

"이는 뜻을 열렬하게 하는〔誠意〕 것에 관한 것이니 안자(顔子)의 사물장(四勿章)과 더불어 가장 마음에 두고서 살펴보아야 한다. 뜻〔意〕은 사사로운 뜻이 막 일어나는 것이요, 사사로운 아집〔我〕은 사사로운 뜻이 이미 이루어진 것이다. 성인(聖人-공자)은 남김없이 바뀌어〔化〕 더 이상의 찌꺼기가 없지만 안자는 아직 조금 미진한 것이 있다. 그래서 (안자는 공자에 비해 그 경지에) 한

칸을 도달하지 못한 것이다."

1) 으뜸, 형통, 이로움, 곧음은 좋은 것이고 뜻, 반드시, 고집스러운 태도,
   사사로운 자아는 좋지 못한 것이라는 의미다.
2) 웅화(熊禾, 1253~1312년)를 가리킨다. 주희(朱熹)의 문인 보광(輔廣)
   에게 수학했다. 송나라가 망하자 고향으로 돌아가 무이산(武夷山)에
   오봉서당(鰲峰書堂)을 세우고 학생들을 가르쳤다.

10

안연이 어짊을 묻다

『논어』「안연(顏淵)」

안연이 어짊[仁]에 관해 묻자 공자는 말했다.

"자기(의 사사로운 바)를 이겨내고 예로 돌아가는 것[克己復禮]이 곧 어짊(을 행하는 것)이니, 단 하루라도 극기복례(克己復禮)를 행한다면 천하도 그런 사람을 어질다고 인정해 줄 것이다. 어짊을 행하는 것은 자기 자신에서 비롯되는 것이지 어찌 남에게서 비롯되겠는가?"

안연은 이 점에 대해 보다 구체적인 사항들을 쉽게 설명해 줄 것을 정중하게 청한다. 이에 공자는 다음과 같이 말했다.

"예가 아니면 '절대' 보지도 말고 듣지도 말며 말하지도 말고 움직여서도 안 된다."

이에 안연이 말했다.

"회(回-안연)가 비록 불민하지만 그 말씀을 따르도록 노력하겠습니다."

顔淵問仁
안연 문인

子曰 克己復禮爲仁 一日 克己復禮 天下歸仁焉 爲仁由己而由人乎哉
자왈 극기복례 위인 일일 극기복례 천하 귀인 언 위인 유기 이유 인 호재

顔淵曰 請問其目
안연 왈 청문 기목

子曰 非禮勿視 非禮勿聽 非禮勿言 非禮勿動
자왈 비례물시 비례물청 비례물언 비례물동

顔淵曰 回雖不敏請事斯語矣
안연 왈 회 수 불민 청사 사어 의

 양자(揚子)[1]가 말했다.

"자기의 사사로움을 이겨내는 것을 일러 극(克)이라 한다."

이천 선생이 말했다.

"예가 아니면 이는 곧 사사로운 뜻이니 (이처럼 사사로운 뜻이 있으면) 어떻게 어짊이 될 수 있겠는가? 무릇 사람들이 자기의 사사로움을 다 이겨내고서 모두 예로 돌아가야만 비로소 그것을 어질다고 할 수 있다."

사씨(謝氏)가 말했다.

"자기 자신을 이겨내려면〔克己〕모름지기 성질이 편벽되어 이겨내기 어려운 곳부터 이겨나가야 한다."

1) 양웅(揚雄, 기원전 53~기원후 18년)을 가리킨다. 학자로서 각 지방의

언어를 집성한 『방언(方言)』, 『역경(易經)』을 바탕으로 한 철학서 『태현경(太玄經)』과 수상록인 『법언(法言)』 등을 저술하였다. 왕망(王莽)이 정권을 찬탈한 뒤 새 정권을 찬미하는 문장을 쓰고 괴뢰정권에 협조하였다. 이 때문에 송학(宋學) 이후에는 지조가 없는 사람으로 비난의 대상이 되기도 하였다. 하지만 그의 식견은 한(漢) 나라를 대표하였다.

程 이천 선생이 말했다.

"하늘과 땅이 정기[精]를 쌓아 오행(五行)의 빼어난 것들[秀]을 얻어 사람이 되는 것이니 그 근본은 참되고 고요하다[眞而靜]. 그것이 아직 발현되지 않았을 때에는[未發] 다섯 가지 본성이 갖춰져 있으니 이름하여 인(仁), 의(義), 예(禮), 지(智), 신(信)이요 형체가 이미 생겨나면 외부의 사물이 그 형체에 닿아 그 마음[中]이 움직이게 된다. (이렇게) 마음이 움직이면 일곱 가지 감정[七情]이 나오니 이름하여 희(喜), 로(怒), 애(哀), 락(樂), 애(愛), 오(惡), 욕(欲)이요 이런 감정이 이미 활활 타올라서 더욱 엉망이 되면 그 본성이 (감정에 의해) 해를 입게 된다. 그래서 이 점을 깨달은 사람은 그 감정들을 다잡아서 적중한 도리[中道]에 맞도록 하고 그 마음을 바르게 하여 그 본성을 기를 뿐이다. 그러나 반드시 이런 마음을 먼저 밝혀 어디로 가야 할지를 알아낸 다음에야 힘써 행함으로써 적중한 도리[中道]에 이르려 애써야 한다. 이는 마치 안자(顔子)가 명심했던 '예가 아니면 절대 보지도 말고 듣지도 말며 말하지도 말고 움직여서도 안 된다'는 것과 '노여움을 남에게 옮기거나 같은 잘못을 두 번 되풀이하지 않는 것'¹⁾과 같은 것이니 이것이야말로 그 좋아함이 독실한 것이요, 그 배움이 적중한 도리에 이르는 것이다.

그러나 (안회가) 빼어난 이의 경지에 이르지 못했다는 것은 안회가 그것을 지키기는[守] 했으나 그것으로 자신을 바꾸지는[化] 못한 것이니 (안회에게) 몇 년만 더 시간을 주었더라면 하루도 안 되어 그것으로 자신을 바꿨을 것이다.

요즘 사람들은 말하기를 '빼어난 이는 원래 날 때부터 (도리를) 아는 사람이요, 배워서 도달할 수 있는 경지는 아니다'라고 하면서 배움을 행하는 까닭은 단지 글을 기억하고 외우며 문장을 짓는 데 머물러 있을 뿐이니 이는 참으로 안자의 배움과는 다르다."

서산 진씨가 말했다.

"(이천 선생이 말한) 이 장의 요체는 '이 점을 깨달은 사람은 그 감정들을 다잡아서(約) 적중한 도리(中道)에 맞도록 한다(合於中)'는 한 마디에 다 있다. 대개 감정이란 본래는 좋지만 그것이 발현될 때 절도에 맞지 않으면 이내 좋지 않은 쪽으로 흐른다. 그렇기 때문에 반드시 그 감정을 단속하고 절제하여 적중한 도리에 맞도록 하는 것이다. 여기서 이른바 적중함(中)이란 곧 『중용(中庸)』에서 말하는 '절도에 맞는다(中節)'는 것이고, 다잡는다(約)란 바로 『중용』에 나오는 '홀로 있을 때 삼감(愼獨)'을 행하는 노력이다.

마음은 (본래) 바르지 않음이 없고 본성은 좋지 않음이 없으나 그 바름을 해치고 좋음을 잃어버리는 까닭은 감정에 사로잡히기 때문이다. 따라서 반드시 먼저 감정을 다잡은 뒤에야 마음을 바로하고 본성을 기를 수 있는 것이다. 아랫글에서 또 반드시 먼저 '이런 마음을 먼저 밝혀 어디로 가야 할지를 알아내야 한다'고 말한 것은 앎을 지극히 한(致知) 다음에 뜻을 열렬하게 하고(誠意) 좋음을 밝힌(明善) 다음에 몸을 열렬하게 할 수 있는(誠身) 것이니 그 순서는 진실로 이와 같다."

장자(張子)가 말했다.

"하늘이 만물의 근간이 되어(天體物) 남김이 없듯이(不遺) 어짊은 만

사의 근간이 되어[仁體事] 있지 않음이 없다[無不在]. 예의(禮儀) 삼백 가지와 위의(威儀) 삼천 가지[2)]가 어느 하나도 어젊이 아닌 것이 없고 (이는 마치) 저 큰 하늘[昊天]이 훤히 밝아서 네가 들어오고 나가는 것에 다 미치고, 저 큰 하늘이 밝게 비치어 네가 놀고 즐기는 데에 다 미쳐 어느 하나도 근간이 되지 않음이 없(는 것과 같)다."

주자가 말했다.

"체물(體物)이란 만물의 근간이 된다는 뜻이니 대개 각각의 사물마다 하늘과도 같은 이치[天理]가 갖춰져 있다는 것이고, 체사(體事)란 각각의 하는 일마다 어젊으로 이루어내는 것을 이른다. 따라서 예의(禮儀) 삼백 가지와 위의(威儀) 삼천 가지는 모름지기 바로 이 어젊으로 행할 때 시작될 수 있다. 무릇 근간이 된다[體]고 말한 것은 다름 아닌 바로 이런 골자(骨子)가 된다는 뜻이다."

(어떤 사람이) 물었다.

"이 단락은 사람이 사람이 되는 이치[所以]가 모두 다 하늘이 행하는 것이므로 비록 평소 생활하고 몸을 움직이는 순간에도 이른바 하늘이라는 것이 일찍이 (거기에 함께) 있지 않은 적이 없다는 것을 말한 것 아닙니까?"

주자가 답했다.

"장자(-장횡거)께서 '하늘이 만물의 근간이 되어[天體物] 남김이 없다[不遺]'라고 말씀한 것은 이미 올바름을 얻었으니, 그렇다면 이른바 '어젊은 만사의 근간이 되어[仁體事] 있지 않음이 없다[無不在]'라고 말씀한 것 또한 이미 올바름을 얻었다고 할 수 있다. (그런데도) 지금 그 이치가 밝게 이해되지 못하는 까닭은 다만 하늘과 어짊을 둘이라고 여기기 때문이다. 이제 모름지기 빼어나고 뛰어난 이들께서 어짊을 말씀한 부분을 갖고서 자신의 몸에 비추어 생각해 본다면 오랜 후에는 저절로 그 이치를 알게 될 것이다.”

또 말했다.

“장횡거의 이 말씀은 조금의 속임도 없는 마음〔赤心=眞心〕으로 일일이 사람들에게 말씀해 준 것이다. 순자나 양자〔荀揚〕가 어찌 일찍이 이런 것을 말한 적이 있는가?”[3]

장자의 이 말을 가만히 살펴보건대 그것은 바로 자기(의 사사로운 바)를 이겨내고 예로 돌아가서〔克己復禮〕 어짊을 행하는 것〔爲仁〕의 뜻을 분명하게 밝혀 보여준 것이다.

(장자가) 또 말했다.

“배우는 자는 장차〔且=將〕 마땅히 예를 잘 살펴야 한다. 대개 예라는 것은 사람의 다움과 본성〔德性〕을 기르고, 또 사람으로 하여금 일정한 소행〔常業〕이 있게끔 하여 안정되게 지켜주는 것이다. 예가 아니면 절대 말하지 말고, 예가 아니면 절대 행동하지 않는 것[4]이 곧 다움과 본성을 기르는 방법이다.”

(장자가) 또 말했다.

“내가 배우는 자들로 하여금 먼저 예를 배우도록 한 까닭은 다만 예를 배우게 되면 곧 세속의 한 가지 익숙해져 있는 바〔習熟〕에 얽매이는 것을 제거할 수 있기 때문이다. 이는 비유하자

면 뻗어 나가려는 물건은 감긴 것을 풀어주어야 장차 위로 올라
갈 수 있는 것과 같다. 따라서 만일 세상의 습속[世習]을 제거한
다면 자연적으로 깨끗이 벗어날 수 있을 것이다."

정자가 말했다.
"자후(子厚-장횡거)가 예로써 배우는 자들을 가르친 것이 참
으로 좋다. 왜냐하면 배우는 자들에게 먼저 의지처로 삼아 지킬
수 있는 바를 제시해 주었기 때문이다."

주자가 말했다.
"안자의 극기(克己)는 훨훨 타오르는 화로 위에 놓인 한 점의 눈[雪]
과도 같다."[5]

또 말했다.
"안자는 살아생전에 다만 극기복례(克己復禮) 넉 자만을 받아들여
실천하려 애썼다[受用]."

또 말했다.
"공자께서는 극기복례라는 말로 안자에게 (지켜야 할 바를) 일러주
셨는데 이 말씀은 비록 절절하기는 하지만 (또 다른 제자) 번지(樊遲)
에게 일러주신 '평소 생활할 때는 공손하고, 일을 행할 때는 삼가고,
다른 사람과 관계를 맺을 때는 진심으로 임하라[居處恭 執事敬 與人
忠]'는 말씀만큼 상세하지는 못하다. 이는 대개 번지는 기(己)가 무엇인
지, 또 예(禮)가 무엇인지를 알지 못했기 때문에 보다 분명히 말씀해

주심으로써 번지로 하여금 일깨워 그쪽으로 나아가게 해준 것이다."

또 말했다.

"예라는 것은 자기 자신 안에 본래부터 자리 잡고 있는 것이다. 그래서 '돌아간다, 되찾는다[復]'라고 말씀하신 것이다. 사사로운 자기[己]를 완전히 다 이겨내기를 기다린 다음에야 바야흐로 예로 돌아가는 것이 아니다. 일순간이라도 사람의 욕심[人欲]을 이겨내면 그것이 곧 일순간이라도 하늘과도 같은 이치[天理]를 되찾는 것이다."

(심장중(沈莊仲)이) 물었다.

"평소에 일을 만났을[遇事] 때에는 이것이 하늘과도 같은 이치가 되고 저것이 사람의 욕심이 됨을 알고 있다가도 (정작 내가 직접) 일을 하려고 할[到做] 때를 당해서는 마침내 사람의 욕심에 끌려갔다가 일이 끝나고 나면 후회를 하게 되는데 어떻게 해야 하겠습니까?"

(주자가) 말했다.

"그것은 곧 사사로운 자기를 이겨내려는 공부를 하지 않아서다. 따라서 이런 부분을 완전히 깨트려야만 비로소 (사람의 욕심에 끌려다니는 지경에) 이르지 않을 수 있게 될 것이다. 예를 들어 한 갈래의 큰 길에서 또 한 갈래의 작은 길이 있으면 분명히 큰 길로 가는 것이 합당하다는 것을 알면서도 눈앞의 작은 길에 어떤 작은 유인물이 있게 되면 자신도 알지 못하고 깨닫지 못하는 사이에 작은 길로 따라가다가 눈앞에 가시나무 우거진 곳에 이르고서야 또다시 후회하는 마음이 생기는 것과 같다. 이는 곧 하늘과도 같은 이치와 사람의 욕심이 서로 싸우는 순간이다. 모름지기 일을 만났을 때에는 곧장 이겨내야지 구차스럽게 (가야 할 길을) 그냥 모른 채 지나가서는 안 될 것이다."

또 말했다.

"『설문해자(說文解字)』⁶⁾에 '물(勿) 자는 깃발의 다리〔旗脚〕와 같다'
라고 했으니 이 깃발을 한 번 저으면 삼군(三軍)이 모두 퇴각한다. 즉
공부(工夫)란 다만 물(勿) 자 위에 있다. 털끝만큼이라도 예가 아닌 것
〔非禮〕을 보면 곧바로 이를 금지시켜 이겨내야 한다. 일단 이겨내기만
하면 곧바로 예로 돌아갈 수 있다."

서산 진씨가 말했다.

"기자(箕子)가 홍범(洪範)의 다섯 가지 일〔五事〕⁷⁾을 나열하여
말하기를 '첫째는 용모〔貌〕이고, 둘째는 말하는 것〔言〕이고, 셋째
는 보는 것〔視〕이고, 넷째는 듣는 것〔聽〕이고, 다섯째는 생각하는
것〔思〕이다'라고 했다. (그런데) 안연이 어짊〔仁〕에 관해 묻자 공자
는 극기복례(克己復禮)가 어짊을 행하는 것이라고 말했고, 이어
그 조목을 묻자 다시 '예가 아니면 '절대' 보지도 말고 듣지도 말
며, 말하지도 말고 움직여서도 안 된다〔非禮勿視聽言動〕'라고 말
했으니 여기에 생각하는 것〔思〕이 포함되지 못한 것은 어째서이
겠는가? 절대 안 된다〔勿〕는 것은 금지하는 것을 이른다. 귀와 눈
과 입과 코〔耳目口鼻〕는 외부의 사물로 인해 움직이게 되니 마음
〔心=思〕이 주재하지 않는다면 무엇이 그것들을 금지할 수 있겠는
가? 그렇다면 결국 '절대 안 된다'라는 것은 바로 마음(의 작용)
을 가리켜 말한 것이다. 그런데 다만 배우는 자들이 그 점을 제
대로 살피지 못한 것일 뿐이다."

어떤 사람이 물었다.

"안연이 어짊에 관해 묻자 공자께서 이렇게 답하신 것은 어째서입니까?"

(주자가) 말했다.

"사람은 하늘과 땅의 적중함〔天地之中〕을 받아서 태어났기 때문에 어짊과 의로움, 예 갖춤과 앎〔仁義禮智〕의 (네 가지) 본성이 그 마음에 갖춰져 있다. 어짊은 비록 사랑〔愛〕에만 초점을 맞추는 것 같지만 실은 마음의 본체〔心體〕를 온전하게 해주는 다움〔全德〕이요, 예의는 비록 삼감〔敬〕에만 초점을 맞추는 것 같지만 실은 하늘과도 같은 이치〔天理〕를 조목조목 나누어 그것을 더욱 빛나게 해주려는 애씀〔節文〕이다.

그러나 사람은 자신의 몸을 갖고 있기 때문에 귀와 눈과 입과 육체의 사이에 사사로운 욕심에 얽매여 이치를 어기게 됨으로써 어짊을 해치게 된다. 사람이면서 어질지 못하면 자신의 한 몸에서부터 오로지 초점을 맞추는 것이 없게 되어 사물들 사이에서 전도되고 착란되어 더욱더 이르지 못하는 바가 없게 된다. 하지만 (사사로운) 자기〔己〕라는 것은 사람의 욕심의 사사로움〔私〕이요, 예 갖춤〔禮〕이라는 것은 하늘과도 같은 이치의 공변됨〔公〕이다. 하나의 마음속에 이 두 가지가 서로 나란히 설 수는 없지만 그 둘 간의 차이는 털끝만큼도 안 된다. (그래서 사람의 마음이란 것은) 여기서 나가면 저기로 들어가고, 저기서 나오면 여기로 들어오니 이는 이겨내는 것과 이겨내지 못하는 것〔克與不克〕, 돌아가는 것과 돌아가지 못하는 것〔復與不復〕이 손바닥을 뒤집는 것과 같고, 또 팔뚝을 굽혔다 폈다가 하는 것 같다. (따라서) 사람이 스스로 그것을 진실로 하려고만 한다면 그 기틀은 참으로 그 자신에게 달려 있을 뿐이니 무릇 어찌하여 다른 사람들이 관여할 수 있겠는가?

안자의 타고난 바탕[質]은 거의 빼어난 이[聖人]에 가까웠다. 그래서
그가 어짊에 관해 묻자 공자께서 말씀해 주신 바가 유독 긴요하고 간
절하면서도[要切] 상세하고 남김이 없었던[詳盡] 것이다. 또 예가 아니
면 절대 보지도 말고 듣지도 말라고 한 것은 밖에서 들어와 안(마음)
을 움직이게 하는 것을 막는 것이요, 예가 아니면 절대 말하지도 말고
움직여서도 안 된다고 한 것은 안에서 나와 밖을 접할 때 삼가라는 것
이니 이처럼 안팎이 서로 나아가게 되면 어짊을 행하는 효과는 남김
없이 다 드러나게 된다.

이에 안자는 이 말씀을 잘 따르겠다고 청하여 그것을 힘써 행했다
[力行]. 그랬기 때문에 3개월 동안 어짊에서 떠나지 않아 마침내 빼어
난 이의 경지에 나아갈 수 있었던 것이다. 그러나 공자의 말씀을 익히
음미하여 안자가 힘쓴 바를 잘 살펴본다면 그 기틀은 다만 '절대 아니
다'와 '절대 아닌 것이 아니다'[勿與不勿]의 사이에 있을 뿐이다. 여기
로 되돌아오면 하늘과도 같은 이치가 되고 여기로부터 흘러가버리면
사람의 욕심이 되며, 이로부터 능히 생각할 줄 알게 되면 빼어난 이가
되고, 이로부터 능히 생각할 줄을 모르게 되면 마음을 마구잡이로 하
는 사람[狂人]이 되는 것이니 이 또한 털끝만 한 차이일 뿐이다. (그러
므로) 배우는 자가 어떻게 그 잡아 쥐는 바[所操=所執]를 삼가지 않을
수 있겠는가?"

서산 진씨가 말했다.

"요임금과 순임금으로부터 주공(周公)과 공자에 이르기까지
서로 전수한 큰 골격[大槪]은 공자가 안자에게 전해주는 데 이르
면 그 근본과 곁가지[本末]가 남김없이 드러난다. 그래서 공자께

서 속으로 쌓아둔 것(蘊=蘊蓄)은 더 이상 남아 있지 않게 되었다. 대개 안자처럼 되기를 바라는 것(希顔)은 곧 공자처럼 되기를 바라는 것(希孔)이기 때문에 요임금과 순임금, 우왕과 탕왕, 문왕과 무왕, 주공의 도리도 따라서 얼마든지 알 수가 있는 것이다.

무릇 정일집중(精一執中)[8]은 요임금, 순임금, 우왕이 서로 전수해 준 도리의 요체이고, 극기복례가 어짊을 이룬다(克己復禮爲仁)는 것은 공자와 안자가 서로 전수해 준 도리의 요체이다. 이 둘은 그 말만 두고서 보면 매우 다르지만 공자가 말한 사사로운 자기(己)는 순임금이 말한 사람의 (욕심 많은) 마음(人心)이고, 공자가 말한 예(禮)는 순임금이 말한 도리의 (공명정대한) 마음(道心)이며, 또 사사로운 욕심을 이겨내고 예로 돌아간다는 것은 곧 정일(精一)하는 노력이다.

어짊(仁)과 적중(中) 또한 그 명칭은 다르지만 실제 내용은 같다. 의로움과 이치(義理)의 바름에 딱 들어맞아서 지나치거나 미치지 못함이 없는 것(無過不及)이 적중(中)이고, 의로움과 이치의 바름에 밝아 사사로운 욕심이 조금도 뒤섞이지 않은 것이 어짊(仁)이다. 따라서 적중하고서 어질지 못한 경우는 없고, 마찬가지로 어질면서 적중하지 못하는 경우는 없다. 이로 미루어 본다면 무릇 빼어난 이나 뛰어난 이(聖賢)가 서로 전수한 마음을 다스리는 법(心法)은 모두 하나로 꿸 수(一以貫之) 있을 것이다."

1) 『논어』 「옹야(雍也)」 편에 나오는 말이다. (노나라) 애공이 "제자들 중에서 누가 배우는 것을 좋아하는가?"라고 묻자 공자는 이렇게 말했

다. "안회라는 자가 있어 배우기를 좋아하여 노여움을 남에게 옮기거나 같은 잘못을 두 번 되풀이하지 않았는데(不遷怒貳過者) 불행하게도 명이 짧아 죽었습니다. 지금은 그가 가고 없으니 아직 배우기를 좋아하는 자를 들어보지 못했습니다."

2) 『예기(禮記)』에 나오는 말로 예의는 기본 골격이 되는 의례를 말하고, 위의는 그보다 세부적인 의례를 말하는데 실은 정확히 삼백과 삼천이 아니라 크고 작은 모든 예를 포괄해서 말한다.

3) 한나라와 당나라 때 사람들은 대부분 순자나 양웅도 공자의 학문을 계승하고 있다고 생각했는데 이 두 사람은 결코 그렇지 않다는 점을 강조하면서 동시에 장횡거의 수준에도 이르지 못했음을 보여주는 것이다.

4) 여기서는 두 가지만 언급하고 있지만 실은 사물(四勿)을 다 가리킨다고 봐야 한다.

5) '화로 위에 놓인 한 점 눈' 같은 표현은 불교적인 것이다. 즉 안회에게 설사 조금의 사심이 있었다 한들 금방 녹아내렸다는 의미다.

6) 한나라 때의 허신(許愼)이 만든 문자 해설서로, '설문(說文)'이라고도 한다. 이 책은 진(秦) 이래 한자의 자형(字形), 자의(字義), 자음(字音)을 연구하는 데 가장 기본이 되는 문헌이고, 금문(金文)이나 갑골문(甲骨文)을 연구하는 데도 필수적인 자료이다. 후한(後漢) 화제(和帝) 영원(永元) 12년(100년)에 완성되었는데, 허신은 당시 통용되던 글자의 형체에 따라 이를 14편 540부, 서목(敍目) 1편으로 나누어 각각 그 글자의 자형, 자음, 자의를 설명했다.

7) 홍범구주(洪範九疇) 중에서 두 번째 것으로 신하들을 다스리는 데 삼가야 할 다섯 가지 일을 가리킨다.

8) 이는 『서경』에 나오는 말로 정확하게는 순임금이 우왕에게 전수해 준 심법이다. 순임금은 우왕에게 이렇게 말했다. "사람의 마음이란 오직 위태위태한 반면 도리의 마음은 오직 잘 드러나지 않으니 (그 도리를 다하려면) 정밀하게 살피고〔精〕 한결같음〔一〕을 잃지 않아 진실로 그 적중해야〔中〕 할 바를 잡도록〔執〕 하여라."

11

중궁이 어짊을 묻다

『논어』「안연」

중궁(仲弓)[1]이 어짊에 관해 묻자 공자가 말했다.

"문을 나서면 큰 손님을 뵈온 듯이 하고, 백성을 부릴 때는 큰 제사를 받들듯이 하며, 자신이 하고자 하지 않는 것을 남에게 베풀지 말아야 하니, (이렇게 하면) 나라에 있어도 원망함이 없으며 집 안에 있어도 원망함이 없을 것이다."

중궁이 말했다.

"옹이 비록 불민하지만 그 말씀을 따르도록 노력하겠습니다."

仲弓問仁
중궁 문인

子曰 出門如見大賓 使民如承大祭 己所不欲勿施於人 在邦無怨 在家
자왈 출문 여 견 대빈 사민 여 승 대제   기소불욕물시어인   재 방 무원 재 가

無怨
무원

仲弓曰 雍雖不敏請事斯語矣
중궁 왈 옹 수 불민 청 사 사어 의

真 이천 선생이 말했다.

"큰 손님을 뵈온 듯이 하고, 큰 제사를 받들듯이 한다는 것은 삼감〔敬〕이다. 삼가면 사사로움이 없고〔不私=無私〕 한순간이라도 삼가지 않게 되면 사사로운 욕심이 만 가지 단서를 일으켜 어짊(을 행함)에 해를 끼치게 된다."

주자가 말했다.

"삼감〔敬〕으로써 자신을 잘 지키고, 남을 나와 같이 여기는 마음〔恕〕으로써 남들에게 미치면 사사로운 뜻〔私意〕은 용납될 수 없게 되어 마음의 다움〔心德=仁〕이 온전해질 것이다."

1) 공자의 제자인 염옹(冉雍, 기원전 522년~미상)을 말한다.

程 정자가 말했다.

"공자께서 어짊을 이야기하면서 단지 '문을 나서면 큰 손님을 뵈온 듯이 하고, 백성을 부릴 때는 큰 제사를 받들듯이 하라'고만 하셨다. (그러나) 그 말에 담긴 기운과 의미(氣象)를 잘 살펴보면 이는 곧 모름지기 마음이 넓어지고 몸이 퍼져서 하나하나의 동작과 용모(動容)를 취하는 것과 일을 주선하는 것이 예에 적중하는 것(中禮)이다. 오로지 그 홀로 있음을 삼가는 것(愼獨)이야말로 그것을 지켜내는 방법이다."

(어떤 사람이) 물었다.

"문을 나서고 백성을 부릴 때 그와 같이 하는 것은 있을 수 있는 일이지만, (그렇다면) 문을 나서지 않고 백성을 부리지 않을 때에는 어떻게 되는 것입니까?"

(이에 정자가) 말했다.

"그럴 때는 의젓하게 뭔가를 생각하고 있는 것처럼(儼若思)[1] 해야 한다. (삼감이라는 것은) 마음속에 갖춰진 다음에야 겉으로 드러나는 것이다. 문을 나서고 백성을 부릴 때 삼감이 그와 같음을 보게 된다면 그보다 앞서 이미 삼가는 마음을 갖고 있었다는 것을 알 수 있다. 따라서 문을 나서고 백성을 부린 뒤에야 이런 삼감이 있는 것은 아니다."

동가사(東嘉史)[2]가 말했다.

"문을 나서고 백성을 부리는 것은 사람들이 똑같이 알 수 있는 것이지만 삼감이 지극한지 그렇지 못한지는 오직 자기 자신만이 홀로 아는 것이다. 정자께서는 '문을 나서고 백성을 부릴 때에는 곧 손님을 뵈옵고 큰 제사를 받들듯이 하는 삼감이 있어야 한다고 했다. 그 말에 담긴 기운과 의미[氣象]를 잘 살펴보면 이는 곧 모름지기 마음이 넓어지고 몸이 펴져서 하나하나의 동작과 용모[動容]를 취하는 것과 일을 주선하는 것이 예에 적중하는 것[中禮]이다'고 말했다.

그러나 자기 자신만이 홀로 아는 상황에서 조심하지[謹] 않는다면 다른 사람들이 다 함께 아는 상황에서는 다만 겉모양만 공손하고 낯빛만 엄숙하게 할 뿐이다. 따라서 홀로 있을 때에도 조심하는 것[謹獨]은 곧 (몸을) 움직일 때[動]에 삼감[敬]을 가장 중요한 지침으로 삼아야 하는 까닭이다.

그리고 의젓하게 뭔가를 생각하고 있는 것처럼[儼若思] 하는데 이르러서는 다시 문을 나서지 않거나 백성을 부리기 이전에 마음속에 삼감을 가장 중요한 지침으로 삼아 애당초 게으르고 나태하며[怠惰] 종잡을 수 없고 거리낌이 없는[放肆] 습속이 전혀 없어서 비록 외부의 사람이나 일과 접하기 전이라도 항상 가지런하고 엄숙하여 마치 뭔가를 생각하는 바가 있는 것처럼 하는 것이다. 따라서 이는 가만히 있을 때[靜]에 삼감[敬]을 가장 중요한 지침으로 삼는 것을 말하는 것이 아니겠는가?

요약하자면 이 두 가지는 바로 『중용』에 나오는 계신공구(戒愼恐懼) 및 신독(愼獨) 두 절(節)과 서로 비슷하다.[3]"

(어떤 사람이) "자신이 하고자 하지 않는 것을 남에게도 베풀지 않는 것[己所不欲勿施於人]이 곧 남을 나와 같이 여기는 마음[恕]입니까?"[4]라고 묻자 주자는 이렇게 말했다.

"이천 선생이 말씀하기를 '서(恕) 자는 모름지기 충(忠) 자와 더불어 풀어내야 한다'라고 하셨다. 대개 충(忠)이란 자기 자신을 (남김없이) 다하는 것(盡己)이니 이처럼 자기 자신을 다한 다음에야 남을 나와 같이 여기는 마음(恕)이 행해질 수 있다. 지금 사람들은 충(忠)은 제대로 알지도 못하면서 헛되이 서(恕)만 행하려고 하니 그 폐단은 단지 고식(姑息)적인 데 있을 뿐이다.

(가령) 장자소(張子韶)[5]는 자신의 책 『중용해(中庸解)』에서 '성인(聖人-공자)께서는 사사로운 자기를 이겨내는 것이 어려웠기 때문에 천하 사람들이 다 남을 나와 같이 여길 만한 사람(可恕之人)임을 알 수 있었다'고 했다. 만일 이것만 갖고서 논한다면 자신이 제대로 할 수 없다고 해서 천하 사람들을 모두 하지 않게 만드는 것이다. (장자소의) 이 말이 맞다면 결국은 서로를 나태하고 게으르게(懈怠) 하는 것일 뿐이니 이 말이야말로 이치를 가장 크게 해치는 것이다."

(어떤 사람이) 물었다.

"자기(의 사사로운 바)를 이겨내고 예로 돌아가는 것(克己復禮)과 삼감을 주로 삼으며 남을 나와 같이 여기는 마음을 행하는 것(主敬行恕), 이 둘을 무엇으로 하늘의 도리(乾道)와 땅의 도리(坤道)[6]로 나눌 수 있습니까?"

(이에 주자가) 말했다.

"그대가 볼 때 안자의 역량은 얼마나 큰가? 안자는 단 한 번 자기를 이겨내고 예로 돌아가자 곧 끝났는데 중궁은 다만 차근차근(循循) 나아갔을 뿐이니 어떻게 중궁에게 안자와 같은 용기(勇)가 있겠는가? 비유하자면 안자는 도적(賊)이 쳐들어올 때 걸어서 나아가 적에 맞서 싸우는 것과 같고, 중궁은 성벽을 튼튼히 하고서(堅壁) 들판을 깨끗이 한 다음(淸野) 도로를 차단해 도적이 오지 못하게 하는 것과 같다. 또 극기복례(克己復禮)는 한 번 약을 복용해 이 병을 깨끗이 치유하는 것이요, 주경행서(主敬行恕)는 점차 약을 복용해 이 병을 사라지게 하는 것이다."

1) 이는 『예기』에 나오는 말로 평상시에 늘 의젓하게 생각하듯이 생활해야 한다는 말이다.

2) 원나라 사람으로 이름은 사백선(史伯璿)이다. 평생 은거하며 벼슬하지 않았다. 경사(經史)에 두루 정통했으며 학문은 주희를 종주로 삼았다. 저서에 『사서관규(四書管窺)』와 『관규외편(管窺外編)』이 있다.

3) 먼저 계신공구절을 보자. "도(道)라는 것은 잠시도 떠날 수 없는 것이니, 떠날 수 있으면 도가 아니다. 이런 까닭으로 군자는 그 보이지 않는 것에도 경계하여 삼가며(戒愼), 그 듣지 못하는 것 혹은 귀로 들리지 않는 것에도 두려워하고 또 두려워한다(恐懼)." 이는 아직 움직이지 않고 가만히 있을 때(靜) 마음을 쏟아야 하는 바다. 이어 신독절을 보자. "숨어 있는 것만큼 제대로 드러남이 없으며, 미미한 것만큼 제대로 나타남이 없다. 그러므로 군자는 그 홀로를 삼가는 것이다(愼獨)." 이는 움직일 때(動) 마음을 쏟아야 하는 바다. 그래서 동가사는 이 둘을 각각 서로 비슷하다고 말한 것이다.

4) 『논어』 「위령공」 23에서 자공이 "한마디 말로 종신토록 행할 만한 것이 있습니까?"라고 묻자 공자는 이렇게 말했다. "그것은 서(恕)다. 자신이 하고자 하지 않는 것을 남에게도 베풀지 않는 것이다."

5) 장자소(1092~1159년)는 송나라 때 사람으로 이름은 구성(九成)이다. 정자(程子)의 제자인 양시(楊時)에게 배웠다. 선승(禪僧) 종고(宗杲)의 영향으로 불교의 심외무법(心外無法) 사상을 받아들였고, 정주의 이학(理學)과 육구연의 심학(心學)을 이어주는 교량 역할을 했다.

6) 이는 주자의 용어로 건도(乾道)는 분발하여 행하는 것이고, 곤도(坤道)는 마음으로 중후하게 있으면서 지켜내는 것이다.

12

하늘이 명한 것을
본성이라고 한다

『중용』제1장

『중용』에서 말했다.

"하늘이 명한 것을 본성〔性〕이라 하고, 본성을 따르는 것을 도리〔道〕라
하며, 도리를 닦는 것을 가르침〔敎〕이라 한다.

도리라는 것은 (나에게서) 잠시도 떠날 수 없는 것이니, 떠날 수 있으
면 도리가 아니다. 이런 까닭으로 군자는 그 보이지 않는 것에도 경계하
여 삼가며, 그 듣지 못하는 것 혹은 귀로 들리지 않는 것에도 두려워하
고 또 두려워한다.

숨어 있는 것만큼 제대로 드러남이 없으며, 미미한 것만큼 제대로 나
타남이 없다. 그러므로 군자는 그 홀로를 삼가는 것이다.

기뻐하고 화내고 슬퍼하고 즐거워하는 정(情)이 (아직) 발(發)하지 않
은 것을 중(中)이라 이르고, 그것들이 발하여 모두 절도(節度)에 맞는
것을 화(和)라 이르니, 적중함〔中〕이란 것은 천하의 큰 뿌리요, 어울림
〔和〕이란 것은 천하의 달성해야 할 도리이다.

적중하여 잘 어울림 혹은 잘 어울리는 데 적중함〔中和〕에 이른다는 것

은 (비유하자면) 하늘과 땅[天地]이 제자리를 지키고, 만물(萬物)이 잘
길러지는 것과 같다.

中庸 天命之謂性 率性之謂道 修道之謂教
중용 천명 지위성 솔성 지위도 수도 지위교

道也者 不可須臾離也 可離 非道也 是故 君子 戒愼乎其所不睹 恐懼乎
도 야자 불가 수유 리야 가리 비 도야 시고 군자 계신 호기 소부도 공구 호

其所不聞
기 소불문

莫見乎隱 莫顯乎微 故君子愼其獨也
막 현호은 막 현호미 고 군자 신기독야

喜怒哀樂之未發 謂之中 發而皆中節 謂之和 中也者 天下之大本也 和
희로애락 지 미발 위지중 발 이개 중절 위지화 중 야자 천하 지 대본 야 화

也者 天下之達道也
야자 천하 지 달도 야

致中和 天地位焉 萬物育焉
치 중화 천지 위언 만물 육언

주자가 말했다.

"자사(子思)[1]께서는 먼저 도리[道]의 본래적인 원천이 하늘에
서 비롯되니 바뀔 수 없으며[不可易], 그 도리의 실상과 본체[實體]는
자신의 몸에 갖추어져 있으니 몸에서 떠날 수 없다[不可離]는 것을 밝
히셨다. 이어 자신의 마음을 지키고 기르는 것[存養]과 돌아보아 잘 살
피는 것[省察]의 요체를 말씀하셨고, 끝으로 빼어나고 신묘한[聖神] 공
력과 교화[功化]의 지극함을 말씀하셨다.
　(이 세 가지는) 대개 배우는 자로 하여금 여기에서 자기 몸에 돌이켜
헤아려서[反求] 스스로 그것을 깨달아 외부의 유혹 속에 놓인 사사로

운 자기〔外誘之私〕를 제거함으로써 사람이 본래 갖고 있는 좋음〔本然
之善〕을 채우려고 하신 것이다."

(주자가) 또 말했다.

"군자의 마음은 늘 삼감과 두려워함〔敬畏〕을 간직한다. 그래서 비록
(남들이) 보거나 듣지 않더라도 진실로 감히 소홀하게 행동하지 않는
다. 그 때문에 하늘과도 같은 이치의 본래 모습〔本然〕을 잘 간직하고
(도리가) 잠시라도 자신의 몸에서 떠나지 않도록 하는 것이다."

(주자가) 또 말했다.

"숨어 있음〔隱〕이라는 것은 잘 보이지 않는 어두운 곳〔暗處〕이고, 미
미함〔微〕이라는 것은 아주 미묘하게 작은 일〔細事〕이며, 홀로〔獨〕라는
것은 남들은 알지 못하는데 자기 자신만이 홀로 알고 있는 상황〔地〕
이다.

어두컴컴한 속〔幽暗之中＝隱〕과 지극히 작은 일〔細微之事＝微〕이라
는 것은 그 자취는 비록 형태를 갖추고 있지 않지만 그 기미〔幾〕는
이미 움직이고 있고, 사람들은 비록 그것을 알아차리지 못하지만 자
신은 홀로 그것을 (훤히) 알고 있다는 것이다. 그렇다면 천하의 일들
중에서 (그 자신에게) 분명하게 보이고 훤하게 드러나는 것으로 이보
다 더한 것은 없다.

이 때문에 군자는 이미 항상 그 보이지 않는 것에도 경계하여 삼가
며, 그 듣지 못하는 것 혹은 귀로 들리지 않는 것에도 두려워하고 또
두려워하고〔戒懼＝戒愼恐懼〕이에 비추어 더욱더 조심하게 된다. 바로
그것이 사람의 욕심이 장차 싹트려 할 때 그것을 막음으로써 숨어 있

고 미미한〔隱微〕가운데에 남몰래 불어나고 속으로 자라나 도리를 떠
나 멀리 가기에 이르지 못하도록 해주는 힘의 원천이다."

1) 공자의 손자이자 『중용』의 편찬자다.

程 (어떤 사람이) 물었다.

"숨어 있는 것만큼 제대로 드러남이 없으며, 미미한 것만큼 제대로 나타남이 없다[莫見乎隱 莫顯乎微]는 것은 무슨 뜻입니까?"

이에 정자(程子)가 말했다.

"사람들은 단지 눈과 귀로 보고 듣는 것만을 나타나거나 드러난 것〔顯見=顯現〕으로 여기고, 보이지 않거나 들리지 않는 것은 숨어 있고 미미하다〔隱微〕고 여긴다. 그러나 이는 이치〔理〕라는 것이 훨씬 잘 나타난다〔顯〕는 것을 알지 못하기 때문이다. 예를 들면 옛날에 어떤 사람이 거문고를 타는 도중에 사마귀가 매미를 잡는 것을 보았는데 거문고 소리를 듣던 자가 거문고 소리에 살기가 담긴 소리〔殺聲〕가 있다고 말한 일이 있다. 죽임이 (거문고 연주자의) 마음에 있는데 다른 사람은 그 거문고 타는 소리만 듣고서도 그것을 알아차렸으니 어찌 그 뜻이 (훤하게) 나타난〔顯〕 것이 아니겠는가?

사람들은 (자신들의 마음속에) 좋지 못한 생각〔不善〕이 있어도 남들이 알지 못할 것이라고 스스로 말하겠지만 하늘과 땅의 이치는 더욱 더 분명하여 속일 수가 없다."

(그 사람이 다시) 물었다.

"이는 양진(楊震)이 말한 네 가지 앎〔四知〕[1]과 같은 것입니까?"

(정자가) 말했다.

"그럴 수도 있다. 그러나 (인간 세상에서) 남들과 나에 국한해서 말한다면 진실로 나눠서 생각할 수 있겠지만 만일 하늘과 땅의 차원에서 말한다면 단지 이는 한 가지 똑같은 앎일 뿐이다."

(어떤 사람이) 물었다.

"정자가 말씀하신 거문고 탈 때 죽이려는 마음이 나타난 일은 남들이 아는 것을 갖고서 말했고, 소씨(蘇氏-蘇昞)와 양씨(楊氏-楊時)가 말한 것은 자신(만)이 아는 것을 갖고서 말했습니다. 그런데 선생님(-주자)께서는 이 둘을 합해서 논하시니 어떻게 받아들여야 합니까?"

(주자가) 말했다.

"두 가지 일은 단지 한 가지 이치(에서 나온 것)다. 기미가 조금이라도 싹트면 자기 자신이 반드시 알고, 자기 자신이 이미 알았다면 남들도 반드시 알게 된다. 그렇기 때문에 정자께서는 양진의 네 가지 앎을 논하기를 '하늘과 땅의 차원에서 말한다면 단지 이는 한 가지 똑같은 앎일 뿐이다'라고 하신 것이다."

도향(道鄉) 추씨(鄒氏)[2]가 말했다.

"그 홀로 있음을 삼가는 것〔愼獨〕은 도리〔道〕에 들어가는 데 가장 절실한 요체가 된다. 이른바 홀로〔獨〕라는 것은 한가하게 지내며 가만히 거처할 때뿐만 아니라 마음속에서 싹터 오르는 것도 가리킨다. 따라서 이때부터 힘써 노력한다면 잘못되는 일이 없다. 그 때문에 『중용』에서 이 말을 첫머리로 삼은 것이다.

서산 진씨가 말했다.

"추씨가 말한 신독(愼獨)이 가장 깊은 의미가 있다."

소병(蘇昞)이 물었다.

"기뻐하고 화내고 슬퍼하고 즐거워하기〔喜怒哀樂〕에 앞서 적중하려

시도하는 것〔求中〕은 가능합니까, 불가능합니까?"

정자가 말했다.

"불가능하다. 기뻐하고 화내고 슬퍼하고 즐거워하는 것이 발하기 전에 이미 생각하여〔思〕 적중하고자 한다〔求＝求中〕면 이 또한 생각한 것이다. 이미 생각을 했다면 그것은 곧 이미 (생각이) 발한 것〔已發〕이니 (이처럼) 조금이라도 (생각이) 발했다면 그것은 응함〔和〕이지 적중함〔中〕이라고 할 수 없다."

(소병이 또) 물었다.

"여대림(呂大臨)은 '마땅히 기뻐하고 화내고 슬퍼하고 즐거워하는 것이 발하기 전에 적중하려고 해야 한다'고 말했습니다. 진실로 이 말이 맞다면 손을 대어 잡을 곳이 없을 것입니다. 그렇다면 어떻게 해야 합니까?"

(정자가) 말했다.

"기뻐하고 화내고 슬퍼하고 즐거워하는 것이 발하지 않았을 때에 마음을 지키고 기른다〔存養〕고 말하는 것은 가능하지만 만약에 기뻐하고 화내고 슬퍼하고 즐거워하는 것이 발하지 않았을 때에 적중하고자 한다〔求中〕고 말한다면 이는 불가능하다."

주자가 말했다.

"정자가 말한 '조금이라도 생각하면 곧 이미 발한 것〔已發〕'이라는 한 구절은 자사의 말씀 밖의 뜻을 능히 드러내어 밝혀주신 것이다. 기뻐하고 화내고 슬퍼하고 즐거워하는 것이 발하기를 기다리지 않고 다만 생각하는 바가 있으면 곧 이미 (생각이) 발한 것임을 말씀하신 것이다. 정자의 이 뜻은 지극히 정교하고 자세하여 아직 발하지 않은 경지에 이른 것이 충분히 그 끝을 다하였으니 이보다 더 뛰어나게 그것을 표현할 수는 없다."

어떤 사람이 물었다.

"기뻐하고 화내고 슬퍼하고 즐거워하는 것의 앞에 움직임〔動〕을 둬야 합니까, 아니면 고요함〔靜〕을 둬야 합니까?"

(정자가) 말했다.

"고요함을 둬야 한다고 말하는 것은 가능하다. 그러나 고요한 가운데 모름지기 외부의 사물이나 일〔物〕이 있어야 비로소 (희로애락이) 생겨날 수 있으니 이것은 알아차리기에 아주 어려운 경지다. (따라서) 배우는 자는 우선 먼저 삼감〔敬〕을 잘 이해하는 것이 훨씬 낫다. 삼가면 곧 절로 이 경지를 알게 될 것이다."

주자가 말했다.

"(희로애락이) 아직 발하지 않음〔未發〕 이전에 뭔가를 굳이 찾으려 해서는 안 되고[3] 이미 발한 것〔已發〕 이후에 뭔가를 억지로 두려 해서도 안 된다. 다만 평소에 장중하고 삼가며〔莊敬〕 가만히 자신을 길러내는〔涵養〕 노력이 지극해 사람의 욕심이 갖는 사사로움으로 그것을 어지럽히지 않는다면 아직 발하지 않은 때에 거울처럼 맑고 물처럼 잔잔해 그것이 발할 때에도 절도에 딱 들어맞지 않는 것이 없을 것이니 이것이 바로 하루하루 생활하는 데서 본령으로 삼아야 할 공부다.

일〔事〕에 맞춰 성찰하고 사물에 닿아 미루어 헤아려 밝히는 데 이르러서도 또한 반드시 이것을 근본으로 삼아 이미 발한 즈음에 그것을 살펴본다면 아직 발하지 않음 이전에 갖추어져 있었던 것을 진실로 묵묵히 알아낼 수 있을 것이다. 그래서 정자가 소계명(蘇季明)에게 대답한 글에서 반복해 논변하면서도 결국은 삼감[敬]으로써 말씀하는 데 지나지 않았던 것도 대개 이 때문이다.

예전에는[向來] 강론과 사색[講論思索]만을 마음이 이미 발한 것이라고 여기고, 하루하루 생활 속의 공부는 단지 지엽말단적인 것을 살펴서 아는 것으로 여겨 가장 하찮은 것으로 보았다. 이 때문에 평소에 함양하는 한 계단의 공부를 빠트려서 사람으로 하여금 마음속을 어지럽게 하여 침잠하고 순수한 맛을 없애고, 또 말하거나 일하는 사이에 (마음이) 발할 때에도 또한 항상 급박하고 붕 떠 있어 다시 여유롭고 깊은 두터움을 가진 기풍을 없앴다. 대개 생각하는 바가 한번 어그러지자 그 폐해가 여기에까지 이르게 된 것이니 깊이 살피지 않으면 안 될 것이다.”

어떤 사람이 말했다.

“고요하게 앉아 있을 때[靜坐]에 눈앞에 뭔가가 지나가면 그것을 봐야 합니까, 보지 말아야 합니까?”

(정자가) 말했다.

“(일단) 그것이 어떠한 것인지를 봐야 한다. 만약에 제사와 같은 큰 일이 있어 면류관의 앞 술이 눈을 가리고 귀막이 솜이 귀를 막고 있을 때라면 무릇 뭔가가 지나가더라도 보거나 들어서는 안 된다. 그러나 아무 일이 없을 때에는 눈은 마땅히 봐야 하고 귀는 마땅히 들어야 한다.”

여자약(呂子約)이 말했다.

"들은 것이 없고 본 것이 없는 것이 아직 발하지 않음〔未發〕이다."

이에 주자가 말했다.

"자사는 (『중용』에서) 희로애락(喜怒哀樂)만을 이야기했는데 지금 다시 보고 듣는 것을 거론하고 있다. 이 때문에 말이 많아질수록 그만큼 제각각으로 의견이 갈리고 분분해져서 도무지 실상에 맞아떨어지는 것〔交涉〕이 없게 된다. 사정이 이렇게 된 것은 바로 정자의 문하〔程門〕에서 묻고 기록한 자의 잘못이요, 또 후세 사람들이 잘못 읽은 때문이다.

만약에 (그대의 말처럼) 반드시 들은 것이 없고 본 것이 없는 것을 아직 발하지 않음이라고 한다면 단지 일종의 정신과 인식 기능이 어두운 사람이 잠이 부족할 때 다른 사람으로 인해 놀라 깨어서 잠깐 동안 사방을 분간하지 못할 때 이런 기운과 증상〔氣象〕이 있을 수 있다. (그러나) 빼어나거나 뛰어난 이〔聖賢〕의 마음은 맑디맑아서〔湛然〕 깊고 고요하며 귀 밝고 눈 밝아서 꿰뚫어 보기 때문에 결코 그와 같지 않다. 만약에 (정말로) 그와 같다고 한다면 홍범(洪範)의 다섯 가지 일〔五事〕에서 마땅히 용모〔貌〕는 뻣뻣하고, 말하는 것〔言〕은 벙어리와 같고, 보는 것〔視〕은 장님과 같고, 듣는 것〔聽〕은 귀머거리와 같고, 생각하는 것〔思〕은 꽉 막혀야 한다고 말해야 마침내 그 본성을 얻게 될 것이요, 앎을 지극히 하고 삼가면서〔致知居敬〕 공부에 온 힘을 다하는 것은 기껏해야 한 사람의 미련하고 어리석은 허깨비를 기르는 것이 되고 말 것이다."

또 (정자가) 말했다.

"(마음이) 아직 발하지 않았을 때에 다시 어떻게 애써 구하겠는가〔求〕? 단지 평소에 가만히 자신을 길러내려는 노력〔涵養〕이 곧 이것이니 함양하는 것이 오래가면〔久=恒=長〕 기뻐하고 화내고 슬퍼하고 즐거워하는 것〔喜怒哀樂〕이 발하게 될 경우 절도에 딱 맞을 것〔中節〕이다."

(어떤 사람이) 물었다.

"아무런 일도 없을 때에는 어떻게 하는 것이 경계하여 조심하고 두려워하는 것〔戒謹恐懼〕인지 모르겠습니다. 만약에 다만 이렇게 사사건건 챙기다가는〔管=照管〕 사소한 일에 집착하게 될까 봐 두렵고, 만약에 이렇게 하지 않다가는 또 모든 것을 잊게 될까 봐 두렵습니다."

이에 주자가 말했다.

"어찌 그렇게 한다고 사소한 일에 얽매이겠는가? 다만 이 마음을 어둡지 않게 할 뿐이니 이것이 곧 경계하고 두려워하는 것〔戒懼〕이다."

또 (정자가) 말했다.

"제대로 잘 살필 줄 아는 사람은 (아직 발하지 않은 즈음에서가 아니라) 이미 발한〔已發〕 즈음에서 살핀다."

(어떤 사람이) 물었다.

"(마음이) 아직 발하지 않은〔未發〕 초기에 가만히 자신을 길러내〔涵養〕 좋지 못한 (마음의) 싹들〔端旎=端緒〕을 곧장 사라지게 만든다면 힘을 쓰기가 쉽지만 만약에 일단 발한 뒤에는 제어하기가 어렵습니다."

이에 주자가 말했다.

"빼어나거나 뛰어난 이들은 바로 그 발하는 곳에 나아가 그것을 제어하려 했는데 특히 자사가 '기뻐하고 화내고 슬퍼하고 즐거워하는 정(情)이 (아직) 발(發)하지 않은 것을 중(中)이라 이른다'라고 말했다. 공자와 맹자는 사람을 가르칠 때 대부분 발한 곳에서 일깨워주셨다. 아직 발하지 않은 때라도 진실로 가만히 자신을 길러내야 하겠지만 이미 발한 뒤에 곧 사사건건 모두 다 챙기지 않는다〔不管=不照管〕고 말하는 것은 안 된다."
_{불관 불 조관}

연평(延平) 이씨(李氏)가 (제자인) 주자에게 보낸 편지에서 말했다.

"내가 예전에 나종언(羅從彦) 선생을 따라서 배우고 묻고 할 때에 하루 종일 마주 대하고서 고요히 앉아 있곤〔靜坐〕 했다. 그런데 나는
_{정좌}
이때 아직 배움이 없어 물러나서 내 방 안에 들어가서도 역시 고요히 앉아 있을 뿐이었다. 그 무렵 선생이 말씀하셨다.

'고요한 가운데〔靜中〕 '기뻐하고 화내고 슬퍼하고 즐거워하는 정
_{정중}
(情)이 (아직) 발(發)하지 않은 것을 중(中)이라 이른다' 할 때의 아직 발하지 않은 것〔未發〕을 어떤 기운과 증상〔氣象〕으로 표현해야 하겠
_{미발} _{기상}
는가?'

이 말씀이 뜻하는 바는 단지 배움을 나아가게 하는 데〔進學〕 힘이
_{진학}
될 뿐만 아니라 또한 마음을 기르는〔養心〕 요체를 겸한 것이다. 원회
_{양심}
(元晦-주자의 호)는 마침 마음에 병이 있어 (지금) 사색을 할 수가 없으니 다시 이 구절 안에서 그것을 구해 고요히 앉아 (자신의 현재 마음 상

태가) 어떠한지를 살펴본다면 간혹 도움되는 바가 없지 않을 것이다."

주자가 하숙경(何叔京)[6]에게 답한 편지에서 말했다.

"이 선생(이동)께서 사람들을 가르치실 때 '대개 고요한 가운데 큰 근본[大本]이 아직 발하지 않았을 때의 기운과 증상을 분명하게 인식하게 되면 곧 일을 처리하고 (외부의) 사물과 접촉함에 (모든 것이) 자연스럽게 절도에 맞게 된다'고 말씀하셨다. 이는 곧 구산(龜山-양시의 호)의 문하에서 서로 전승해 온 핵심 요체〔旨訣〕다. 정작 당시에 선생에게 친히 가르침을 받을〔親炙〕 때에는 선생의 강의를 듣는 것만 탐하고, 또 글귀나 형식적인 뜻풀이〔訓詁〕나 익히기를 좋아해 바로 여기에는 마음을 다하지 못했다. (그래서) 지금은 그 요체가 있는 듯 없는 듯하여 단 한 가지도 그 실상에 맞게〔的實〕 보는 바가 없어 스승이 교육하신 본뜻을 저버렸다. (나는) 늘 이것을 문득 생각할 때마다 부끄러운 마음에 땀이 흘러 옷을 적시지 않은 적이 없다."

서산 진씨가 말했다.

"주자는 여씨(呂氏-여대림)가 말한 '적중하려고 시도한다〔求中〕'와 양씨(楊氏)의 이른바 '적중함〔中〕을 몸소 인식한다'를 모두 깊이 비판했지만 (정작) 연평(延平)의 행장을 지을 때는 '(선생께서는) 무릎 꿇고 앉아 하루 종일 계시면서 아직 발하지 않았을 때의 기운과 증상을 징험하여 이른바 적중함이라는 것을 구하셨다'고 썼다. 그런데 이 말은 실은 여대림의 말이다."

또 말했다.

"선생(주자)이 사람들을 가르칠 때 '대개 고요한 가운데 큰 근본(大本)이 아직 발하지 않았을 때의 기운과 증상을 분명하게 인식하라'고 하셨고, 또 뒤에 배우는 자들에게 보낸 편지에서는 '큰 근본과 두루 통하는 도리(達道)를 두 선생이 여러 번 말씀하셨다. 구산(龜山)이 말한 '아직 발하지 않은 즈음에 이른바 적중함(中)이란 것을 분명하게 인식하고, 이미 발한 즈음에는 이른바 응함(和)이란 것을 터득해야 한다'는 것도 그중 하나인데 이 말씀이 이치에 가깝다'고 했는데 (이렇게 될 경우) 그 말씀이 또 똑같지 않으니 장차 어떤 것을 주로 하여 따라야 하는가?

대개 그것을 일찍이 생각해 볼 때 아직 발하기 전에는 다만 삼감(敬)으로써 마음을 지키고 기를(存養) 뿐이요, (억지로) 마음을 두어 적중하려고 해서는 안 된다.

그러나 생각하는 바(思慮)가 나타나기 전에 지각이 어둡지 않아 본성의 특성(性之體段)이 가려지지 않으니 이것이 이른바 정자가 말한 '고요한 가운데 사물이 있다(靜中有物)'는 것이다.

이는 모든 배우는 자들이 깊이 음미하여 실제로 겪어본다면 스스로 알게 될 것이니 오로지 말로만 찾으려 해서는 안 된다는 것을 일깨워준 것이다."

가만히 살펴보다 송나라 유학자인 낙평(樂平) 정시등(程時登)[7]이 일찍이 정자와 주자가 이발(已發)과 미발(未發)을 논한 것을 종류별로 모아 『중화설집편(中和說集編)』 여섯 권을 만들었으니 배우는 자들은 마땅히 자세히 검토해 보아야 할 것이다. 여기에 다 기록하지는 않는다.

(어떤 사람이) 물었다.

"홀로 있음을 조심하는 것〔謹獨〕은 생각〔念慮〕이 처음 싹트는 순간(을 조심하는 것)입니까?"

이에 주자가 말했다.

"그것이 흔히 통용되는 풀이이기는 하다. 그러나 생각이 처음 싹트는 순간뿐만 아니라 단지 혼자서만 알고 있는 상황도 홀로 있음〔獨〕이다. 만일 별로 중요하지 않은 순간에라도 어지럽게 하면 곧 조심하지 않는 것이 된다. 따라서 홀로 있음을 조심하는 것〔謹獨〕은 이미 외부의 일이나 사물과 접한 것〔接物〕이 된다. 남들이 보건 보지 않건 경계하여 조심하고〔戒謹〕 남들이 듣건 듣지 않건 두려워하며 조심하는 것〔恐懼〕, 이 둘은 아직 (외부와의 접촉이나 작용으로 인한) 어떤 일이나 사건이 일어나지 않았을 때다. 이때란 (『시경』에) '네가 홀로 방에 있을 때 깊이 살펴볼 것이니, 이때에는 방구석에도 부끄러움이 없게 해야 하는〔相在爾室 尚不愧于屋漏〕' 때이며, 홀로 있음을 조심하는 것은 이미 모습이나 흔적〔形迹〕이 있는 것이니 (『시경』에) '잠기어 비록 엎드려 있으나 또한 심히 밝다〔潛雖伏矣 亦孔之昭〕'는 것이다.

(이처럼) 시를 지은 사람의 언어는 단지 큰 개요〔大綱〕만을 말했는데 자사가 그 언어의 속으로 들어가서 이 말씀을 뽑아내어 사람들을 가르쳤으니 더욱 긴요하고 내용이 꽉 차 있다."

(주자가) 또 말했다.

"(그 보이지 않는 것에도) 경계하여 삼가며, (그 듣지 못하는 것 혹은 귀로 들리지 않는 것에도) 두려워하고 또 두려워하는 것〔戒愼恐懼〕을 반드시 너무 중대하게 말할 필요는 없다. 맹자가 말하기를 '잡아 쥐면 지켜진다〔操則存〕고 했다. 이는 곧 (억지로) 힘을 써서 꽉 쥐는 것〔把持〕이 아니라 다만 그저 한 번 정도 잡을 뿐이니 (이렇게라도 한 번 정도 잡으면) 곧 이 (마음)속에 있게 되는 것이다. 이는 마치 우리가 숨을 쉬는 것이 내불면 곧 나가고 들이마시면 곧 들어오는 것과 같다. 보이지 않고 들리지 않는 것은 귀를 막고 눈을 감는 때가 아니고, 다만 온갖 일들〔萬事〕이 모두 싹트지 않았을 때에 먼저 이처럼 경계하여 삼가며 두려워하고 또 두려워하는 것이다.

(남들에게) 보이지 않고 들리지 않을 때는 곧 희로애락(喜怒哀樂)이 아직 발하지 않았을 때다. 그래서 항상 그런 (조심하고 두려워하는) 마음을 일깨워 이 (마음) 속에 있게 하여 사전에 방지하는 것이니 이것이 이른바 나타나지 않았을 때〔不見〕 (미리) 도모한다는 것이다."

(어떤 사람이) 물었다.

"희로애락이 아직 발하지 않은 처음에는 조심하고 두려워하는 마음〔戒懼心〕을 어디에 근거를 두어야 하는지 모르겠습니다."

잠실 진씨가 말했다.

"이 질문은 아주 훌륭하다. 선배 학자들은 이런 경지에 대해 말하는 것을 가장 어렵게 여겼다. 아직 발하지 않은 것〔未發〕이란 조금만 공부를 해도 곧 발하게 된다. 대개 비록 아직 발하지 않은 처음이기는 하지만 본체〔體〕는 이미 만 가지 쓰임〔用〕을 포함하여 갖추고서 여기(아직 발하기 전의 상태)에 있으니 (불교의) 선가(禪家)에서 말하는 고요〔寂〕나 텅 비어 있음〔空〕과는 같지 않다. 이 때문에 맑고 깨끗한 마음〔主人〕은 항상 고요하고 아무런 조짐도 없는 가운데 있으면서도 밝게 비추어 다 챙겨서

〔照管〕모두 다 일찍이 놓아버리지 않는 것이다. 그래서 대개 비록 잡아 지키는〔持守〕상태에 있으면서도 흔적을 드러내지 않는 것이다."

(주자가) 또 말했다.

"홀로 있을 때에도 조심하는 것〔謹獨〕이란 그중에서도 특히〔就中〕하나의 생각이 싹터 오르는 곳에 있기 때문에 비록 지극히 숨은 듯 미미하여〔隱微〕남들은 알지 못하고, 오직 자신만이 홀로 아는 상황에서 더욱 조심함을 극진하게 하는 것이다. 이는 마치 한쪽의 잔잔한 물〔止水〕의 중간에 한 점의 물이 움직이는 곳이 있는 것과 같다. 이것이 가장 힘을 쏟아 노력해야 할 지점이다."

호계수(胡季隨)[8]가 말했다.

"경계하고 두려워하는 것〔戒懼〕은 희로애락이 발하기 전에 가만히 자신을 길러내는 것〔涵養〕이요,

> 원래의 주〔元注〕[9]에서 말했다.
> "이 순간에는 마음이 고요하여 움직이지 않는다. 다만 가만히 자신을 길러내는 노력을 할 뿐이니 따라서 함양(涵養)이란 하늘과도 같은 이치〔天理〕를 잘 보존하는 것이다."

그 홀로 있음을 삼가는 것〔愼獨〕은 희로애락이 이미 발한 뒤에 꼼꼼히 잘 살펴보는 것〔省察〕이다."

원래의 주〔元注〕에서 말했다.

"이 순간에는 털끝만큼이라도 방심하여 놓아버리면 곧바로 (그 마음은) 욕심으로 흘러간다. 의로움과 이익〔義利〕을 판별하는 것은 전적으로 이 순간에 달려 있으니 성찰(省察)이란 사람의 욕심을 막는 것이다."

주자가 말했다.

"(호계수의) 이 학설은 참으로 좋다."

서산 진씨가 말했다.

"예로부터 유학자들은 『중용』을 해석할 때 모두 다 계근공구(戒謹恐懼)와 근독(謹獨)을 두루 같은 것으로 보았는데 주자에 이르러 마침내 이를 나누어 둘로 만들었다. 보지 않고 듣지 않는 것은 내 자신이 보지 않고 듣지 않는 것이요, 홀로 있음〔獨〕이라는 것은 남이 보지 않고 듣지 못하는 것이니 그 뜻이 두 가지가 아닐 수 없다. 또 평상시〔靜〕와 긴요한 때〔動〕에 그 조심하지 않는 바가 없다면 하늘과도 같은 이치가 보존되고 사람의 욕심은 없어지는 것을 볼 수 있을 것이다. 이것이 바로 이른바 적중하여 잘 어울어짐〔中和〕을 지극히 하는 노력이다."

1) 후한(後漢)의 왕밀(王密)이 양진(楊震)의 추천으로 창읍령(昌邑令)이 되었다. 양진이 동래(東萊) 태수(太守)가 되어 부임하는 길에 창읍을 지나는데, 왕밀이 밤에 황금 10근을 숨겨와 주면서 "어두운 밤이라

아는 사람이 없습니다"라고 하니, 양진이 "하늘이 알고 땅이 알고 자

네가 알고 내가 아는데 어찌 아는 사람이 없다고 하는가?〔天知 地知
천지　지지

子知 我知 何得無知〕"라고 말하며 받지 않았다.
자지　아지　하득무지

2) 추호(鄒浩, 1060~1111년)를 가리킨다. 북송 사람으로 호가 도향거사

(道鄕居士)다. 송학(宋學)을 종주로 삼았다.

3) 앞에서 본 '적중하고자 함〔求中〕'이 바로 이런 경우에 해당한다.
구중

4) 여조검(呂祖儉, 미상~1196년)을 가리킨다. 여조겸(呂祖謙)의 동생으로

양간(楊簡), 심환(沈煥), 원섭(袁燮)과 함께 '명주사선생(明州四先生)'으

로 불렸다. 학문적으로는 정자를 계승하면서 주희와 육구연의 설을

절충했다.

5) 이동(李侗, 1093~1163년)을 가리킨다. 나종언(羅從彦)에게 정자(程

子)의 이학(理學)을 배워 이정(二程)의 삼전제자(三傳弟子)가 되었다.

평생 은거한 채 제자를 양성했다. 양시, 나종언과 함께 '남검삼선생

(南劍三先生)'으로 불렸다. 그의 문하에서 주희(朱熹)와 나박문(羅博

文), 유가(劉嘉) 등이 배출됨으로써 이정(二程)의 학문이 주희에게 이

어졌다.

6) 하호(何鎬, 1128~1175년)를 가리킨다. 주희와 교유하였는데, 하호가

죽은 후 그의 묘갈명(墓碣銘)을 쓴 사람이 주희다.

7) 점시등(1249~1328년)은 주희(朱熹)의 학문을 이은 동수(董銖)를 스

승으로 섬겼다. 도종(度宗) 함순(咸淳) 연간에 태학(太學)에 들어갔지

만 송나라가 망한 뒤에는 벼슬하지 않고, 학문에만 매진했다. 저서에

『주역계몽록(周易啓蒙錄)』『태학본말도설(太學本末圖說)』『태극통서

(太極通書)』등이 있다.

8) 호대시(胡大時, 생몰년 미상)를 가리킨다. 호굉(胡宏)의 아들이고, 호안

국(胡安國)의 손자다. 처음에는 장식(張栻)에게 배웠고, 장식이 죽은 뒤에는 진부량(陳傅良)과 육구연에게 배웠으며, 주희와 교유했다.

9) 이는 호계수가 그의 책에 붙인 주석을 가리킨다.

13

(물속에) 잠기어 비록 엎드려 있다[1]

『시경』, 『중용』 제33장

　　『시경』에 이르기를 "잠기어 비록 엎드려 있으나 또한 심히 밝다"고 했다. 그러므로 군자는 안으로 살펴보아 병폐나 병근(病根)이 없어 그 뜻에 조금도 부끄러움이 없으니, 군자가 미칠 수 없는 바는 저 사람이 볼 수 없는 것이다.

　　『시경』에 이르기를 "네가 홀로 방에 있을 때 깊이 살펴볼 것이니, 이때에는 방구석에도 부끄러움이 없게 해야 한다"고 했다. 그러므로 군자는 움직이지 않아도 공경을 받고, 말하지 않아도 (사람들이) 믿는다.

　　詩云 潛雖伏矣 亦孔之昭 故 君子內省不疚 無惡於志 君子之所不可及者
　　시운　잠　수　복　의　역　공　지　소　고　군자　내성　불구　무오　어지　군자　지　소불가급자
其惟人之所不見乎
기　유　인　지　소불견　호
　　詩云 相在爾室 尙不愧于屋漏 故 君子不動而敬 不言而信
　　시운　상　재　이　실　상　불　괴　우　옥루　고　군자　부동　이경　불언　이신

眞 　정자가 말했다.

"배운다는 것은 어두운 방에서도 (스스로를) 속이지 않는 데서 시작된다."

(정자가) 또 말했다.

"방구석에도 부끄럽지 않도록 하는 것〔不愧屋漏〕과 홀로 있을 때에도 조심하는 것〔謹獨〕은 (마음을) 잡아 기르는〔持養〕 기운과 풍모〔氣象〕이다."

주자가 말했다.

"사람들이 보지 않을 바로 그때에 군자는 근독(謹獨)을 한다. 윗글에 이어서 군자가 경계하며 조심하고 두려워하며 또 두려워하는 것〔戒謹恐懼〕은 어느 때고 그렇지 않음이 없기 때문에 말하고 행동하기를 기다린 뒤에야 삼가고 믿는 것〔敬信〕이 아님을 말했다. 따라서 이는 자신을 위한 노력이 그만큼 더 치밀하다고 하겠다."

1) 『시경』을 인용하고 있지만 풀이까지 포함할 경우 정확하게는 『중용』 제33장의 일부다.

程 　사마온공(司馬溫公)[1]이 일찍이 말했다.

"내가 남보다 나은 점은 없지만 다만 평생 동안 행한 바를 돌이켜보면 일찍이 (부끄러워서) 남들에게 말하지 못할 일은 없었을 뿐이다."

주자가 말했다.

"삼국시대에 주연(朱然)[2]은 종일 삼가고 또 삼가기를[欽欽=敬敬] 마치 행군하는 대열 속에 있듯이 했다. 배우는 자가 이런 마음을 갖는다면 마음은 결코 풀어지지[放] 않을 것이다."

가만히 살펴보다 　그 홀로 있음을 삼가는 것[愼獨]은 곧 배우는 자가 첫 번째로 중시해야 하는 것이므로 결코 소홀히 여겨서는 안 된다. 진실로 사마온공이 말한 바를 몸소 행하여 그것을 힘써 행하는 스승으로 삼고서, 주자의 말씀을 잘 음미하여 마음을 잡아 지키는 기반으로 삼는다면 거의 얻게 될 것이다.

서산 진씨가 말했다.

"사람의 마음이란 지극히 맑고도 깨끗해서[靈] 털끝만큼 작은 것이라도 조금만 자신을 속이게 되면 반드시 마음속에는 곧바로 흡족하지[慊] 못한 바가 있게 된다. 이것이 이른바 꺼림칙함[疚]이요, 이것이 이른바 부끄러움[惡]이다. (그래서) 오로지 어두컴컴한 데 있더라도 훤한 데 있는 듯이 하고, 홀로 스스로를 보더라도 많은 사람들 속에 있는 듯이 하여 그것을 자기 자신에게 돌이켜보아 꺼림칙함과 부끄러움이 없도록 해야 한다. 이것이 바로 군자가 다른 사람들보다 크게 뛰어나서 그들은 (감히) 미칠 수 없는 까닭이다.

또 『시경』을 인용해 말하기를 방 안에 거처할 때에라도 마땅히 방 구석에도 부끄럽지 않도록 해야 한다고 했다. 그렇기 때문에 군자는 가만히 있을 때에라도 늘 삼가고〔靜而常敬〕 침묵하고 있을 때에는 늘
                                                    정 이 상경
믿음을 주어〔嘿而常信〕 동작과 언행이 행해지기를 기다린 뒤에 (삼감
        묵 이 상신
과 믿음이) 나타나는 것이 아니라고 했던 것이다. (마음을) 지키고 길
러내는〔存養〕 공력이 이 경지에까지 이르러야 하니 왕성한 다움〔盛德〕
        존양   성덕
을 갖추지 못한 사람이라면 그 누가 이런 노력을 제대로 할 수 있겠
는가?"

임천 오씨(-오징)가 말했다.

"무릇 사람을 쉽게 빠지게 만들고〔溺〕 쉽게 더럽히는 것〔汙=
                              익   오
汚〕은 색욕과 재물욕〔色貨〕이다. 이치에 맞지 않고 의롭지 않은
오   색화
일은 비록 크게 불량한 사람이라도 종종 남들이 알까 봐 두려워
서 감히 자기 마음대로 못 하지만 만약에 남들이 알지 못하는
곳에서 일시적으로 이익과 욕망〔利欲〕의 사사로움을 이겨내지
                              이욕
못한다면 마땅히 해서는 안 될 일을 하지 않는다고 보장할 수
있겠는가?

안숙자가 밤새도록 촛불을 잡고 있었던 일과 양백기(楊伯起)
가 깊은 밤에 황금을 물리친 일과 사마군실(司馬君實-사마광)과
조열도(趙閱道)가 평생토록 행했던 것을 단 한 가지도 남에게 말
하지 못할 것이 없었고, 단 한 가지도 하늘에 알리지 못할 것이
없었던 것은 참으로 그 홀로 있음을 능히 삼간 것이라 할 수 있
다. 그러나 이러한 일들은 (상당히 함양이 이루어진) 유학자라 하

더라도 오히려 혹 행하기가 어렵다.

장자(莊子)가 말하기를 '훤히 밝은 데서 좋지 못한 일을 하는 자는 사람들이 알아보고서 그를 벌하고, 아득하고 어두운 데서 좋지 못한 일을 하는 자는 귀신이 알아보고서 그를 벌한다'고 했다. 군자는 사람의 일만을 말하고 귀신을 말하지 않으며, 옳고 그름만을 말하고 (귀신의 소관인) 재앙이나 복을 말하지 않아야 한다고 했다. 그런데도 장자가 이런 말을 한 것은 장차 중간 이하의 사람들〔中人以下〕을 깨우치고자 해서였을 것이다."
중인 이하

1)『자치통감(資治通鑑)』을 지은 사마광(司馬光)을 가리킨다.
2) 오(吳) 나라의 장수로 자질이 뛰어났다.

제2권

14

뜻을 열렬하게 하다

『대학(大學)』전(傳) 6장

『대학』의 이른바 그 뜻(意)을 열렬하게 한다는 것은 자신을 속이지 않는 것이다. (그리고) 악취를 싫어하듯이 (나쁜 짓을 행하는 것을 싫어)하고, 여색을 좋아하듯이 (좋은 일을 행하는 것을 좋아)하는 것을 일러 자족(自謙)이라 부른다. 그러므로 군자는 반드시 그 홀로를 삼가는 것이다.

(반면) 소인은 한가로이 (홀로) 거처할 때는 좋지 못한 일을 행하며 못하는 짓이 없다가도 군자를 만난 뒤에는 겸연쩍어하면서(厭然) 자신의 좋지 못함을 숨기고, (억지로라도) 자신의 좋음을 드러내지만 사람들이 그를 알아보기를 마치 자신들의 폐부(肺腑)를 들여다보듯이 할 것이니, 그렇다면 도대체 (그 소인에게는) 무슨 이익이 있겠는가? 이것을 일러 적중함(中)에 이르려고 열렬함을 다하는 것이며, (이는 아무리 위장하려 해도) 겉으로 모양이 다 드러남이라고 한다. 그러므로 군자는 반드시 그 홀로를 삼가는 것이다.

증자는 말했다. "열 개의 눈이 보는 바이며 열 개의 손가락이 가리키

는 바이다. 무섭도다." 재물이 집을 윤택하게 해준다면 다음〔德〕은 우리
몸과 마음을 윤택하게 해준다. (따라서 신독을 통해 다음을 쌓으면) 마
음은 넓어지고 몸은 (당당하기 때문에) 쫙 펴진다. 고로 군자는 반드시
그 뜻을 열렬하게 해야 한다.

大學所謂 誠其意者毋自欺也 如惡惡臭 如好好色 此之謂自謙 故君子必
대학 소위 성 기의 자무 자기 야 여오 악취 여호 호색 차 지위 자겸 고 군자 필

愼其獨也
신 기독 야

小人閒居爲不善 無所不至 見君子而后(後)厭然揜(掩)其不善而著其善
소인 한거 위 불선 무 소부지 견 군자 이후 후 염연 엄 엄 기 불선 이 저 기선

人之視己 如見其肺肝然則何益矣 此謂 誠於中 形於外 故君子必愼其獨也
인 지 시 기 여 견 기 폐간 연 즉 하익 의 차 위 성 어중 형 어외 고 군 자 필 신 기독 야

曾子曰 十目所視 十手所指 其嚴乎 富潤屋德潤身 心廣體胖 故君子必誠其意
증 자 왈 십목 소시 십수 소지 기 엄 호 부윤 옥덕 윤신 심 광 체 반 고 군 자 필 성 기의

眞 주자가 말했다.

"홀로〔獨〕라는 것은 남은 알지 못하고 자기만 혼자서 알고 있는
상황〔地〕이다. 스스로를 닦고자 하는〔自修〕 자라면 좋은 일을 행하고 나
쁜 것을 없애야 한다는 것을 알았으면 마땅히 빈틈없이 자신의 온 힘을
다 써서 스스로를 속이는 일〔自欺〕이 없도록 해야 한다. 예컨대 나쁜 짓
을 싫어하기를 마치 악취를 싫어하듯이 하고 좋은 일을 좋아하기를 마
치 여색을 밝히듯이 해야 한다. 그래서 어느 쪽이건 다 힘써 결단하여 버
릴 때건 구할 때건 반드시 그렇게 함으로써 스스로에게 아주 만족스럽게
해야지, 한갓 구차하게 겉만을 의식하여 남을 위해 행동해서는 안 된다.
그렇지만 그조차 열렬한 것인지 그렇지 못한 것인지는 대개 남들

은 미처 알 수가 없고 자기 혼자만이 아는 것이다. 그렇기 때문에 (위의 내용은 증자께서) 반드시 이때에 마음을 조심하여 그 기미〔幾〕를 잘 살펴야 함을 말씀하신 것이다."

정씨가 말했다.

"厭은 黶이니 黶이란 뭔가를 닫아걸고 감추는 모양〔閉藏貌〕이다."

주자가 말했다.

"'겸연쩍어하면서〔厭然〕'란 떳떳하지 못해〔銷沮〕 닫아걸고 감추는 모양이다. 이는 소인배가 속으로 좋지 못한 짓을 하고서는 겉으로 그것을 감추려고 하는 것을 말하는 것이다. 그렇다면 이는 좋은 일을 행해야 하는 것과 나쁜 짓을 제거해야 하는 것을 모르는 것은 아니지만 다만 실제로 거기에 힘을 쓰지 못해 그런 지경에 이른 것이다. 하지만 나쁨은 가리려고 해도 끝내 가릴 수가 없고, 거짓으로 좋음을 행하려고 해도 끝내 속일 수가 없는 것이니 그렇다면 (결과적으로) 진실로 무슨 유익함이 있겠는가? 바로 이 때문에 군자는 거듭 경계하여 반드시 그자신이 홀로 있을 때에도 조심하는 것이다."

(주자가) 또 말했다.

"마음에 스스로 부끄러워하는 바〔愧怍〕가 없으면 마음이 넓어지고 커지고 느긋하고 평온하여〔廣大寬平〕 몸도 항상 쫙 펴지고 넉넉하다〔舒泰〕."

程 정자가 말했다.

"하늘과도 같은 (밝고 맑은) 다움[天德]이 있어야 곧 임금다운 도리[王道]를 말할 수 있는데 그 요체는 단지 그 홀로 있음을 조심함[謹獨]에 있다."

주자가 말했다.

"하늘과도 같은 (밝고 맑은) 다움[天德]이 있다는 것은 곧 하늘과도 같은 이치[天理]를 가리키는 것이니 곧 임금다운 도리를 얻어 행할 수 있다. (반면) 하늘과도 같은 다움이 없으면 곧 사사로운 마음[私意]이라 이해타산을 셈하고 따지게 된다. 사람들은 대부분 하늘과도 같은 다움이 없기 때문에 임금다운 도리를 이루지 못하는 것이다."

쌍봉(雙峯) 요씨(饒氏)[1]가 말했다.

"하늘과도 같은 다움[天德]은 곧 마음을 바로 하고[正心] 몸을 닦는 것[修身]을 가리키고, 임금다운 도리[王道]는 곧 집안을 가지런히 하고[齊家] 나라를 다스리고[治國] 천하를 평정하는 것[平天下]을 가리키며, 그 홀로 있음을 조심함[謹獨]은 곧 뜻을 열렬하게 함[誠意]을 가리킨다. 따라서 이 장은 『대학』 한 편의 긴요한 부분이다."

(정자가) 또 말했다.

"어떤 사람의 마음속에 늘 두 사람이 있는 듯하여 좋은 일을 행하려고 하면 마치 나쁜 것이 그것을 가로막는 듯하고, (반대로) 좋지 못

한 일을 행하려고 하면 마치 나쁜 짓을 부끄러워하는 마음[羞惡之心]
이 그것을 가로막는 듯한다. 그러나 근본적으로 두 사람이 (마음속에)
있을 수는 없다. 그것은 바로 좋은 것과 나쁜 것이 서로 싸우고 있는
표시일 뿐이다. 그 뜻을 잡아 쥐어[持志] 기운을 써서 마음이 혼란스럽
게 되지 않도록 해야 하니 바로 여기에서 어느 쪽으로 기울게 될 것인
지 그 징험이 크게 드러난다. 요약하자면 빼어난 이와 뛰어난 이들은
(이런 마음을 잘 다스리기 때문에) 반드시 마음의 병으로부터 고통을
당하지 않는다."

　　어떤 사람이 물었다.
　　"지금 막 뜻을 잡아 쥐고 있을 때 (서로 맞서는) 두 가지가 오
히려 마음속에서 서로 싸우면 어떻게 해야 합니까?"
　　남헌(南軒) 장씨(張氏)가 말했다.
　　"뜻을 잡아 쥔다는 것은 한결같음을 주로 하는 것[主一]이다.
따라서 만약에 뜻을 잡아 쥐고 있을 때 두 가지가 오히려 마음
속에서 서로 싸운다면 이는 한결같음을 주로 하는 것이 아니며
뜻이 (제대로) 서지 못한 것이다."

　　(정자가) 또 말했다.
　　"깨우쳤는지[得] 깨우치지 못했는지[不得]를 알고자 한다면 이는 마
음의 기운[心氣]에서 검증을 할 수 있다. 생각에 생각을 거듭해[思慮]
깨우친 바가 있을 때 마음 저 한가운데[中心]가 기쁘고 즐거워 너무나
도 여유롭다면 그것은 실제로 깨우친 것인 반면, 생각에 생각을 거듭
해 깨우친 바가 있을 때 마음의 기운이 피로하여 텅 비어버리면 그것

은 실제로 깨우친 것이 아니라 억지로 헤아려본 것일 뿐이다."

일찍이 어떤 사람이 "요즘 도리를 배우고자 생각에 생각을 거듭하는 바람에 마음이 허약해졌다"고 하자 정자가 말했다.

"사람의 혈기는 원래 텅 비기도 하고 꽉 차기도[虛實] 한다. 그리고
_{허실} 아래 표시 생략
질병이 찾아오는 것은 빼어나거나 뛰어난 이들이라도 피할 수가 없다.
하지만 예로부터 빼어나거나 뛰어난 이들이 배움을 얻으려고 하다가
마음의 병을 얻었다는 이야기는 들어보지 못했다."

가만히 살펴보다 위에 뽑아놓은 두 조목은 다 뜻을 열렬하게 하는 장(章)에 속하는 사항이다. 그러나 둘 다 마음의 병을 갖고서 말하고 있으니 이는 배우는 자가 마음을 잡아 쥐는 것을 너무 지나치게 할까, 또 해야 할 바를 소홀히 할까를 두려워해서다. 반드시 맹자가 말한 "잊지도 말고 조장하지도 말라"는 것처럼 해서 마음이 넓어지고 몸이 퍼지는 것이 점차 이루어져야 비로소 깨달음이 있을 것이다.

유충정공(劉忠定公)²⁾이 사마온공을 뵙고서 물었다.

"마음을 다하여 몸을 행하는 요체 중에서도 평생토록 실천해야 할 것은 무엇입니까?"

사마온공이 말했다.

"아마도[其] 열렬함[誠]일 것이다."
_기 _성

또 물었다.

"열렬함을 행하려면 무엇을 우선적으로 해야 합니까?"

사마온공이 말했다.

"헛된 말[妄語]을 하지 않는 데서부터 시작해야 한다."

유충정공은 처음에는 이를 너무도 쉽게 생각했다. 그런데 물러 나와서 스스로 날마다 행하는 바와 말하는 바를 법도에 비춰보니 서로 제약하고 모순되는 것들이 많았다. 그래서 7년 동안 힘써 행한 뒤에야 이루어질 수 있었다. 이때부터 말과 행동이 하나가 되고 겉과 속이 서로 어울려 어떤 일에 부닥트리게 되더라도 평온하여 늘 마음에 여유가 있었다.

주자가 말했다.

"열렬함/열렬히 하다[誠]란 꽉 채움/꽉 채우다[實=充]는 뜻이다. 그러나 경(經)이나 전(傳)에서 이 말을 쓸 때는 각각 그 가리키는 바가 (따로) 있기 때문에 한꺼번에 일괄해서 논할 수는 없다. 예를 들어 주자(周子)가 '열렬함이라는 것은 빼어난 사람[聖人]의 근본이다'라고 한 것은 대개 꽉 채워진 이치[實理]를 가리켜 말한 것이다. 이는 곧 『중용』에서 말한 '세상에서 가장 열렬한 것'으로 사람이 이러한 이치를 꽉 채워 갖고 있다는 것을 가리켜 말한 것이다.

(반면) 사마온공이 말한 열렬함이라는 것은 곧 『대학』에서 말한 '그 뜻을 열렬하게 한다'이다. 이는 곧 사람이 그 마음을 꽉 채워서 스스로를 속이지[自欺] 않는 것을 가리켜 말한 것이다."

서산 진씨가 말했다.

"사마온공이 말한 열렬함이라는 것은 (스스로를) 속이지 않고 (남을 향해) 거짓으로 꾸미지 않는 것에 강조점을 두었다. 따라

서 이는 배우는 자가 마음을 세우려는[立心] 초기에 마땅히 힘
써 종사해야 한다는 것을 말한 것이지 (이미) 열렬함이 지극한
바를 가리켜 말한 것은 아니다."

난계(蘭溪) 범씨(范氏)[3]가 말했다.

"사람의 마음을 헤아리는 것[測]은 지극히 어렵다. 누구라도 자기
자신을 군자라고 부르고 싶지 않겠느냐마는 대부분 그저 그런 사람
[常人]에 머무는 것을 면치 못하고, 심지어는 큰 잘못[大惡]에 빠지게
되는 것은 마음이 겉으로 드러나는 용모와 달라 그 자신을 속이는 것
[自欺]을 편안하게 여기는 데 그 병통이 있다.

무릇 사람에게 남을 죽이고 싶은 마음[殺心]이 있게 되면 곧 소리에
서 그 모습을 드러내고[輒形於聲][4], 고기를 구워 먹고 싶은 마음[炙心]
이 있게 되면 곧 얼굴에서 그 모습을 드러내고[輒形於色][5], 두려워하
는 마음[懼心]이 있게 되면 눈동자가 동요하고 말이 막 나오며, 딴마
음[異心]을 품게 되면 먼 곳을 바라보고 발을 쳐들게 된다. 이처럼 마
음이 한 번 움직이는 것은 비록 매우 미미할 수 있지만 그것이 겉으로
드러나는 것은 숨길 수가 없다. 그런데도 저 소인들은 마침내 자신의
좋지 못한 바를 군자 앞에서 숨기려 하니, 그 생각이 이미 좋지 못한
데 (더 나아가) 숨기고자 생각한다면 이미 좋지 못한 생각이 마음속에
꽉 차 있는 것이다. 마음속에 이미 그런 생각이 꽉 차 있다면 반드시
스스로를 속여서 흡족하지 못한[不慊] 은미한 실상이 말뜻과 태도에
드러나게 된다. (소인들은 이처럼) 사람들이 자신을 알지 못할 것이라
고 스스로 생각해서 사람들이 이른바 숨길 수 없다는 것을 알기를 그
속을 훤히 들여다보듯이[如見肺肝] 한다는 사실을 알지 못한다. 아!

스스로를 속이는 것이 이보다 더 심할 수 있는 게 무엇이 있겠는가?

이 때문에 나는 두려워하며 경계할 것을 생각해서 반드시 그 홀로 있음을 삼가는 것〔愼獨〕을 좌우명으로 삼은 것이다."
<small>신독</small>

가만히 살펴보다 범씨가 어떤 스승으로부터 전수받았는지는 알 수 없지만 주자(朱子)가 그의 「심잠(心箴)」에서 취한 바가 있었다.[6] 그의 학문은 진실로 맹자에게서 배운 바가 있었다. 그래서 마음을 논한 부분에 경계할 만하고 절실한 것이 많아 염락(濂洛)의 말[7]과 서로 들고 나니 대개 오직 「심잠」에만 한정된 것은 아니다.

(주자가) 유련(劉棟)에게 물었다.

"『대학』에 나오는 '자신을 속인다〔自欺〕'는 구절을 어떻게 생각하는가."
<small>자기</small>

이에 유련이 "의로움과 이치를 알지 못하면서 도리어 내가 의로움과 이치를 안다고 말하는 것이 자신을 속이는 것입니다"라고 답하자 주자가 말했다.

"자신을 속인다라는 것은 반은 알고 반은 모르는 사람이 자신은 마땅히 좋은 일〔善〕을 행해야 한다는 것을 알면서도 온 힘을 다해 좋은 일을 행하지 않는 것이고, 또 나쁜 짓〔惡〕을 행해서는 안 된다는 것을 알면서도 자신이 그것을 좋아해 그것을 버리지 못하는 것이다. 이것이 바로 자신을 속이는 것이다. 아예 알지 못하거나 깨닫지 못하는 것〔不知不識〕은 그냥 알지 못한다, 혹은 깨닫지 못했다고 말할 뿐이지 자신을 속였다고는 하지 않는다."
<small>부지 불식</small>

(주자가) 또 말했다.

"자신을 속인다〔自欺〕는 것은 단지 스스로 그 비율〔分數〕이 모자라는 것이다. 이는 마치〔恰〕 농도가 낮은 금을 금이라고 하지 않을 수는 없지만 단지 그 비율이 모자란 것과 같다. 만약에 좋은 일을 행할 때에 80퍼센트〔八分〕는 행하려 하고 20퍼센트는 하지 않으려 한다면 이런 마음이 곧 '자신을 속이는 것'이니 이는 스스로 그 비율이 모자란 것이다. 순자(荀子)가 말하기를 '마음은 가만 누워 있으면〔臥〕 꿈을 꾸고, 몰래 (본마음에서) 도망가면〔偸〕 제멋대로 돌아다니고, 억지로 강요하면〔使〕 생각을 하게 된다'고 했다.

나는 열여섯일곱 살 때 이 글을 읽고 나서 곧바로 그 뜻을 깨달았다. (특히) 몰래 도망가는 마음〔偸心〕이란 자기도 모르는 사이에 스스로 도망가서 자신의 부림〔使〕을 따르지 않는 것이다. 불교에 또한 이른바 '이리저리 제멋대로 떠오르는 부질없는 생각〔流注想〕'이란 것이 있는데 그들은 이를 가장 두려워한다. 위산(潙山) 선사가 말하기를 '내가 여러 해 동안 참선을 했으나 지금까지도 유주상(流注想)을 끊어내지 못했다'고 했으니 이것이 바로 순자가 말한 '몰래 도망가면 제멋대로 돌아다닌다'는 그 마음이다."

(어떤 사람이 주자에게) '자신을 속인다〔自欺〕'에 대해 묻자 주자는 이렇게 답했다.

"(그것은) 마음이 일어나는 바〔所發〕가 자신도 알지 못하거나 깨닫지 못하는〔不知不覺〕 사이에 자신을 속이게 되는 것을 말한다. 따라서 속으로 악행을 행하는 데 마음을 두고서 겉으로는 거짓으로 선행을 하여 (의도적으로) 스스로를 속이는 것은 (자기를 속이는 것이) 아니다.

그대의 말대로라면 모름지기 사사로이 동전을 주조하고 관(官)에서 만드는 지폐를 위조해야만 비로소 자신을 속이는 것이 되는데 이는 그냥 소인배의 짓거리일 뿐 어찌 자기(自欺)라고 할 수 있겠는가?

이런 지점에서의 공부는 지극히 미세한 데에 있기 때문에 거친 지점[粗處][8]에 대해서는 말하지 않았다. 그동안 여러 학자들이 (이에 관해) 잘못 말하는 경우가 많았던 까닭은 대개 아랫글의 '소인은 한가로이(홀로) 거처할 때는 좋지 못한 일을 행한다'는 한 단락에 속아서 잘못 보았기 때문이다."

(주자가) 또 말했다.

"마음속이 꽉 차면[誠=實=充] 겉으로 드러나게 된다. 이처럼 겉으로 드러나는 형태와 빛[形色], 기운과 모양[氣貌]은 결코 다른 사람들을 속일 수 없고 다만[祇=只] 자신을 속일 뿐이다. 이런 사람은 영원히 좋은 사람[好人]이 될 수 없다. 왜냐하면 그런 사람은 좋은 일을 행할 실마리[地]가 없기 때문이다."

(주자가) 또 말했다.

"배우는 자는 모름지기 자신을 (갈고닦기) 위해 배운다. 비유하자면 밥을 먹을 때 조금씩 먹어서 배부르게 하는 것이 옳겠는가, 아니면 밥을 흩어서 문밖에 늘어놓고서 남들에게 '우리 집에 밥이 많이 있다'고 하는 것이 옳겠는가? 요즈음 배우는 자들은 대부분 자신들이 마땅히 해야 할 일들을 남들에게 넘겨주고는 단지 의로움과 이치[義理]를 가져다가 대충 뱃속[肚裏=腹裏]을 슥 지나가게 한 다음 온갖 쓸데없는 주장들을 이리저리 만들어낼 뿐이다. 이런 자들은 다만 자신을

(갈고닦기) 위해 배우지 않고 그저 겉으로 보기에 좋은 것〔好看〕만을
도모한다. 이는 마치 남월왕(南越王)이 노란 비단으로 만든 수레 덮개
〔黃屋〕와 들소 꼬리로 만든 큰 깃발〔左纛〕만으로 마냥 스스로 즐길 뿐
인 것과 같다고 하겠다.[9]"

(주자가) 또 말했다.

"뜻을 열렬하게 하는 것〔誠意〕은 사람과 귀신이 갈리는 관문이다.
이 관문을 지나야 비로소 앞으로 더 나아갈 수 있다."

운봉(雲峯) 호씨(胡氏)[10]가 말했다.

"이 장에서 군자와 소인을 나눠 구별하는 것이 매우 엄격하다.
대개 뜻을 열렬하게 하는 것〔誠意〕은 좋음과 나쁨〔善惡〕이 갈리
는 관문이니 이 관문을 지나야만 바야흐로 군자요, 이 관문을
지나지 못하면 그대로 소인이다. 전(傳-『대학』)의 마지막 장에서
말한 '나라의 장(長)이 되어 재용(財用)에 힘쓰는 소인〔長國家而
務財用之小人〕'이 곧 '한가로이(홀로) 거처할 때는 좋지 못한 일을
행하는 소인'이다. 뜻이 열렬하지 못한 데〔不誠〕 있으면 이미 자신
의 마음 씀씀이〔心術〕를 해치게 되니 훗날 그를 쓰게 되면 천하
와 국가에 해가 될 것이 틀림없다."

조치도(趙致道)[11]가 주자에게 물었다.

"주자(周子)께서 말씀하시기를 '열렬함〔誠〕에는 행함이 없고〔無爲〕,
조짐〔幾〕에는 좋음과 나쁨〔善惡〕이 있다'고 하셨습니다. 이는 사람의
마음이 발하지 않았을 때의 본체〔體-열렬함〕를 밝히고 동시에 이미

발한 것의 단서(-선악)를 가리키는 것입니다. 이는 대개 배우는 자로 하여금 (마음의) 싹이 터 오르는 순간의 미묘함〔微〕을 잘 살피게 함으로써 결정하고 선택해야 하는 바를 잘 알아 그것을 버리고 취하게 하여 본래 마음〔本心〕의 본체를 잃지 않게끔 하려는 것일 뿐입니다.

그런데 어떤 사람은 그것을 의심하여 호굉(胡宏)이 말한 '본체는 같지만 쓰임은 다르다〔同體異用〕'는 말과 비슷한 것으로 여겼기 때문에 저는 마침내 망령되게도 다음과 같은 그림을 만들어보았습니다.

열렬함 – 조짐 그림〔誠幾圖〕

좋음과 나쁨이 비록 서로 마주 대하고 있지만 손님과 주인〔賓主〕을 나눠야 하고, 하늘과도 같은 이치와 사람의 욕심이 비록 크게 갈라지지만 본줄기와 곁가지〔宗孼＝嫡庶〕를 살펴야 할 것입니다.

열렬함이 움직이는 데서 시작해 좋음으로 나아가면 이는 나무가 뿌리에서 줄기에 이르고, (다시) 줄기에서 끝에 이르러 아래위가 서로 통하게 되는 것과 같습니다. 따라서 열렬함이 움직이는 것은 도리의 마음[道心]이 발현된 것이요, 하늘과도 같은 이치[天理]가 작용하여 흐른 것이니 이것이 바로 마음의 진짜 주인[本主]이요, 열렬함의 바른 줄기[正宗]입니다. (반면에) 간혹 옆에서 삐져나와 꽃이 피고 곁에서 기생하는 겨우살이나 사마귀와 혹 같은 것도 열렬함이 움직인 결과이기는 하지만 이것은 사람의 마음[人心]이 발현된 것이요, 사사로운 욕심[私欲]이 작용하여 흐른 것이니 이를 일러 나쁜 것[惡]이라 합니다. 이 것은 마음이 고유하게 갖고 있는 것이 아니라 대개 손님처럼 붙어 지내는 것이요, 열렬함의 바른 줄기가 아니라 대개 곁가지[庶孼]입니다. (따라서) 만약에 그것을 일찍이 가려내지 못하고 정교하게 골라내지 못하면 경우에 따라[或] 손님이 주인을 올라타고 곁가지가 줄기를 대신하게 될 것입니다.

배우는 자는 능히 (마음의) 싹이 터 오르는 조짐[幾微]의 순간에 그 발하는 바의 향방을 잘 살펴야 합니다. 무릇 곧게 나온 것[直出]은 하늘과도 같은 이치가 되고, 옆에서 삐져나온 것[旁出]은 사람의 욕심[人欲]이 됩니다. 또 곧게 나온 것은 좋은 것이 되고, 옆에서 삐져나온 것은 나쁜 것이 됩니다. 따라서 곧게 나온 것은 잘 인도하고, 옆에서 삐져나온 것은 끊어내어 힘쓰는 바[功力]가 이미 지극하게 되면 이 마음이 발하는 것이 자연스레 한 길에서 나와 하늘의 명[天命]을 지켜내게 될 것입니다.

여기에서 마음이 발하기 이전[未發]에는 좋음만 있고 나쁨이 없다는 것을 볼 수 있으니 정자가 말한 '본성 가운데에 원래 좋음과 나쁨 두 가지가 상대하여 생기는 것이 아니라'라는 것이 바로 이것을 이르는 것입니다. 만약에 좋음과 나쁨을 동과 서가 상대하고 저쪽과 이쪽이 서로

버티고 서 있는 것처럼 여긴다면 이는 하늘과도 같은 이치와 사람의 욕심이 함께 같은 뿌리에서 나와 마음이 발하기 이전에 이미 두 가지 단서를 갖추고 있었다는 뜻이 될 터이니 이렇게 되면 이른바 '하늘의 명의 본성'이라는 것도 매우 더럽고 잡스러운 것이 될 것입니다. 이것이 바로 호씨의 '본체는 같지만 쓰임은 다르다〔同體異用〕'는 말의 뜻입니다."

주자가 말했다.

"그대의 말이 맞다."

가만히 살펴보다 주자(周子)가 말한 열렬함〔誠〕이 비록 『대학』에 나오는 열렬함과는 다르지만 이른바 '조짐에서 좋음과 나쁨이 나뉜다〔幾善惡〕'라는 것은 주자(朱子)의 이른바 '홀로 있을 때에 (더욱) 조심하여 그 조짐을 잘 살핀다'는 것과 똑같다. 이 그림은 뜻을 열렬하게 하려는 배움에 지극히 도움이 되므로 조심스레 여기에 덧붙여 드러냈다.

1) 요로(饒魯, 생몰년 미상)를 가리킨다. 황간(黃幹)과 이번(李燔)을 사사했다. 일찍이 과거에 떨어지자 경학(經學)에 전념했는데, 치지역행(致知力行)을 강조했다.

2) 유안세(劉安世, 1048~1125년)를 가리킨다. 관료로 나가지 않고, 사마광(司馬光)에게 수학했다.

3) 범준(范浚, 1102~1151년)을 가리킨다. 강학에 힘썼는데, 제자가 수백 명이나 되었다. 심학(心學)에 중심을 둔 학문적 성향을 가졌는데, 존심양성(存心養性)과 신독(愼獨), 지치지회(知恥知悔)를 강조했다. 그의

저서 『향계집(香溪集)』의 「심잠(心箴)」은 주희에게 높은 평가를 받았다.

4) 이는 앞에서 정자(程子)가 언급했던 사마귀의 이야기를 가리킨다.

5) 이는 진(晉) 나라 고영(顧榮)이라는 사람의 일화에서 나온 말이다. 고
   영이 잔치를 열었는데 이때 고기를 굽는 사람이 고기를 먹고 싶어 하
   는 기색을 드러내자 고영은 그 사람에게 고기를 주었다. 훗날 변란이
   일어나 고영이 붙잡혔는데 이때 고기 굽던 그 사람이 감시병으로 있
   다가 고영을 구해주었다.

6) 이 말은 곧 주자가 『맹자집주(孟子集註)』에서 범씨의 설을 취해 해설
   을 시도한 부분이 있다는 뜻이다.

7) 주돈이와 정명도·정이천 형제가 살던 지역이 각각 염계와 낙양인 데
   서 비롯된 말로 이들을 총칭하는 말이다.

8) 여기서는 사사로이 동전을 주조하고 관에서 만드는 지폐를 위조하는
   것 등을 가리킨다.

9) 한나라 문제(文帝) 때 남월왕 조타(趙佗)가 황제만이 쓸 수 있는 황옥
   과 좌독을 사용하자 문제는 육가(陸賈)를 시켜 '전쟁을 일으켜 백성
   들을 도탄에 빠트리지 말라'고 경고했다. 이에 조타는 '나는 황제 노릇
   을 하려는 것이 아니라 단지 보기 좋아서 이렇게 치장하고 다닐 뿐'이
   라고 해명했다. 이는 마치 배우는 자들이 입으로만 의리(義理)를 내세
   우며 겉으로만 꾸며대려 한 것과 같으므로 이를 비유한 것이다.

10) 호병문(胡炳文, 1250~1333년)을 가리킨다. 주희의 종손에게 『주역』과
    『서경』을 배워 주자학에 잠심했는데, 특히 『주역』에 뛰어났다.

11) 조사하(趙師夏)를 가리킨다. 주자의 제자로 주자의 손녀와 결혼해
    주자의 손자사위가 됐다.

15

마음을 바르게 하다

『대학』 전 7장

　　이른바 '몸을 닦는다는 것은 그 마음을 바로 함에 있다〔正其心〕'고 하
는 것은 (첫째) (마음에) 분노와 원망이 있으면 (마음이) 바름에 이를
수 없고, (둘째) (마음에) 두려움이 있으면 (마음은) 바름에 이를 수 없
으며, (셋째) (마음에) 향락을 좋아함〔樂〕이 있으면 바름에 이를 수 없
고, (넷째) (마음에) 걱정이 있으면 바름에 이를 수 없다는 것을 뜻한다.

　　마음이 없으면 눈을 뜨고 있어도 보이지 않고, 귀를 열고 있어도 들려
오는 것이 없으며, 음식을 먹어도 그 맛을 알 수가 없다. 이런 것을 일러
'몸을 닦는다는 것은 그 마음을 바로 함에 있다'고 하는 것이다.

所謂 修身在正其心者 身(心) 有所忿懥則不得其正 有所恐懼則不得
소위　수신 재정 기심 자 신 심 유 소분치 즉 부득 기정 유 소공구 즉 부득

其正 有所好樂則不得其正 有所憂患則不得其正
기정 유 소호요 즉 부득 기정 유 소우환 즉 부득 기정

心不在焉 視而不見 聽而不聞 食而不知其味 此謂 修身在正其心
심 부재 언 시 이 불견 청 이 불문 식 이 부지 기미 차 위 수신 재정 기심

眞 주자가 말했다.

"이 네 가지는 다 마음의 쓰임[用]이기 때문에 사람에게 없을 수 없는 것이다. 그러나 조금이라도 그런 것이 생겨났는데 그것을 제대로 살필 수 없으면 욕심이 생겨나고 (이치보다는) 감정이 더 강해져서 그 마음의 쓰임에 따라 행하는 바가 혹시라도 그 바름을 잃지 않을 수 없게 된다."

(주자가) 또 말했다.

"마음을 제대로 지키지 못하는 바가 있게 되면 그 몸도 제대로 잡도리할[檢] 수 없다. 이 때문에 군자는 반드시 마음이 제대로 지켜지는지를 잘 살펴서 삼감으로 마음을 곧게 한다[敬以直之]. 그런 뒤에야 이 마음은 오랫동안 지켜질 수 있게 되어 그 몸도 닦이지 않는 바가 없게 된다."

程 정자가 말했다.

"마음속에 (뭔가를) 주로 삼는 바가 있으면 꽉 채워진다〔中有主則實〕. 이처럼 (마음속이) 꽉 채워지면 외부의 걱정이 안으로 들어올 수 없어 자연스럽게 아무런 탈〔事〕이 없게 된다."

또 말했다.

"(마음속에) 주로 삼는 바가 있으면 욕심이 없게 된다〔虛〕. 욕심이 없게 된다는 것은 간사한 마음〔邪〕이 안으로 들어올 수 없음을 뜻한다. 반면 주로 삼는 바가 없으면 뭔가 (안 좋은 것이) 있게 된다. 이때 뭔가 있다는 것〔實〕은 외부의 일이나 사물이 들어와서 안을 빼앗음을 뜻한다."

주자가 말했다.

"지금 이 순간 하나의 생각이 일어나는 사이에 마음속에 사사로이 주로 삼는 바가 없으면 곧 그것을 일러 비었다〔虛〕고 하고, 하는 일이 다 거짓되지 않으면 곧 그것을 일러 꽉 찼다〔實〕고 하니 이는 두 가지 일이 아니다."

(주자가) 또 말했다.

"삼가면〔敬〕 안에서 욕심이 싹트지 않고 외부에서 꼬드김〔誘〕이 들어오지 않는다. 그래서 안에서 욕심이 싹트지 않는 것을 갖고서 말을 하자면 비었다〔虛〕고 하고, 외부에서 꼬드김이 들어오지 않는 것을 갖고서 말을 하자면 꽉 찼다〔實〕고 한 것이니 이는 단지 같은 순간에 일어난 일이다. 따라서 이를 두 개로 잘라서 봐서는 안 된다.

일전에 (정이천 선생께서는) 임용중(林用中)의 주일명(主一銘)을 거론하며 배우는 자들에게 일러주시기를 '(마음속에) 주로 삼

는 바가 있으면 욕심이 없게 되어〔虛〕 귀신〔神〕이 그 집을 지켜주
고, 주로 삼는 바가 없으면 뭔가 (안 좋은 것이) 있게 되어〔實〕 귀
신〔鬼〕이 그 방 안을 엿본다'고 하셨다."

가만히 살펴보다 이 아래에 뽑은 정자와 장자(張子)가 마음에 관해 논
한 바는 비록 『대학』의 「전(傳)」에 나오는 글을 직접 해
석한 것은 아니다. 그러나 마음을 지키는 바가 있기는 한데 (여전히)
편벽된 기운이 더 강한 자나 아예 마음을 지키는 바가 없어서 아무
것도 모르는 자들은 다 정자와 장자의 논의에 지극한 주의를 기울이
지 않으면 안 될 것이다.

(정자가) 또 말했다.
"마음에는 한 가지 일이라도 남아 있게 해서는 안 된다〔心不可有
一事〕."

정명도(程明道) 선생이 단주(澶州)에 (고위 관리로) 계실 때 다
리를 보수하려는데 긴 들보감 한 개가 부족해 일찍이 민간에 그
것을 널리 구한 적이 있었다. 그 후에 들고 날 적에 숲 속의 나무
들 중에서 아름다운 재목감을 보면 반드시 그것을 (어디에 쓸까)
헤아려 보는 마음이 일어나곤 했다. 그 때문에 이 말로써 배우
는 자들을 경계시킨 것이다.

(어떤 사람이) "모든 일은 생각을 한 다음에야 통하게 되는 것
인데 어찌 마음에는 한 가지 일이라도 남아 있게 해서는 안 된다

고 말할 수 있습니까?"라고 묻자 주자가 말했다.

"일을 어떻게 생각하지 않을 수 있겠는가? 다만 일이 지나가고 나면 마음에 머물러 있게 하지 않는 것이 좋다는 뜻이다."

동래(東萊) 여씨(呂氏)[1]가 말했다.

"이른바 (마음속에) '일이 남아 있지 않다〔無事〕'라는 것은 일을 내버리는 것〔棄事〕이 아니라 단지 그 일을 보기를 마치 아침에 일어나고 저녁에 잠들며 배고프면 먹고 목마르면 물 마시듯하여 하루 종일 그렇게 한다고 해도 일찍이 억지로 애를 써서 하지 않는 것을 말한다. 기본적으로 마음속이 늘 평안하여 즐거우면 일에 이르러 그것에 응할 때 자연스럽게 모두 절도에 딱 맞아〔中節〕 마음이 넓어지고 몸이 펴지면 온갖 질병들이 다 없어질 것이니 그런 점에서 몸을 기르는 것〔養生〕과 마음을 기르는 것〔養心〕은 방법상 똑같다고 할 수 있다. 순자(荀子)가 말하기를 '기쁜 일이 있게 되면 어울림〔和〕으로 다스리고, 근심스러운 일이 있게 되면 고요함〔靜〕으로 다스린다'고 했다. 이때 다스림〔理〕이란 조리(條理)가 있어 어지럽지 않다는 것을 뜻한다."

(정자가) 또 말했다.

"은밀한 일〔機事〕을 살피기를 오래 하다 보면 기회를 틈타서 움직이려는 마음〔機心〕이 반드시 생겨난다. 그 결과 바야흐로 은밀한 일을 보게 되면 마음은 반드시 기뻐하게 된다. 이처럼 이미 기뻐하는 마음이 되면 그것은 (마음속에) 질 낮은 종자〔下種〕를 심어놓은 것과 같게 된다."

또 말했다.

"(남을) 의심하는 병이 있는 자[疑病者]는 일이 아직 시작도 되지
않았는데도 먼저 의심하는 단서[疑端]가 마음속에 있고, (반대로) 일
을 (가려보지도 않고 다짜고짜) 두루두루 망라하려는 자[周羅事者]
는 먼저 일을 두루 망라하려는 단서가 마음속에 있다. 이 둘 다 병통
[病]이다."

주자가 말했다.

"마음에는 한 가지 일이라도 남아 있게 해서는 안 된다[心不可
有一物]. (마음) 밖에서 만 가지 변화가 일어난다고 하더라도 모
두 단지 그 분수[分限=分數]에 따라 대응할 뿐이어야 한다. (그렇
지 않고) 조금이라도 외부의 일이나 사물에 얽매이면 곧바로 마
음은 요동을 치게 된다.

(마음이) 외부의 일이나 사물에 얽매이게 되는 데는 다음과 같
은 세 가지가 있다. 첫째, 일이 닥치기 전에 자신이 먼저 밑바닥
에 기대하는 마음을 품는 것이고, 둘째, 이미 일에 (마음이) 응
한 뒤에 여전히 항상 마음속에 오랫동안 품고서 그것을 잊지 못
하는 것이고, 셋째, (마음이) 외부의 일이나 사물에 응한 바로 그
순간에 뜻하는 바가 한쪽으로 쏠리는 것[偏重]이다. 이 셋은 모
두 다 외부의 일이나 사물에 얽매이고 묶인 것[繫縛]이다. 이미
얽매이고 묶이게 되면 곧 이 같은 개개의 일이나 사물이 있게 되
니 (이 순간에) 다른 일이나 사물이 면전에 닥쳐 그것에 응하게
될 경우 곧 착오가 일어나게 된다.

(그렇다면) 어떻게 그 바름[正]을 얻을 수 있겠는가? 빼어난 사

람〔聖人〕의 마음은 훤하게 밝아서 털끝만 한 모양이나 흔적도 없어 외부의 일이나 사물이 닥쳤을 때 작은 것과 큰 것을 모든 방향과 방면에서〔四方八面〕 그 일이나 사물에 딱 맞도록 응하지 않음이 없는 것이다. 이런 (빼어난 이와 같은) 마음에는 원래부터 이 같은 일이나 사물은 존재하지 않는다."

동래 여씨가 말했다.
"일(벌리기)을 좋아하면〔喜事=好事〕 마음〔方寸〕이 맺혀 정해지지를 못한다. 이 때문에 (다른 무엇보다도) 의로움을 선택함에 마음을 곱게〔精〕 하지 못하고, 삶을 지켜감에 조심하지 못하는 것이다."

장자가 말했다.
"마음을 바로 하려는〔正心〕 초기에 마땅히 자기의 마음을 엄한 스승으로 삼아서 무릇 움직여 행위를 하고자 하면 두려워해야 할 바(가 무엇인지)를 알아야 한다. 만약에 이런 식으로 1, 2년 동안 하는 사이에 지키는 바가 견고해진다면 자연히 마음은 바르게 될 것이다."
(장자가) 또 말했다.
"(마음이) 정해진 후에야 밝게 빛남〔光明〕이 있다. 만약에 늘 옮겨 다니고 바뀌어 정해진 바가 없다면 어떻게 밝게 빛날 수 있겠는가? 『주역』에서는 기본적으로 간(艮) 괘〔☶〕를 그침〔止=定〕으로 삼았으니 그쳐야 비로소 밝게 빛날 수 있다. 그래서 『대학』에서는 정해진 다음에 능히 깊이 생각할 수 있다〔能慮〕고 했으니 사람의 마음이 (생각하는 바가) 많게 되면〔多〕 밝게 빛날 수가 없다."

서산 진씨가 말했다.

"(마음이) 많다〔多〕는 것은 생각하고 꾀하는 바〔思慮〕가 어지럽
고 뒤섞여 있다〔紛雜〕는 뜻이다."

(어떤 사람이) "『대학』에서 말한 '뜻을 열렬하게 함〔誠意〕'이 어떻게
곧 온 세상을 평정할 수 있습니까?"라고 묻자 구산 양씨가 말했다.

"후세에는 진실로 그 어떤 사람도 마음을 바르게 하지 못했다. 그렇
기 때문에 바르게 마음을 갖기만 한다면 그 효과가 자연스레 그와 같
을 수 있다는 것이다. 마음은 한 가지 생각이 일어나는 순간에라도 털
끝만 한 어긋남이 있을 경우 곧 바르지 못한 것이 되고 만다."

주자가 말했다.

"옛사람들은 '뜻은 장수이고 마음이 임금〔志帥心君〕'이라고 했으니
모름지기 마음에는 뭔가가 주재하는 바가 있어 펼치려고 해야〔主張〕
비로소 (뜻을) 얻을 수 있다."

(주자가) 또 말했다.

"사람은 단지 하나의 마음만 갖고 있다. 따라서 (그 마음이 다른 것
들을 꺾어) 무릎 꿇리지 못한다면 이를 무슨〔甚麼〕 사람이라고 하겠
는가?"

(주자가) 또 말했다.

"세상의 속된 배움이 빼어나고 뛰어난 이〔聖賢〕들(의 가르침)과 다
른 까닭을 아는 것은 진실로 어렵지 않다. 빼어나고 뛰어난 이들은 곧

바로 진실하게 행할 뿐이니 마음을 바르게 하는 것[正心]을 논할 때는
곧장 마음을 바르게 하려 했고, 뜻을 열렬하게 하는 것[誠意]을 논할
때는 곧장 뜻을 열렬하게 하려 했으며, 몸을 닦거나[修身] 집안을 가지
런히 하는 것[齊家]도 다 빈 말[空言]이 아니었다. (반면에) 지금 (세속
의) 배우는 자들은 마음을 바르게 하는 것을 논할 때는 그저 바름을
바르게 한다는 말만 갖고서 잠시[一餉][2] 읊조릴[吟] 뿐이요, 뜻을 열렬
하게 하는 것을 논할 때는 그저 뜻을 열렬하게 한다는 말만 갖고서 잠
시 읊조릴 뿐이며, 몸을 닦는 것(혹은 집안을 가지런히 하는 것)을 논할
때에도 빼어나고 뛰어난 이들이 수도 없이 말해 놓은 부분들을 갖고
서 입으로만 외거나 이런저런 말들을 주워 모아 그때에 맞는 그럴싸
한 글[時文]이나 지을 뿐이니 이런 식으로 배움을 해봤자 자신의 몸에
무슨 (좋은) 영향을 미칠 수 있겠는가? 제대로 하려면 반드시 말의 뜻
을 잘 드러내어 그 이치를 체득해야 한다.

　지금의 뜻있는 벗[朋友]들 중에 진실로 빼어나고 뛰어난 이들의 가
르침을 듣는 것을 좋아하는 자가 있기는 한데 끝내 세속의 비루함을
끊어버리지 못하는 이유는 다름 아니라 단지 뜻이 제대로 서지 못했
기 때문일 뿐이다. 배우는 자는 무엇보다 뜻을 세워야 한다. 잠시라도
배우면 곧 빼어난 이처럼 되려고 하는 것, 이것이 바로 (배우는 자가 세
워야 할) 그 뜻이다."

　어느 날 『대학』을 읽는 법에 대해 논하다가 여러 제자들이 답하기를
(이 책은) 늘 생각하는 바가 어지럽고 분명치가 않다[攪擾]고 하자 (주
자는) 말했다.

　"(그대들이) 그렇게 생각하는 것은 다만 삼가지 않기[不敬] 때문이

다. 삼감이란 (마음을) 항상 깨어 있게 해주는[惺惺] 태도다. 삼감을 위
주로 하면 모든 일이 다 그것을 따라 행해진다. (그런데) 요즘 사람들
은 모두 자신의 마음이 작동하는 이치를 제대로 파악하지 못하고 있
다. 즉 스스로 자기 마음이 어디에 있는지를 알지 못하면서 모조리 다
른 일들이나 파악하려 하고, 또 집안을 다스리고 나라를 다스리고 천
하를 평정하려[齊家治國平天下] 한다.

마음이란 몸의 주인이다. 배를 부리려면 모름지기 상앗대[篙=篡]를
써야 하고, 밥을 먹으려면 모름지기 숟가락[匙]을 써야 한다. 그런데
마음의 이치(-삼감을 위주로 하는 것)를 제대로 파악하지 못하면 이는
곧 (배를 부리려 하면서) 상앗대를 쓰지 않는 것이고, (밥을 먹으려 하
면서) 숟가락을 쓰지 않는 것과 같다.

마음을 추슬러 다잡는 것[攝心=約]은 다만 삼감을 통해 가능하다.
따라서 잠시 동안이라도 삼가면 무슨 일이 일어나는지 알 수 있다. 산
에 올라가게 되는 것도 진실로 단지 이 마음 때문이요, 물에 들어가게
되는 것도 진실로 단지 이 마음 때문이다."

(어떤 사람이)『대학』의 분치장(忿懥章-전 7장)에 관해 묻자 (주자는)
말했다.

"이러한[這=是] 마음의 바름은 저울과 똑같다. 그래서 (저울 위에)
아직 물건이 놓이지 않았을 때는 저울이 평평하다가 조금이라도 하나
의 물건을 그 위에 올려놓으면 곧바로 평평함을 잃는다. 또 (마음의 바
름이란 거울과도 같아서) 거울 속에 먼저 한 사람의 모습이 있게 되면
다른 것이 오더라도 제대로 비출 수가 없다.

(마음이란 이와 같기에) 이 마음에 아직 아무런 일이나 사물도 없을

때 먼저 뭔가가 주재하는 바가 펼쳐져 있어〔主張〕 내가 어떤 식으로 일을 처리하고자 한다고 말하게 될 경우 그 마음은 바를 수가 없다〔不正〕.[3] 그래서 예를 들면 지금 어떤 사람이 말하기를 '내가 관직에 나아가면 반드시 강한 자를 누르고 약한 자를 붙들어줄 것이다〔抑强扶弱〕'라고 했는데 (실제 상황에서는 아랫사람 혹은 약한 사람이) 마땅히 강하게 해야 할 일을 마주쳤을 경우에도 그를 (강한 자라고 여겨서) 누르려고 한다면 이는 곧 바르지 못한 것이 된다."

또 공과 사를 구별하는 문제에 관해 묻자 말했다.

"한 가지 일에 비유해서 말하자면 그 일이 공공의 대중들〔公衆〕과 관계가 되면 곧 마음에 크게 상관하지 않고, 그 일이 자신의 사사로움〔私己〕과 관계가 되면 곧 이것만 마음속에 걸려 있어 생각하고 또 생각하며 잊지를 못한다고 할 때 (이것이 바로 사사로운 마음이니) 다만 이것이 곧 공과 사의 차이다."

(어떤 사람이) "근심〔憂〕과 걱정〔患〕과 무서움〔恐〕과 두려움〔懼〕, 이 넷은 거의 같은 뜻 같습니다"고 하자 (주자는) 말했다.

"같지 않다. 무서움과 두려움은 눈앞에서 핍박당하는 것이 긴급하여 사람으로 하여금 두렵고 무서워 어찌할 바를 모르게 하는 것이고, 근심과 걱정은 앞으로 큰 화복(禍福)이나 이해(利害)가 있다는 것을 깊고 멀리 생각하게 하여 미리 방비토록 하는 것이다."

(어떤 사람이) 또 "분노와 원망〔忿懥〕이나 좋아하고 기뻐하는 것〔好樂〕은 내 안의 일이기 때문에 억지로 힘을 쓰지 않아도 되지만 근심과 걱정과 무서움과 두려움은 외부에서 오는 것이니 나 자신에서 비롯되지 않습니다"라고 하자 (주자는) 말했다.

"전혀 그렇지 않다. 즉 외부에서 오는 것이라 하더라도 모름지기 자신에게 딱 맞는 도리라는 게 있기 때문에 제대로 처치하여 제자리를 찾아준다면 근심과 걱정과 두려움과 무서움이라는 것도 다 부질 없는 것이다. 공자께서는 광(匡) 땅의 사람들에게 곤욕을 겪어 두려워하셨고〔畏〕, 문왕께서는 유리(羑里)에 갇힌 적이 있었다. 이때 두 분 다 죽고 사는 것이 눈앞에 있었지만 빼어난 두 분〔聖人〕께서는 태연하게 대처하셨다. 단지 이것만 보더라도 그러하니 요약하건대 도리와 이치〔道理〕를 보는 것이 분명하다면 당연히 그 같은 근심 걱정은 없을 것이다."

인산(仁山) 김씨(金氏)[4]가 말했다.

"분노와 원망〔忿懥〕, 무서움과 두려움〔恐懼〕, 좋아하고 기뻐하는 것〔好樂〕, 근심과 걱정〔憂患〕, 이 네 가지는 희로애락(喜怒哀樂)이 발한 것이기 때문에 마음의 쓰임〔用〕이니 사람에게는 없을 수 없는 것이다. 그런데 어찌하여 희로애락을 미워하면서 그 바름〔正〕을 얻지 못하겠다고 하는가?

무릇 마땅히 화〔怒〕를 내야 하면 화를 내되 화를 내면서도 (그 화를 엉뚱한 사람에게로) 옮기지 않아야 하고〔不遷〕, 마땅히 두려워해야〔懼〕 하면 두려워하되 두려워하면서도 벌벌 떨지 않아야 하고〔非懾〕, 좋아할〔好〕 만하면 좋아하되 좋아하면서도 욕심을 부리지는 않아야 하고〔非欲〕, 근심할 만하면〔憂〕 근심하되 근심하면서도 마음이 상하지는 않아야 한다〔非傷〕. 이렇게 해야만 이 마음의 본체와 쓰임〔體用〕이 바르게 되는 것이니 이에 대해 있고 없고〔有無〕를 말할 수는 없다.

이제 전문(傳文)을 잘 들여다보면 첫째도 '~하는 바가 있다〔有所〕'고 했고, 둘째도 '~하는 바가 있다'고 했다. 이는 마음이 주장하는 바〔所主〕가 여기에 있다는 것이니 그 잘못됨이 분명하다.[5] (그냥) 분노〔忿〕를 분노와 원망〔忿懥〕이라 했고, 두려움〔懼〕을 무서움과 두려움〔恐懼〕이라 했고, 좋아함〔好〕을 좋아하고 기뻐하는 것〔好樂〕이라 했고, 근심〔憂〕을 근심과 걱정〔憂患〕이라 했다. 이처럼 중첩된 말[6]을 사용한 것을 감안할 때 감정〔情〕이 이긴 바가 이 지경에 이르러 그 붙들린 바〔滯〕가 심하다. 무릇 마음이 이것을 주장하여 잘못됨이 분명하고, 감정이 이긴 바가 이 지경에 이르러 그 붙들린 바가 심하면 (어찌) 이 마음(의 본체와 쓰임)이 바르게 될 수 있겠는가?

무릇 기뻐하고 화내고 근심하고 두려워하는〔喜怒憂懼〕 바가 없어서 모든 것이 사라지는 경지〔寂滅〕로 돌아가는 것도 진실로 마음의 올바른 본체가 아니요, 기뻐하고 화내고 근심하고 두려워하는 바가 있어서 (어딘가에) 붙들려 고집하는〔滯固〕 잘못도 마음의 올바른 쓰임이 아니다.

오로지 일이 (마음에) 이르게 되면 그에 맞게 응하고 사물이 (마음에서) 떠나가면 미련을 남겨두지 않는 것, 이것이 바른 것〔正〕이라 할 것이다. 빼어나거나 뛰어난 이가 아니면 그 누가 능히 이와 같이 할 수 있겠는가?"

장사숙이 마부를 심하게 욕하며 꾸짖자〔詬詈〕 이천 선생이 "어찌하여 마음을 동하여 성질을 참지 못하는가?"라고 말씀하시니 장사숙은 부끄러워하며 사죄했다.

여기서부터 아래에 뽑아놓은 여섯 항목은 이천 선생의 마음을 바르게 하는 가르침〔正心之學〕을 기록한 것이다.
정심 지 학

이천 선생이 말했다.

"여여숙(呂與叔)의 시에 이런 구절이 있다. '원개(元凱)처럼 학문을 배우면 기벽〔癖〕에 이르고, 상여(相如)처럼 문장을 지으면 거의 배우와도 같다. (반면) 공자의 문하에 홀로 서서 한 가지 일도 않았으니, 다만 안회가 (이처럼) 마음을 공경함만 못하구나.'[7] 옛날에 배우는 자들은 오직 본성을 기르는 데 힘썼고, 나머지 것들에 대해서는 배우지 않았는데 지금 문장을 짓는 자들은 오로지 장구(章句)에만 힘을 써서 사람들의 눈과 귀를 기쁘게 하니, 이미 (스스로를 기르려 하지 않고) 남을 기쁘게 하는 데만 힘쓴다면 배우가 아니고 무엇이겠는가?"

(어떤 사람이) "홀로 한 방 안에 머물러 있거나 혹은 (혼자서) 어둠 속을 걸을 때 놀람이나 두려움〔驚懼〕이 많은 것은 어째서입니까"라고
경 구
묻자 말했다.

"다만 그것은 이치를 밝히는 것이 분명하지 못해서다. 만약에 능히 이치를 환하게 밝힌다면 어찌 두려워하겠는가? 사람들이 비록 이를 알고 있으면서도 두려운 마음이 생겨나는 것을 면하지 못하는 것은 단지 기운이 꽉 차지 못해서이다. 모름지기 가만히 자신을 길러내야〔涵養〕 한다.
함양
(이처럼 함양하기를) 오래 하게 되면 기운이 꽉 차서 자연히 (외부의) 일과 사물〔物〕이 (마음을) 동요시키지 못할 것이다. 그런데도 두려운
물
마음이 생겨나는 것은 진실로 삼감〔敬〕이 모자라기 때문이다."
경

이천(선생)이 부릉(涪陵)으로 유배를 갈 때 염여(灩澦)를 지나가는데 파도가 심하게 일자 배 안의 사람들이 다 놀라 어찌할 바를 몰랐으나 오직 이천만은 의연하게〔凝然=毅然〕 꿈쩍도 하지 않았다. 강변에서 나무를 하고 있던 사람이 큰 소리로 물었다.

"목숨을 버릴 작정을 해서인가? 아니면 도리에 통달해서인가?"

(이천이) 이에 답하고자 했으나 배가 이미 지나가버렸다.

(이천 선생이) 또 말했다.

"옛사람들 중에는 몸을 버리고 목숨을 던진〔捐軀隕命〕 자가 있으니 만약 (도리의 실행을) 실제로 보지 못했다면 어찌 이와 같이 할 수 있었겠는가? 모름지기 사는 것이 의로움(을 지키는 것)보다 중하지 못하고, 사는 것이 죽는 것보다 마음이 편안치 못함을 실제로 보았기 때문에 몸을 죽여 어짊을 이룰 수 있었던 것〔殺身成仁〕이다. (따라서 바르게 살려면) 단지 한 개라도 의로움을 이루어낼 뿐이다."

이천이 부주(涪州)에서 돌아왔는데 기운과 용모와 수염이 다 예전보다 나아졌다. 제자가 어떻게 해서 그렇게 되셨느냐고 묻자 말했다.

"배움의 힘이다. 대체로 배우는 자는 걱정과 어려움〔患難〕, 가난과 신분 낮음〔貧賤〕에 처하는 법을 배워야 한다. 만약에 부귀와 영달을 위해서라면 굳이 배울 필요가 없다."

태상(太常) 장격(臧格)이 (정이천을 위해 지은) 시호 논의〔諡議=諡狀〕에서 말했다.

"이천 선생의 가르침〔學〕은 오로지 삼감을 위주로 하여 (마음을) 꼭 채워 길러냄[充養]이 이미 지극한 경지에 이르렀으니 (그 마음이) 진실로 순수하게 한결같이 바름[正]에서 나오는 것은 마땅하다.

무릇 한 번 크게 성내고 꾸짖는 하찮은 행위는 허물이 되지 않을 수도 있는데 (이천 선생은 장사숙에게) 마음을 동하여 성질을 참으라고 경계시켰다. 그 이유는 마음에 분노와 원망[忿懥]이 있으면 바르게 될 수가 없기 때문이요, 어두운 방에 (홀로) 있을 때 한 번 놀라고 두려워하는 것은 잘못이 아닐 수도 있지만 이치를 밝힘이 분명치 못한 것을 배척했으니 이는 (마음에) 무서움과 두려움이 있으면 바르게 될 수가 없기 때문이다.

(이천 선생은) 문장에 지나치게 탐닉함으로써 흥미로운 것을 좋아해[玩物] 뜻을 잃어버리는 것을 미워하고, 걱정과 어려움에 부딪혔을 때 생명을 버리지 못하는 것을 가련하게 여겼으니 그 이유는 좋아하거나 걱정하는 바가 있으면 도대체 어떤 것도 바르게 될 수 없기 때문이다. 무릇 사람이 능히 그 같은 얽매임[累]들을 마음에서 모두 제거할 수 있다면 어찌 그 (마음의) 온전함을 다 회복하지 못할까 봐 걱정하겠는가?"

가만히 살펴보다 장씨(臧氏)가 삼감[敬]을 논한 바는 『대학장구(大學章句)』와 맞아떨어지지는 않지만 배우는 자들에게 깊이 일깨워주는 바가 있다.

주자가 말했다.

"나의 기질상의 병통은 대부분 분노와 원망[忿懥](을 다스리지 못하는 데)에 있다."

가만히 살펴보다 여기서부터 아래에 뽑아놓은 아홉(실은 여덟) 항목은 주자의 마음을 바르게 하는 가르침〔正心之學〕을 기록
정심 지 학
한 것이니 마땅히 이천 선생의 것을 참고하면서 보아야 할 것이다.

왕유관(王幼觀-주자의 제자)이 말했다.

"선생이 하루는 장물(臟物-뇌물)을 받는 자에 대해 이야기를 하시다가 말씀에 노기(怒氣)를 띠시며 '나는 이런 자들을 보면 단지 얼굴에 큰 글자로 묵형(墨刑)을 가해〔大字面〕유배를 보내버릴 것이다'라고
대자 면
하셨다."

천천히 또 말씀하시기를 "지금 조정의 관리들〔公吏〕은 (뇌물
공리
로) 돈을 받아서는 안 된다고 하지만 지방의 지사나 현령이 된
자들은 스스로 돈을 요구하고 있다"고 하시고는 구구절절 그것
에 대해 말씀하시면서 한탄을 하셨다.

주자가 말했다.

"나는 옛날에 진실로 배우지 않은 것이 없는 사람이 되고자 하여 선도(禪道)와 문장(文章), 초사(楚詞)와 시, 병법 등을 낱낱이 모두 배우고자 해서 들고 날 때에 수없이 많은 문자들을 일일이 다 두 책에 기록해 두고 있었는데 하루는 문득 '(이것들은) 우선 중요치가 않다. 나는 단지 하나의 몸뚱이〔渾身〕를 갖고 있을 뿐인데 어떻게 이 수많은
혼신
것들을 겸해서 할 수 있겠는가'라는 생각이 들었다. 이로부터 그런 생각

이 들 때마다 없애버렸다. 대체로 사람이 마음을 써야 할 곳〔用心處〕을
알게 되면 자연스레 외부의 일이나 사물에는 관심이 미칠 수가 없다."

(어떤 사람이) "늘 기쁘고 좋아서 뜻에 맞는 일이 있으면 곧 (내 마
음속에) 스스로 사사롭게〔自私〕 하려는 마음이 있다는 것을 깨달았습
니다. 만약에 이치를 보고자 한다면 바로 이것을 곧장 이겨내야 하지
않겠습니까?"라고 묻자 말했다.
"이 같은 일은 도리와 이치를 보는 것이 분명하면 자연스럽게 약해
지면서 사라질 것이다〔消磨〕. 그러나 이를 너무 박절하게 하면 도리어
병통이 생겨난다."

또 말했다.
"(요즘) 풍속이 귀신을 숭상하느라 신안(新安-휘주) 등지에는 아침
저녁으로 마치 귀신의 소굴 속에 있는 듯하다. 그곳 어느 시골에 이른
바 오통묘(五通廟-지역에서 신을 모시는 사당)라는 것이 있는데 가장
영험하면서도 괴이하다. 내가 처음 고향으로 돌아오자 일가친척들이
강요하여 그곳에 가라고 했지만 나는 가지 않았다. 이날 밤 집안사람
들이 모여 관사(官司)에 가서 술을 받아다가 마셨는데 술에 재가 들어
있어 조금 마셨는데도 마침내 오장육부가 뒤틀려 밤새 배앓이를 했다.
다음 날 또 우연히 뱀 한 마리가 계단 옆에 있었는데 사람들은 시끄
럽게 떠들어대며〔鬨然=哄然〕 (내가) 오통묘를 배알하지 않았기 때문이
라고 했다. 이에 나는 '오장육부가 뒤틀린 것은 음식이 맞지 않아서이
지 저것과 무슨 상관이 있겠는가? 오통묘를 억지로 끌어들이지 말라'
고 말했다. 그 가운데 어떤 사람이 있었는데 그는 배움을 지향하는 사

람이었는데도 또한 나에게 와서 오통묘에 가라고 권하면서 또 '사람들이 시키는 대로 하라'고 말했다. 이에 나는 말하기를 '어째서 사람들을 따른단 말인가? 그대마저도 이런 말을 하리라고 나는 생각도 하지 못했다'라고 하였다."

(어떤 사람이) "사람들은 두려움이 많은 것을 걱정해 비록 두려워해서는 안 된다는 것을 명확하게 알면서도 두려움을 능히 이겨내지 못하니 우선 이 마음을 억지로 제어해 동하지 않게 하는 것이 낫지 않겠습니까?"라고 묻자 말했다.

"오로지 억지로 제어하려 할 경우 끝날 때가 없을 것이니 다만 이치가 밝아지면 저절로 두려워하지 않게 될 것이다."

위학당(僞學黨)(사건)[8]이 일어났을 때, 어떤 사람이 선생에게 제자들을 해산하고 문을 닫은 다음 일을 줄여서 화를 피할 것을 권하자 선생이 말했다.

"화복(禍福)이 오는 것은 운명이다. (『중용』에) '침묵은 몸을 지켜낼 수 있다〔其默足以容〕'고 했으니 다만 가서 북을 두드려 내 억울함을 호소하지 않는 것이 곧 침묵이다. 집에서 마땅히 해야 할 말도 감히 말하지 못하는 것은 있을 수 없는 일이다."

한 벗이 (주희를) 은근히 풍자하기를 "선생은 '하늘이 나에게 다움을 내려주셨다〔天生德於予〕'[9]는 뜻과 생각만 있으시고 (공자처럼) 미복으로 갈아입고 송나라를 지나가려는 뜻은 없으신 듯합니다"고 말하자 선생이 말했다.

"나는 일찍이 글을 올려 스스로를 변론하지 않았고, 또 일찍이 시를 지어 비방을 하지 않았다. 단지 뜻이 같은 벗들과 옛 (성현들의) 책들을 강론하고 익혀 바른 도리와 이치를 말할 뿐이다. 이 일을 하지 못하게 한다면 (내가) 무슨 일을 할 수 있겠는가? 『논어』의 첫 장에 '남들이 알아주지 않더라도 속으로 서운해하지 않으면 진실로 군자가 아니겠는가?'라고 했고, 끝 장에 '하늘의 명을 알지 못하면 군자가 될 수 없다'고 했다. 그런데 지금 사람들은 입을 열기만 하면 한 번 마시고 한 번 먹는 것에도 저절로 정해진 분수가 있다고 말하면서도 정작 아주 사소한 이해관계만 만나도 곧장 이익을 따르고 해를 피하여 따지고 계산하는 마음이 생겨난다.

옛날 사람들이 눈앞에 칼과 톱이 있고 뒤에 솥과 가마솥이 있어도[10] 이런 물건들을 보기를 마치 없는 것처럼 여길 수 있었던 것은 다만 이 도리와 이치만을 보고 저 칼과 톱과 솥과 가마솥 따위는 전혀 보지 않았기 때문이다. 그런데 오늘날 벗들은 모두 이런 도리와 이치를 믿지 않으니 이 도리가 날로 외로워지는 것을 깨닫게 된다. 그리하여 사람들로 하여금 뜻과 생각이 좋아질〔佳=善〕 수 없게 만든다."
_{가 선}

면재 황씨가 자신이 지은 (주희의) 행장(行狀)에서 말했다.

"선생이 배울 때에는 이치를 끝까지 파고들어 그에 관한 앎에 이르고, 그것을 제 몸에 돌이켜 그 실상을 지키고 행하셨다. 그런 마음의 자세를 보존하고〔存〕 있을 때에는 텅 비어 있으면서
_존
고요했고, 그런 마음이 발할〔發〕 때에는 과감하면서도 확실했다.
_발
또 그런 마음을 쓸〔用〕 때에는 일에 응하고 사물과 접해서〔應事
_용 _{응·사}
接物〕 그 끝을 모를 만큼 지성을 다했고, 그것을 지킬〔守〕 때에는
_{접·물} _수

온갖 변고와 험한 일을 겪더라도 바뀌지 않았다.

　마음을 기르는 것이 깊고 또 마음에 쌓이는 것이 두텁게 되면 애써 억지로 유지하던 것도 순수하고 익숙해지며, 엄하게 힘쓰던 것도 어울려 평안해진다. 그래서 마음은 굳이 잡으려 하지 않아도 보존되고, 의로움은 굳이 묶어두려 하지 않아도 정밀해진다. 그런데도 오히려 '의로움과 이치〔義理〕는 무궁한데 세월은 유한하다'고 여겨 늘 찜찜해하면서〔慊然〕 부족해하는 뜻을 보이셨다.

　함께 어울리는 선비들이 경서를 읽고 배우고 질문을 할 때 배움에 힘쓰는 바가 독실하면 말에서 기쁨이 드러났고, 도리를 향해 나아가는 것이 순조롭지 못하면 낯빛에 근심 걱정이 드러났다. 그렇지만 자신을 위해 실상에 힘쓰며〔務實〕 의로움과 이익을 판별하고 스스로를 속이지 않으며, 홀로 있을 때 경계해야 함을 조심함에 있어서는 일찍이 세 번씩 뜻을 다하지 않음이 없으셨다."

가만히 살펴보다　황씨가 기록한 주자의 마음공부〔心學〕가 매우 정밀하니 최대한 잘해서 체화하며 음미해야〔體玩〕 할 것이다.

---

1) 여본중(呂本中, 1084~1145년)은 남송 사람으로 호는 동래(東萊) 선생이고, 양시(楊時)와 윤돈(尹焞)을 사사했다.

2) 밥 한 끼 먹을 정도의 시간을 뜻한다.

3) 뭔가 주장할 바가 있어 이미 그렇게 말하는 순간 마음의 방향이 실상과 관계없이 정해지기 때문이다.

4) 송말원초 때 사람인 김이상(金履祥, 1232~1303년)을 가리킨다. 왕백

(王柏)과 하기(何基)에게 배웠고, 원나라가 세워지자 인산(仁山)에 은거하여 인산 선생이라 불렸다. 주돈이(周敦頤)와 정호(程顥)의 학문을 조종으로 삼아 의리(義理)를 깊게 연구했다.

5) 『대학』의 관련내용을 비판하고 있다. 즉 이에 대해서는 있고 없고를 말할 수 없는데 있다고 말했다는 뜻이다.

6) 그냥 분노라고 하지 않고 분노와 원망 식으로 표현한 것을 가리킨다.

7) 원개는 두예(杜預, 222~284년)의 자(字)다. 사마소(司馬昭)의 매부로 처음에 위나라에서 상서랑을 지냈고, 진무제(晉武帝)가 즉위하자 하남윤을 거쳐 사예교위에까지 올랐다. 전쟁이 없을 때는 경학을 연구하는 일에 전념했으며 『춘추(春秋)』에 관한 여러 종의 저서가 있다. 사마상여(司馬相如, 기원전 179~기원전 117년)는 전한 시대의 촉군(蜀郡) 사람으로 사부(辭賦)에 능했다.

8) 남송(南宋) 영종(寧宗) 경원(慶元) 원년(1195년)에 한탁주(韓侂胄)가 승상인 조여우(趙汝愚)를 모함해 축출하고 거짓 학문이라는 의미에서 위학(僞學)이라 부르면서 주희와 그 제자들을 배척했다. 이로 인해 말년의 주희는 큰 고초를 겪어야 했다.

9) 『논어』 「술이(述而)」 편에 나오는 공자의 말이다. 공자가 조(曹) 나라를 떠나 송(宋) 나라로 가서 제자들과 함께 큰 나무 아래에서 예(禮)를 강습하고 있었는데, 송나라의 사마(司馬)인 환퇴(桓魋)가 공자를 죽이고자 하여 그 나무를 뽑아버렸다. 공자가 거기를 떠나니 제자들이 "빨리 가자"고 하였다. 그러므로 공자가 이 말을 하게 된 것이다.

10) 이것들은 모두 형벌에 사용하는 도구들이다.

16

예와 악은 잠시 동안이라도
몸에서 떠날 수 없다

『예기』「악기(樂記)」

「악기」에서 군자가 말했다.

"예와 악은 잠시 동안이라도[斯須=須臾] 몸에서 떠날[去=離] 수 없다. 음악을 다 이루어[致=成] 그것으로 마음을 다스리면 조화롭고 곧고[易直=和正] (타인을) 사랑하고 신실한[子諒=愛信] 마음이 뭉게뭉게[油然] 생겨난다. 조화롭고 곧고 사랑하고 신실한 마음이 생겨나면 즐겁고[樂], 즐거우면 편안하고[安], 편안하면 오래가고[久], 오래가면 그것이 하늘[天]이고, 하늘이면 곧 신령스럽다[神]. 하늘이라면 말을 하지 않아도 신실하고, 신령스럽다면 화를 내지 않아도 위엄이 있으니 (이것이 바로) 음악을 다 이룸으로써 마음을 다스린다는 것이다.

예를 다 이룸[致禮]으로써 몸을 다스린다면 장중하고 삼가게 되며 장중하고 삼가면 엄숙하고 위엄이 있게 된다. 그래서 마음속[中心=心中]이 잠시라도 조화롭지 않고 즐겁지 않으면 비루하여 속이려는[鄙詐] 마음이 속으로 들어오고, 겉모습이 잠시라도 장중하지 못하고 삼가지 않는다면 대충대충 함부로 하려는[易慢] 마음이 속으로 들어온다.

그래서 음악은 (마음) 안에서 동하고 예는 밖에서 동한다. 음악은 어울림[和]을 중시하고 예는 순함[順]을 중시하니 안이 어울리고 밖이 순하면 백성들은 그 얼굴빛을 바라보면서 서로 다투지 않고, 그 겉모습을 바라보면서 감히 대충대충 함부로 하려는 마음을 내지 않는다.

그렇게 되면 다움의 빛남이 마음속에서 동하여 백성들이 받들어 귀기울이지 않는 이가 없고, 이치가 마음 밖에서 발하여 백성들이 받들어 따르지[順=從] 않는 이가 없다. 그래서 말하기를 '예와 악의 도리를 다 이루면 천하 그 어느 곳이건 아무런 어려움도 없을 것이다'라고 한 것이다."

樂記 君子曰 禮樂不可斯須去身 致樂以治心則易直子諒之心油然生矣
악기 군자 왈 예악 불가 사수 거신 치악 이 치심 즉 이직 자량 지심 유연 생 의

易直子諒之心 生則樂 樂則安 安則久 久則天 天則神 天則不言而信 信則
이직 자량 지심 생 즉락 낙즉안 안즉구 구즉천 천즉신 천즉 불언 이신 신즉

不怒而威 致樂以治心者也
불로 이위 치악 이 치심 자야

致禮以治躬則莊敬 莊敬則嚴威 中心斯須不和不樂而鄙詐之心入之矣
치 례 이 치궁 즉 장경 장경 즉 엄위 중심 사수 불화 불락 이 비사 지심 입지 의

外貌斯須不莊不敬而易慢之心入之矣
외모 사수 부장 불경 이 이만 지심 입지 의

故 樂也者動於內者也 禮也者動於外者也 樂極和禮極順 內和而外順則
고 악 야자 동어 내자 야 예 야자 동어 외자 야 악극 화 예극 순 내화 이 외순 즉

民瞻其顏色而弗與爭也 望其容貌而民不生易慢焉
민 첨 기 안색 이불 여쟁 야 망 기 용모 이민 불생 이만 언

故 德輝動於內而民莫不承聽 理發諸外而民莫不承順 故曰 致禮樂之道
고 덕휘 동어 내 이민 막불 승청 이발 제외 이민 막불 승순 고왈 치 예악 지도

擧而錯之天下 無難矣
거 이 착 지 천하 무난 의

眞 공씨(孔氏)[1]가 말했다.

"조화롭다〔和〕는 순조롭다〔易〕는 것이고, 바르다〔正〕는 곧다〔直〕는 것이고, 자식처럼 여기다〔子〕는 사랑한다〔愛〕는 것이고, 믿어준다〔諒〕는 신실하다〔信〕는 것이다."

정씨(-정현)가 말했다.

"다 이루다〔致〕는 것은 깊이 살핀다〔深審〕는 것이고, 뭉개뭉개〔油然〕는 새롭게 생겨나는 멋진 모양이다. 좋은 마음〔善心〕이 생기면 이익에 대한 욕심이 적어지고, 이런 욕심이 적어지면 즐거워진다."

(정씨가) 또 말했다.

"음악은 마음속에서 나오기 때문에 마음을 다스릴 수 있고, 예는 밖에서 일어나기 때문에 몸을 다스릴 수 있다."

(정씨가) 또 말했다.

"비루하여 속이는 마음〔鄙詐〕이 (안으로) 들어온다는 것은 이익에 대한 욕심이 생겨난다는 것을 뜻한다."

---

1) 당나라 사람 공영달(孔穎達, 574~648년)을 가리킨다. 수나라 양제 때 명경과에 합격해 관직의 길에 들어섰고, 당나라 건국 후에 국자박사(國子博士)와 국자제주(國子祭酒) 등을 지냈다. 당 태종의 명을 받아 『오경정의(五經正義)』를 지었다.

程 정자가 말했다.

"배움〔學〕이란 단지 채찍질하여〔鞭辟〕 (마음)속으로 가까이 감〔近裏〕으로써 자기 자신을 길러내는 것〔著=養〕뿐이다. 그래서 (공자는 『논어』에서) '절실하게 묻고 가까이에서 생각하면 어짊은 그 가운데에 있다〔切問而近思 仁在其中矣〕'고 하셨고, 또 '(사람들이 하는) 말에 진심과 믿음〔忠信〕이 있고 (사람들이 하는) 행함에 독실함과 삼감〔篤敬〕이 있으면 그곳이 설사 오랑캐의 나라라 하더라도 (다움과 도리가) 행하여지는 바가 있다 할 것이고, 그 반대라면 설사 문명이 이루어진 나라라 하더라도 행하여지는 바가 있다고 할 수 있겠는가? 일어서면 그것이 앞에 참여함을 볼 수 있고, 수레에 있으면 그것이 멍에에 기대고 있음을 볼 수 있어야 하니 무릇 이런 후에야 (다움과 도리가) 행해졌다고 할 수 있다〔言忠信行篤敬 雖蠻貊之邦行矣 言不忠信行不篤敬 雖州里行乎哉 立則見其參於前也 在輿則見其倚於衡也 夫然後行〕'고 하셨다. 다름 아닌 이것이 바로 배움이다. (안회처럼) 바탕〔質〕이 좋은 사람이 (애씀〔文〕을) 밝히기를 다한다면 찌꺼기가 완전히 다 (좋은 쪽으로) 바뀌어 하늘땅과 한 몸이 되고, 그보다 못한 사람은 오로지 저 장중함과 삼감〔莊敬〕을 잡아 기르니〔持養〕 그것이 종국에 이르러서는 똑같게 된다〔一〕."

(어떤 사람이) "채찍질한다〔鞭辟〕는 것이 무엇입니까?"라고 묻자 주자가 말했다.

"이는 낙양(洛陽) 지방의 말이다. 다른 곳에서는 편약(鞭約)이라고도 하는데 대체로 채찍질하여 안으로 향하도록 독려한다는 뜻이다. 지금 사람들은 모두 다 안쪽을 향해 채찍질하지 않고 마음이 모두 밖으로 향하는데 이는 흡사 한 척의 배가 물속에 엎어져 있는 것과 같다. (그래서) 모름지기 가서 뒤집어놓아야 장차 부릴 수가 있으니 우리들은 반드시 (그것을 바로잡기 위해) 맹렬하게 힘을 써야 할 것이다."

이단백(李端伯)[1]이 "늘 일이 있을 때는 (마음을) 잘 쥐고서 지켜야 한다(操存)는 것의 뜻을 능히 알 수 있습니다만 아무런 일이 없을 때에는 어떻게 해야 (마음을) 지키며 길러내는 것이 익숙해질 수 있습니까?"라고 묻자 (정자는) 말했다.

"옛날 사람에게는 귀에는 (좋은) 음악이, 눈에는 예가 있었고, 주변과 생활하는 곳과 그릇과 사발과 안석과 지팡이에는 새겨 넣은 명(銘)과 경계하는 말씀이 있어서 움직이거나 쉴 때에(動息) 어느 쪽이건 늘 (마음을) 기르는 바가 있었다. 그러나 지금은 이것들을 다 폐기하여 단지 이치와 의로움(理義)으로 마음을 기르는 것(養心)이 있을 뿐이다. (이럴 때는) 다만 이 가만히 마음을 길러냄(涵養)의 뜻을 보존하여 그것이 오래 유지가 된다면 자연스럽게 익숙해질 것이다. 삼감으로써 안을 곧게 하는 것(敬以直內)이 곧 함양하는 뜻이니 말이 엄숙하고 삼가지 않으면 비루하여 속이려는(鄙詐) 마음이 생겨나고, 겉모습이 엄숙하지 못하고 삼가지 않으면 대충대충 함부로 하려는(怠慢=易慢) 마음이 생겨나는 것이다."

(정자는) 또 말했다.

"옛날에 (군자는) 몸에서 옥(玉)을 떼놓지 않았고[2], 특별한 이유가 있지 않으면 거문고와 비파를 치우지 않았으며, 열대여섯이 되면(成童)

학교에 들어가서 사십이 되면 벼슬길에 나섰으니 이는 사람들이 마음을 가르치고 기른 바[教養]가 (이때쯤이면) 갖춰졌기 때문이다. 이치와 의로움으로 그 마음을 기르고, 예와 악으로 그 혈기를 길렀다. 그래서 재주가 뛰어난 자는 빼어나거나 뛰어나게 되고, 재주가 낮은 사람도 멋진 선비[吉士]가 되었으니 그것은 마음을 기르기를 지극하게 했기 때문이다."

　이천 선생은 (『예기』의) 「표기(表記)」에 나오는 "군자가 장중하고 삼가면[莊敬] 날로 강해지고, 쾌락에 빠져 마음을 풀어놓으면[安肆] 날로 구차해진다[偸]"는 말을 심히 좋아했다. (하물며) 대개 보통 사람들의 마음은 조금이라도 느슨하게 풀어놓으면 날로 방탕해지고, 스스로 다그쳐 잡도리하면 날로 법도[規矩] 쪽으로 나아간다.[5]

　　(어떤 사람이) "강하다[强]는 것은 뜻[志]이 강하다는 것입니까?"라고 묻자 주자가 말했다.
　　"뜻도 강하고 기운의 힘도 강한 것이다. 요즘 사람들은 느슨하게 풀어놓으면[放肆] 날마다 하루하루 더 대충대충 게을러지니[怠惰] 어찌 강해질 수 있겠는가? 이천은 말하기를 '사람이 장중하고 삼가면[莊敬] 날로 강해진다'고 했으니 엄숙하고 삼가면 저절로 쓰라린 고통도 참아내며 날로 법도를 향해 (그 자신이) 나아가고 있음을 스스로도 깨닫지 못할 것이다."

　(이천 선생이) 또 말했다.
　"배우는 자가 얻게 되는 바는 반드시 경전을 토의하고 도리를 논하는 가운데 이루어지는 것은 아니다. 마땅히 일을 행함에 움직임과 용모 그리고 두루 살피는 바〔周旋〕가 예에 딱 맞을 때〔中禮〕에도 얻게 되는 바가 있다."

(이천 선생이) 또 말했다.
"느슨하여 게을러지는 마음〔懈意〕이 한 번 생겨나면 곧 그것이 스스로에게 함부로 하고 스스로를 버리는 것〔自暴自棄〕이다."

주자가 말했다.
"맹자가 말하기를 '말을 함에 예와 의로움이 없는 것〔言非禮義〕을 일러 스스로에게 함부로 하는 것〔自暴〕이라고 한다'고 했다. 말을 함에 예와 의로움이 없다는 것은 곧 의도적으로 예와 의로움을 좋아하지 않는다고 드러내놓고 말하는 것이다. 세상에는 이런 사람들이 있어 다른 사람들이 좋은 일을 행하는 것을 싫어하여 다만 '사람들이 쓸데없는 겉모양만 좋게 보이려 한다'고 말한다. 이는 그 스스로 이처럼 거칠고 포악한〔麤暴〕 것이니 다시 이런 사람과 더불어 말해 봤자 통하지 않는다. 스스로를 버리는 것〔自棄〕에 이르러서는 스스로 의로움과 이치〔義理〕가 좋은 것이라고 말하고, 또 남의 말을 듣기는 하면서도 다만 '나는 하지 못한다. 네가 어떻게 하든 상관하지 않겠다'고 말한다. 이것이 바로 스스로를 버리는 것이니 마침내 이런 사람과는 함께 중요한 일〔有爲〕을 할 수 없다. 그래서 이천은 말하기를 '스스로에게 함부로 하는 자는 (아무리 좋은 것도) 거부하여 믿으려 하지 않고, 스스로를 버리는 자는 (하려는 의지를) 끊어버리고서 아무것도 하려고 하지 않는다'고 했다. 따라서 자포(自暴)는 강한 데서 나오는 잘못〔剛惡〕이요, 자기(自棄)는 유약한 데서 나오는 잘못〔柔惡〕이다."

　(어떤 사람이) "지난번에 자포(自暴)에 대해 설명하실 때는 스스로 거칠고 포악한 것〔自麤暴〕이라고 했는데 지금 집주[4]에 있는 '포(暴)'란 해치는 것〔害〕'이라고 한 것과 같지 않습니다'고 문자 (주자는) 말했다.

　"해친다는 것이 옳다. 그것은 마치 '백성을 해치는 것이 심하다〔暴其民甚〕'(『맹자』에 나오는 구절)와 같은 뜻이다. 말을 함에 예와 의로움이 없는 것〔言非禮義〕을 일러 스스로에게 함부로 하는 것〔自暴〕이라고 하는 것은 지금 사람들이 도학(道學-공자의 가르침)을 싸잡아 매도하고 있는 것과 같다고 할 수 있다. 그들은 실제로 좋은 일을 많이 하고 있는 사람을 향해 쓸데없이 겉모양만 좋게 보이려 한다고 비난한다. (그런 사람들은) 우리의 이 도리와 이치〔道理〕가 사람마다 다 갖고 있는 것임을 알지 못해서 이처럼 비난하는 것이다. 따라서 이는 스스로 이 도리와 이치를 해치는 것이다."

　(주자가) 또 말했다.

　"요즘 사람들은 힘써 공부를 하려 하지 않는다. 이들 중에는 공부가 어렵다는 것을 안 뒤에 마침내 하지 않으려는 자도 있고, 스스로 할 수 없음을 알고는 공공연하게 다른 사람들에게 넘겨주기를 재산을 물려주듯이 하여 기꺼이 뒤로 물러서서 자신은 하려고 하지 않는 것과 같은 자도 있다."

장자가 말했다.

"도리에 마음을 가만히 잠겨두고〔潛心〕 있다가 갑자기 다른 생각에 이끌려 떠나가버리는 것, 이것이 바로 기운〔氣〕이다. 옛 습관에 얽매여 거기서 깨끗이 벗어나지 못하면 반드시 더해짐이 없고 다만 옛 습관에 그대로 젖어 있을 뿐이다. 옛사람이 뜻을 같이 하는 벗과 거문고와 비파, 책자〔簡編〕를 얻고자 했던 것은 늘 마음을 이 속에 두려고 했기 때문이다."

주자가 말했다.

"빼어나거나 뛰어난 이들의 가르침은 한 말씀 한 구절마다 다움에 들어가는 문이 아닌 것이 없지만 이른바 '예와 악은 잠시 동안이라도 몸에서 떠날 수 없다'는 말씀은 더욱 깊고 간절하다. 따라서 진실로 마음속에 새겨두고 늘 살펴서 그것으로 자신의 몸을 마쳐야 할 것이다."

(어떤 사람이) 음악으로 마음을 다스리고 예로 몸을 다스리는 것에 관해 묻자 (주자는) 말했다.

"마음은 평탄하고 순조로워서〔平易=平順〕 힘들고 깊고 험하고 막히는 바〔艱深險阻〕가 없어야 한다. 이 때문에 어울리지 못하고〔不和〕 즐겁지 않으면〔不樂〕 비루하여 속이려는 마음이 안으로 들어오고, 엄숙하고 삼가지 않으면 쉽게 함부로 하려는〔易慢〕 마음이 들어온다고 한 것이다."

남헌 장씨가 말했다.

"이계수(李季修-미상)가 물어 말하기를 '이른바 삼감[敬]의 설을 마땅히 힘써야 하니 진실로 게으르고 나태해서는 안 되지만 날이 저물어 편안하게 쉬는 것도 때를 따라서 해야 합니다'라고 하길래 내가 답해 말하기를 '날이 저물어 (집 안에) 들어가서 편안하게 쉬는 것이 곧 삼감이니 날이 저물어 편안하게 쉬는 것은 게으르고 나태한 것이 아님을 알아야 마침내 삼감의 이치를 논할 수 있을 것이다'라고 했다."

동래(東萊) 여씨(呂氏)가 말했다.

"삼감[敬], 이 한 글자는 진실로 형용하기가 어렵다. 옛사람이 말한 '마음이 장중하면[莊] 몸이 펴지고, 마음이 엄숙하면[肅] 용모를 삼간다'는 이 두 구절을 마땅히 깊이 체화해야 할 것이다."

서산 진씨가 말했다.

"장중하다[莊]는 것은 위엄이 있고 묵직하다[嚴而重]는 뜻이고, 엄숙하다[肅]는 것은 고요하면서 공손하다[靜而恭]는 뜻이다. 따라서 그 둘의 기상은 진실로 똑같지 않다. 마음이 엄격하고 진중하면[嚴重] 몸이 편안하게 펴지고, 마음이 가벼이 풀어지면[輕肆] 몸이 조급하고 어지러워지니[躁擾] 몸으로써 그것을 징험해 보면 쉽게 알 수 있을 것이다."

절효(節孝) 서공(徐公)[5]이 애초에 안정(安定) 호(胡) 선생[6]을 따라 배웠는데 스스로 이렇게 말한 적이 있다.

"처음에 선생을 뵙고서 물러날 때 (나의) 머리 모양이 조금 기울었는데 안정이 갑자기 호통을 치면서 '머리 모양은 곧아야 한다'고 하셨다. 그래서 내가 가만히 생각을 해보니 머리 모양만 곧을 것이 아니라 마음도 곧아야 하는 것이라고 여겨졌다. 그때부터 감히 간사한 마음을 품지 않았다."

가만히 살펴보다 경(經-『예기』를 가리킨다)에서 "예와 악은 잠시 동안이라도[斯須=須臾] 몸에서 떠날[去=離] 수 없다"고 말한 것은 곧 공자의 이른바 "군자라면 밥을 먹는 순간에도 어짊을 어겨서는 안 되고 구차한 때에도, 위급한 때에도 반드시 이와 같이 해야 한다[君子無終食之間違仁 造次必於是 顚沛必於是]"는 말과 같은 것이다. 공자의 가르침[聖學]의 기초는 반드시 이것을 삼가 중요시하니, 대개 외면을 제재하는 것 또한 실은 그 속을 기르기 위함이다. 이제 대략 이 일을 뽑아 붙여서 스스로 경계하는 데 쓰려고 하여 모두 18개 조항을 얻었다.

원성(元城) 유씨(劉氏)[7]가 일찍이 사마공(司馬公-사마천)이 『삼국지(三國志)』에서 조조가 유명(遺命)을 내린 일[8]을 읽고서 이야기했던 바를 들어 손님에게 말하자 그 손님이 "사마온공의 높은 식견이 아니고서는 이런 경지에 미칠 수가 없다"고 했다. 이에 유씨가 말했다.

"이는 다른 것이 아니고 곧 열렬함[誠] 딱 한 마디 때문일 뿐이다. 노(老) 선생은 책을 읽을 때 반드시 의관을 갖추고서 바로 앉아 장중한 얼굴빛을 하여 감히 게으르거나 나태하지 않고 오로지 열렬한 뜻[誠意]으로 책을 읽으셨다. 열렬함이 지극하면 금석문(金石文)도 해석할 수 있는데 하물며 이런 허황한 거짓쯤이야 힐끗 보기만 해도 바로 훤하게 풀어낼 수 있었을 것이다."

상채 사씨가 말했다.

"명도(明道) 선생이 (평소에) 하루 종일 곧바르게 앉아 계신 것이 마치 진흙으로 만든 조각상 같았다. (하지만) 사람들을 접할 때에는 온몸이 다 한 덩어리의 조화로운 기운[和氣]이셨다. 이것이 이른바 '바라볼 때는 엄숙하고 나아가면 온화하다[望之儼然卽之也溫]'[9)]는 것이다.

　　(명도) 선생이 배우는 자들에게 말했다.

　　"그대들은 내가 이렇게 하는 것을 잘 보라. 나는 특히 공력을 쏟는 데[工夫] 힘을 쏟는다."

명도 선생이 말했다.

"나는 글을 쓸 때 심히 삼간다. 이는 글자를 잘 쓰려고 해서가 아니라 단지 이것이 곧 배움이며, 단지 이것이 곧 몸 밖으로 놓아버린 마음[放心]을 (되)찾는 것이기 때문이다.[10)]"

남전(藍田) 여씨(呂氏-여대림)가 말했다.

"횡거(橫渠) 선생이 하루 종일 한 방에 바르게 앉아서[危坐=正坐] 주변에 있는 책을 고개 숙여 읽고 고개를 들어 생각하다가 얻는 바가 있으면 그것을 기록했고, 어떤 때는 한밤중에도 일어나 앉아 촛불을 밝히고서 그것을 썼다. (이처럼) 도리에 뜻을 두고서 정밀하게 생각하는 것[志道精思]이 잠시라도 그친 적이 없었고, 또한 일찍이 잠시도 잊은 적이 없었다."

구산(龜山) 양씨(楊氏)가 말했다.

"적림(翟霖)[11]이 서쪽(부주(涪州)를 가리킨다)으로 유배 가는 이천 선생을 전송하면서 도중에 승방(僧房)에 머물게 되었는데 앉은 자리가 불상과 등지게 되자 선생은 의자를 돌려 등지지 말라고 했다. 적림이 '저 무리(승려)들이 공경하니 (우리도) 또한 공경해야 하는 것인가요?'라고 하자 선생이 말하기를 '(그래서가 아니라) 단지 (불상처럼) 사람의 형체와 모양(形貌)을 갖추고 있으면 곧 그것에 대해서는 마땅히 함부로 해서는 안 되기 때문이다'라고 하였다. 이에 나는 감탄하여 이렇게 말한 바 있다. '공자께서는 '처음에 사람 모양의 인형(俑)을 만든 자에게는 후손이 없을 것'이라고 (욕하여) 말씀하신 바 있다. 이는 사람과 똑같이 만들어 장례에 썼기 때문이었다. 사람과 똑같이 만들어 장례에 쓰게 되면 결국 그것이 극단적으로 오용되어 (뒤에 가서는) 반드시 산 사람을 쓰게 될 것이다. 군자는 어디서건 삼가지 않을 수 없다. 사람과 비슷한 것을 보고서도 소홀히 하지 않는다면 (그것을 통해) 사람을 대하는 자세를 알 수 있다. 만약에 사람과 비슷한 것에 대해 가볍고 소홀하게(輕忽) 보는 마음이 싹튼다면 그것이 극단적으로 오용될 경우 반드시 사람을 가볍고 소홀하게 보는 데 이르게 될 것이다.'"

정자가 말했다.

"여여숙(-여대림)이 6월에 구지(緱氏-낙양의 산 이름)에 오셔서 한가로이 거처하실 때 내가 일찍이 살짝 엿본(窺=省其私) 적이 있는데 (그때마다) 반드시 삼가며 바로 앉아 계셨으니(儼然危坐) 참으로 도탑고 신실하다(敦篤)고 할 만하다. 배우는 자는 모름지기 공손하고 삼가야 한다. 다만 억지로 몰아세워서는(拘迫) 안 된다. 억지로 몰아세울 경우 오래가기 어렵다(難久)."

주자가 말했다.

"배우는 자는 항상 이런 마음을 끌어서 자신을 살피기를(提省) 해가 떠올라 (온 천하를 밝게) 비추듯이 한다면 여러 간사한 것들은 저절로 그칠 것이다. 왜냐하면 이런 마음은 본래부터 스스로 빛나고 밝으며 넓고 크기(光明廣大) 때문이다. (여기에) 자신이 단지 조그마한 힘을 더 써서 나아가 그것을 끌어서 자신을 살피고 비추어 잘 챙기면(照管) 그것으로 된 것이니 굳이 괴롭게 억지로 힘을 쓸(苦著力=着力) 필요는 없다. 괴롭게 억지로 힘을 쓰면 도리어 옳지 못하다."

(정자가) 또 말했다.

"주공염(朱公掞)[12]이 낙양에 있을 때 서재를 갖고 있었는데 양측 벽에 각각 창문이 하나씩 있었고, 창문에는 각각 36개의 창살이 있었다. 한쪽 창에는 하늘과도 같은 도리(天道)의 요체를 썼고, 다른 쪽 창에는 어짊과 의로움(仁義)의 도리를 썼다. 그리고 방 가운데 벽에는 '삼가지 않으면 안 된다(毋不敬)'와 '생각함에 간사함이 없다(思無邪)'를 쓰고서 그 안에서 거처했으니 그 뜻이 참으로 좋다."

주자가 말했다.

"화정(和靖) 윤공(尹公-윤돈)이 한 집에 삼외재(三畏齋)라는 이름을 지었다. 이는 하늘의 명을 두려워하고, 대인(大人)을 두려워하고, 빼어난 이(聖人)의 말씀을 두려워한다는 뜻을 취한 것이다.[13] 말년에는 작은 쪽지에 빼어난 이와 뛰어난 이들이 보여주셨던 '기운을 다스리고 마음을 기르는(治氣養心) 요체'를 손수 써서 집 벽에 붙여놓고 스

스로를 경계했다. 내가 남몰래〔竊〕생각해 보니 예전에 뛰어났던 이들
〔前賢〕은 자신의 다움을 나아가게 하고 몸을 닦기를 게을리하지 않아
죽은 다음에야 그쳤으니 그 마음이 훤하디훤하게 밝았음을 오히려 잘
알 수가 있다."

주자가 말했다.
"진재경(陳才卿)[14]이 '정(程) 선생은 이처럼 조심하고 엄하셨는데
〔謹嚴〕무엇 때문에 (그분의) 여러 제자들은 다 조심하고 엄하지 못합
니까?'라고 묻길래 내가 '정 선생은 그분대로 근엄하셨고 여러 제자들
은 그들대로 근엄하지 않은 것이니 정 선생과 무슨 관련이 있겠는가?'
라고 답해 주었다. 내가 이렇게 말을 해준 것은 재경이 깊이 생각하고
터득하여 그것을 자기 몸에 돌이키기를 마치 침이 몸을 찌르듯이 두
려워하고 분발함으로써 스스로 몸 둘 곳도 없이 왜 그렇게 말한 것인
지 그 깊은 연유를 생각하게끔 하기 위함이었다."

가만히 살펴보다 정 선생의 뛰어난 제자들 중에는 윗글에서 기록했던
양시(楊時), 여대림(呂大臨), 주광정(朱光庭), 윤돈(尹
焞)이 홀로 있음을 삼간 것〔愼獨〕이 근엄했다고 할 만하다. 그런데도
진씨가 마침내 이같이 질문을 했으니 당시에 반드시 무언가 가리키
는 바가 있었을 것이지만 지금은 알 수가 없다.

선생(-주자)이 병환 중에도 사람들을 만나 응대하기를 게을리하지
않자 주변 사람들이 조금은 절제하라고 청하였는데 선생은 큰 소리로
말했다.

"너희들이 게으르니 나도 게으르라고 가르치느냐."

　　주자가 말했다.

　　"나는 평소 생활할 때 게으르지 않았다. 그래서 비록 병이 심하게 들었을 때도 또한 같은 마음으로 예전처럼 일을 하려고 했다. 지금 사람들이 게으른 까닭은 반드시 실제로 겁 많고 나약해서가 아니라 본래 먼저 일을 두려워하는 마음이 있어 겨우 한 가지 일만 만나게 되어도 곧 그 어려움을 미리 생각하고서 해보려고도 하지 않으니 이 때문에 겁 많고 나약한 습관이 생겨서 제대로 일을 하지 못하는 것이다."

　　요진경(廖晉卿-미상)이 어떤 책을 읽어야 하느냐고 청하자 주자가 말했다.

　　"그대는 마음을 풀어놓은 지〔心放〕 이미 오래되었으니 우선 정신부터 거두어 모아야 한다. (『예기』) 「옥조(玉藻)」 편의 아홉 가지 용모〔九容〕[15]를 그대는 자세하게 체득하여 뜻과 생각이 생겨나기를 기다린 다음에 책을 읽는 것이 좋을 것이다. 『변간론(辨姦論)』[16]에 '사람의 실상〔人情〕에 가깝지 않은 일치고 크게 간악하고 간사한 일이 되지 않는 경우가 드물다'고 했다. 나는 늘 이 구절이 너무 지나치다고 생각해 왔는데 이번에 보니 역시 그런 사람이 있었다.[17] 내가 지난 해 강서(江西)를 지날 때 육자수(陸子壽-상산 육구연의 형 육구령)와 마주 앉아 이야기를 하고 있었는데 유순수(劉淳叟-주자의 제자)가 혼자서 뒤편 구석으로 가서 도가의 가부좌하는 법을 배우다가 나에게 질책을 당했다. 나는 그때 '나와 육장(陸丈-육자수)의 말이 들을 만하지 못하겠지만 그래도 (우리가) 몇 살이 더 많은데 어찌하여 이처럼 괴이한 짓거리를 하는가?'라고 꾸짖어주었다."

진재경이 하루는 주자 선생을 모시고서 식사를 하는데 선생이 말했다. "단지 『주역』(이(頤) 괘(䷚) 풀이)에 나오는 '음식을 절제하라(節飲食)〔절 음식〕는 세 글자도 사람들이 일찍이 실천하지 못한다."

(제자) 섭하손(葉賀孫)[18]이 물음을 청할 때 목소리가 뒤에 가서 낮아져 선생이 잘 듣지 못하였다. 그 때문에 이렇게 말했다.
"그대의 고향 사람들은 뭐 때문에 목소리의 기운이 모두 이와 같아서 말을 시작하는 부분만 말을 하다가 뒤에 가서는 게을러지는가? 공자께서 말하기를 '(군자는) 그 말하는 바를 들어보면 알 수 있다'고 하셨다. 그대가 단지 이렇게 어물거리면 결국에 가서 도리와 이치(道理)〔도리〕를 보는 것이 분명치 못해 장차 점점 어두운 곳으로 빠져들어가 흐리멍덩하게 되고, 그 결과 바르고 크며 빛나고 밝은 데(正大光明)〔정대 광명〕 이르지 못할 것이다. 말이란 모름지기 한 글자는 한 글자가 되고, 한 구절은 한 구절이 되게 해서 곧 그것의 옳고 그름을 볼 수 있게 해야 한다."

배우는 자가 있었는데 그가 매번 서로 읍(揖)하는 예를 마치고 나면 곧장 왼손을 소매 속에 움츠려 넣었다. 이에 선생이 말했다.
"그대는 항상 한쪽 손을 움츠리고 있으니 이는 어째서인가? 그것은 행동거지를 바르게 하는 모양은 아닌 것 같다."

(선생을) 모시고 앉았다가(侍坐)〔시좌〕 피곤하여 조는 자가 있었다. 이에

선생이 그를 꾸짖었다. 그것을 본 심경자(沈敬子-미상)가 "불가(佛家)에서는 말하기를 '항상 이 마음을 일깨워 굳건하고 강하게 하면 앉는 자세가 저절로 곧아지고, 정신 또한 어둡거나 피곤하지 않으며, 잠깐이라도 마음을 놓아버릴 경우 곧바로 멍하여 쓰러진다'고 했습니다"라고 말하자 선생이 말했다.

"참으로 옳다."

(주자) 선생이 창문 바르는 것을 보다가 말씀하시기를 "조금이라도 가지런하지 못하면 곧 도리라고 할 수 없다"고 했다. 이에 주계역(朱季繹-미상)이 "보기 좋게 하려면 밖에서 발라야 합니다"고 하자 황직경(黃直卿)이 "이는 스스로를 속이는[自欺] 실마리다"고 말했다.
_{자기}

가만히 살펴보다 옛날의 바른 사람들[先正=先賢]은 스승과 동학이 평범
_{선정 선현}
한 일상생활 속에서 털끝만큼이라도 감히 자신을 풀어놓지 않는 것이 이와 같았다. 이런 유형들을 보면서도 조금도 두려워하지 않고서 마음으로 스스로를 경계하지 않는 자가 있다면 그런 사람이야말로 참으로 자포자기한 사람이니 더불어 뜻있는 일[有爲]
_{유위}
을 할 수가 없다.

서산 진씨가 말했다.

"옛날의 군자는 예와 악을 몸과 마음을 다스리는 근본으로 삼았다. 그래서 예악을 잠시라도 몸에서 떠나지 않게 했던 것이다. 다함/다하다[致=盡]는 지극함이 극에 이른 것을 말한다. 음악의 소리[樂之音]가
_{치 진}   _{악 지 음}
서로 어울려 편안하고 적중하며 바르니[和平中正] 이것을 다하여 마
_{화 평 중 정}

음을 다스린다면 조화롭고 곧으며 사랑하고 신실한[易直子(慈)諒] 마음이 뭉게뭉게 생겨나 저절로 그치게 할 수 없을 것이다.

생겨나면 즐겁다[生則樂]는 것은 좋은 실마리가 싹트니 저절로 기뻐지는 것이요, 즐거우면 편안하다[樂則安]는 것은 즐거워진 연후에야 편안할 수 있다는 것이요, 편안하면 오래간다[安則久]는 것은 편안해진 연후에야 (어떤 일이건) 오래 할 수 있다는 것이요, 오래가면 하늘이다[久則天]는 것은 완전히 하늘의 이치대로 이루어져서 억지로 사람이 힘쓰는 바가 없다는 것이요, 하늘이면 신령스럽다[天則神]는 것은 변화에 일정한 방향이 없어[無方] 헤아릴 수가 없다는 것이다. 하늘이 비록 무슨 말을 하지야 않겠지만 사람들이 저절로 하늘을 믿는 것은 그것이 어긋나지 않기 때문이요, 신령스러움이 비록 무슨 노여움을 표하지야 않겠지만 사람들이 저절로 신령스러움을 두려워하는 것은 그것을 잴 수가 없기 때문이다. 생겨남, 즐거움, 오래감, 편안함은 맹자의 이른바 좋음[善], 믿음[信], 아름다움[美], 큼[大][19]과 같아서 하늘과 신령스러움에 이르면 크게 되어 바뀌게 되는[化] 것이다.

예는 공손함, 검소함, 물러섬, 몸을 낮춤[恭儉退遜]을 근본으로 삼으면서 마디마디 맺고 끊음과 애씀[節文] 및 제도와 절차[度數=制度品數]로 세분화된다. 따라서 이것을 다하여[致] 몸을 다스리면 저절로 장중하고 삼가게 되며[莊嚴=莊敬], 장중하고 삼가면 저절로 엄숙함과 위엄[嚴威]이 갖춰진다.

무릇 예와 악은 하나인데 예로써 몸을 다스리는 것은 엄숙함과 위엄에 이르고 그칠 뿐이어서 악으로써 마음을 다스리는 것이 하늘의 이치와 통하고 능히 신묘함에 이르는 것만 못하니 그것은 어째서인가? 대개 하늘이란 스스로 그러한 것[自然]을 가리킨다. 몸을 다스려 엄숙함과 위엄에 이르는 것 또한 스스로 그러한 것이니 그 효험이 일찍이 같지 않은 것은 아니다. 다만 악은 사람에게 있어서 능히 그 기질을 변화시켜 그 찌꺼기를 사라지게 하고 녹여낸다. 그래서 예로써 밖을 고분고분하게 하고(順) 악으로써 안을 서로 어울리게 하는(和) 것이니 이는 겉과 속을 서로 기르는 공부인데 (아무래도) 마음속(中=心)을 기르는 것이 사실상 주가 된다. 그렇기 때문에 유학에서 가르침은 예로써 세우고(立) 악으로써 이루는(成) 것이니 예를 기록한 자가 그 효험을 미루어 헤아려 밝히기를 진실로 이와 같이 지극히 했을 뿐이다.

이에 또 말하기를 '몸과 마음에 주인이 없으면 간사함이 쉽게 올라탄다. 속마음(中心)이 잠시라도 화락(和樂)하지 못하면 비루하여 속이려는(鄙詐) 마음이 그 속으로 들어오고, 겉모습이 잠시라도 장중하지 못하고 삼가지 않는다면 쉽게 함부로 하려는(易嫚) 마음이 그 속으로 들어온다'고 했으니 좋음과 나쁨(善惡)이 서로 사라지게 하고 자라나게 하는 것은 마치 물과 불 같아서 이것이 성하면 저것이 쇠한다. 비루하여 속이려는 것과 쉽게 함부로 하려는 것은 둘 다 원래 마음에 있는 것이 아닌데도 이것을 마음이라고 부른 것은 서로 어울리고 즐거워하는 마음이 보존되지 않으면 비루하여 속이려는 것이 들어와서 주인이 되고, 장엄함과 삼감이 세워지지 않으면 쉽게 함부로 하려는 것이 들어와서 주인이 되기 때문이다. 이미 들어와서 주인이 된다면 그것이 마음이 아니고 무엇이겠는가? 진흙 자체는 물이 아니지만 흔들어서 흐려진 것도 이 역시 (흙탕)물인 것과 같으니 바로 이것이 예와 악을 잠시라도 몸에서 떠나게 해서는 안 되는 까닭이다."

1) 남송시대의 학자로 이정(二程)의 학설을 따랐다. 관직 생활을 하면서 이정 선생의 말을 기록해 사설(師說)을 지었는데 주희도 그 방대함을 높이 평가했다.

2) 옛날에 옥은 군자의 상징물이었다.

3) 이것은 여본중의 말이다.

4) 『맹자집주』를 말한다.

5) 북송 사람 서적(徐積, 1028~1103년)을 가리킨다. 중년에 귀가 먼 후, 교유를 단절하고 은거했지만 세사(世事)를 잘 알았다. 어릴 때부터 매일 시 한 수씩을 지었고, 마을 사람들은 분쟁이 생기면 그에게 와서 자문을 구했다. 『시경』『춘추(春秋)』『예기』를 고증하고 주석했으며, 저서에 『절효집(節孝集)』『절효어록(節孝語錄)』이 있다.

6) 북송 사람 호원(胡瑗, 993~1059년)을 가리킨다. 호산파(湖山派)의 영수로 흔히 안정(安定) 선생으로 불렸다. 범중엄(范仲淹)의 추천으로 교서랑이 되었다. 저서에 『논어설(論語說)』『홍범구의(洪範口義)』 등이 있다.

7) 북송 사람 유안세(劉安世, 1048~1125년)를 가리킨다. 사마광(司馬光)에게 수학했는데, 사마광이 재상이 되자 추천을 받아 비서성정자(秘書省正字)가 되었다. 또 여공저(呂公著)의 추천으로 우정언(右正言)이 되었다. 강직해서 장돈(章惇)과 채확(蔡確), 범순인(范純仁)을 탄핵했는데, 장돈이 집권하자 영주(英州)에 안치되었다가 해주(海州)로 옮겨지는 등 정치적 부침을 겪었다. 상수학(象數學)과 의리학(義理學)을 겸하여 『주역』을 연구해야 한다는 주장을 폈다. 저서에 『원성어록(元城語錄)』『진언집(盡言集)』『행록(行錄)』 등이 있다.

8) 조조가 죽으면서 유언을 남겼는데, 그 내용을 얼핏 보면 마치 황제의

자리에 대한 욕심이 없는 듯이 보이지만 실은 그런 욕심을 교묘하게 숨긴 사실을 가리킨다.

9) 『논어』에 나오는 구절이다.

10) 놓아버린 마음을 되찾는다〔求放心〕는 것은 맹자의 용어다.

11) 정이천의 제자로 보이는데 정확히 누구인지 알 수가 없다.

12) 정이천의 제자 주광정(朱光庭, 1037~1094년)을 가리킨다.

13) 이는 『논어』 「계씨」 8에 나오는 공자의 말이다. 공자는 말했다. "군자에게는 두려워해야 할 세 가지가 있다. 천명을 두려워해야 하고, 대인을 두려워해야 하고, 빼어난 이의 말씀을 두려워해야 한다〔君子有三畏 畏天命 畏大人 畏聖人之言〕."

14) 송나라 학자 진문울(陳文蔚)을 가리킨다. 주자의 제자로 연산(鉛山)에서 강학했으며, 저술은 그 스승의 뜻을 이었다. 높은 풍취와 우아한 지조는 세상 사람들의 추앙을 받았다.

15) 아홉 가지는 다음과 같다. "발 모양은 묵직하게 하고〔足容重〕, 손 모양은 공손하게 하고〔手容恭〕, 눈 모양은 반듯하게 하고〔目容端〕, 입 모양은 다물어야 하고〔口容止〕, 목소리는 정숙하게 하고〔聲容靜〕, 머리 모양은 곧게 하고〔頭容直〕, 숨 쉬는 모양은 엄숙해야 하고〔氣容肅〕, 서 있는 모양은 자신에 맞아야 하고〔立容德〕, 얼굴 모양은 장엄해야 한다〔色容莊〕."

16) 송나라의 소순(蘇洵, 1009~1066년)이 지은 책으로 제목의 의미는 간사한 자를 분별해 내는 법을 담고 있다는 뜻이다. 여기서 간사한 자란 특히 신법을 주창했던 왕안석을 가리킨다.

17) 소순의 말이 들어맞았다는 뜻이다.

18) 주희를 사사했다. 훗날 주문공 어록을 편집했다.

19) 이것은 맹자가 『맹자』「진심 장구(盡心章句)」에서 한 말이다. "(사람들이) 하고 싶어 하는 것을 좋음, 그런 좋음을 자기 몸에 갖고 있는 것을 믿음, 그것을 빈틈없이 꽉 채운 것을 아름다움, 빈틈없이 꽉 채워 빛이 훤하게 비치는 것을 큼, 커서 그것을 바꿔 이뤄내는 것을 빼어남, 빼어나서 도저히 그것을 알 수가 없는 것을 신령스러움이라 한다〔可欲之謂善 有諸己之謂信 充實之謂美 充實而有光輝之謂大 大而化之之謂聖 聖而不可知之謂神〕."

17

군자가 실상을 회복하여
뜻을 조화롭게 하다

『예기』「악기」

군자는 실상을 회복함으로써[反=復] 뜻을 조화롭게 하고, (좋은) 무리들과 비교함으로써 그 행실을 이룬다. 간사한 소리와 (정색(正色)을) 어지럽히는 색을 귀 밝음과 눈 밝음[聰明]에 머물러 있게 하지 않으며, 음탕한 음악과 간사한 예를 마음에 접하게 하지 않고, 게으르고 간사한 기운이 몸에 퍼지지 않게 하여 눈과 귀와 입과 코, 그리고 마음의 지각과 온몸으로 하여금 모두 다 고분고분 바름을 따르게 해서[順正] 의로움을 행한다.

君子 反情以和其志 比類以成其行 姦聲亂色 不留聰明 淫樂慝禮不接
군자 반정 이 화 기지 비류 이 성 기행 간성 난색 불류 총명 음악 특례 부접

心術 惰慢邪僻之氣不設於身體 使耳目鼻口心知百體 皆由順正以行其義
심술 타만 사벽 지 기 불설 어 신체 사 이목비구 심지 백체 개 유 순정 이 행 기의

眞 공씨(-공영달)가 말했다.

"실상을 회복한다〔反情〕는 것은 감정과 욕망〔情欲〕을 돌이켜
없애는 것이요, 무리들과 비교한다〔比類〕는 것은 좋은 부류〔善類〕에
비추어 자신을 헤아리는 것〔擬〕이다."

程 장자(張子-장횡거)가 말했다.

"희롱하는 말〔戲言〕은 그런 생각에서 나오고, 희롱하는 짓〔戲動〕은 그런 꾀에서 빚어진다. 소리로 나오고 온몸으로 드러나는데도 그것이 자신의 마음이 아니라고 한다면 그것은 밝다〔明〕고 할 수 없고, 남들이 자신을 의심하지 않기를 바란다면 그것은 될 수 없는 것이다. (반면에) 지나친 말〔過言〕은 본래 마음이 아니요, 지나친 짓〔過動〕은 진심에서 나온 것이 아니다. 소리를 내는 데 잘못하고 온몸을 움직이는 데 잘못해 놓고도 자신의 잘못이 마땅하다고 한다면 그것은 자신을 속이는 것〔自誣〕이고, 남들도 자신을 따라주기를 바란다면 남을 속이는 것〔誣人〕이다.

어떤 사람은 마음에서 나온 것을 허물을 돌려 자기 자신의 희롱이라 말하고, 생각에서 잘못된 것을 스스로 속여 자기 자신의 열렬함이라 말한다. 이리하여 자기에게서 나온 것을 경계하고 자기에게서 나오지 않은 것에 허물을 돌릴 줄을 모르니 오만함이 자라게 만들고, 또 그릇됨을 이룬다. 지혜롭지 못함이 이보다 심할 수 있겠는가?"

주자가 말했다.

"횡거가 배운 공력〔學力〕이 남들보다 훨씬 뛰어나서 그 허물을 고치는 데 더욱 용감했지만 오직 희롱하는 것만은 해롭지 않다고 여겼다. 그런데 하루는 갑자기 '사람들의 모든 허물은 오히려 알지 못하는 데서 나와 그것을 (아무 생각 없이) 하는 것이지만 희롱의 경우에는 모두 마음을 실어서 하는 것이니 그 폐해가 더욱 심하다'고 말하고는 『동명(東銘)』을 지었다."

희롱하는 말과 희롱하는 짓거리는 비록 간사한 소리나
어지러운 얼굴 빛[姦聲亂色-좋지 않은 음악이나 음란한
간성 난색
여색]과는 거리가 있다. 그러나 계속 한 방향으로 흘러가서 그것을 단
속할 줄 모르게 되면 실상을 회복하며 뜻을 조화롭게 하여[反情
반정
和志] 고분고분하고 바른 경지에 이르기를 구하더라도 그렇게 될 수
화지
가 없게 된다. 이 때문에 장자가 그것을 통렬하게 끊어버린 것이니 배
우는 자는 더욱 스스로를 경계하지 않으면 안 될 것이다.

(장자가) 또 말했다.

"희롱과 말장난[戲謔]은 단지 일을 해칠 뿐만 아니라 마음의 뜻도
희학
휩쓸리게 만든다. 따라서 희롱과 말장난을 하지 않는 것 또한 뜻의 기
운을 지키는 하나의 방법이다."

　서산 진씨가 말했다.

　"한자(韓子-한유)가 장적(張籍)에게 보낸 편지에서 이렇게 적
었다. '옛날에 공자께서도 오히려 희롱한 바가 있었고, 『시경』에
'희롱과 말장난을 잘함이여! 해롭다 할 수 없다[善戲謔兮 不爲虐
선 희학 혜 불위 학
兮]'고 했으며, 『예기』에 '잡아당기기만 하고 풀어주지 않으면 문
혜
왕이나 무왕이라도 능히 나라를 다스릴 수 없다[張而不弛 文武
장 이 불이 문무
不能也]'고 한 것을 보면 (희롱이) 어찌 도리를 행하는 것에 해롭
불능 야
겠는가?'

　그런데도 장자가 이렇게 말씀한 것은 어째서이겠는가? 공자가
소 잡는 칼을 말씀하신 것은 단지 자유(子游)에게 말씀하신 것
인데 바르게 말씀하신 것[正言]이 아니기 때문에 희롱이라고 말
정언

씀했을 뿐이고, (『시경』에서) 무공의 희롱에 대해 '잘함이여!', '해롭다 할 수 없다'고 한 것은 어우러지면서도 절도가 있었다〔和而有節〕는 것을 알 수 있다. 또 (『예기』에서) 백일의 납향제사 때 하루의 은택을 내려준 것은 이 날만이라도 백성들이 마음껏 잔치를 벌여 즐기도록 내버려둠으로써 그 수고로움을 쉴 수 있게 해준 것이니 그것은 문왕과 무왕이 스스로 희롱한 것은 아니다. 장자 자신에 대해 말하자면 뜻을 지키고 기운을 기르는 노력이 엄격하여 혹시라도 희롱하는 말과 희롱하는 행동이 자신의 뜻과 기운을 해치게 될까 봐 두려워했다. 그래서 이미 『동명(東銘)』을 지었고, 또 이런 말을 한 것이다.

따라서 배우는 자는 진실로 그것들을 몸으로 체화해 희롱과 말장난을 할 때 그 뜻하는 바가 기분에 따라 흘러가지 않도록 살핀 다음에야 장자의 말이 참으로 약돌〔藥石〕이라는 것을 알게 될 것이다. 따라서 공자와 무공의 말씀을 빙자해서 스스로 핑계를 지어서는〔自諉〕 안 될 것이다."

상채 사씨가 말했다.

"교언영색(巧言令色)만으로는 (그 사람이 어진 사람인지를) 알아내는 것이 참으로 어렵다.[1] 『예기』(「표기(表記)」)에서는 '속마음은 거짓됨이 없도록 노력하고 말은 잘 가려서 하려고 해야 한다〔情欲信 辭欲巧〕'고 했고, 『시경』(「대아」 편 '증민(蒸民)')에서는 중산보(仲山甫)의 사람됨〔德〕을 칭찬하여 멋진 거동과 멋진 낯빛〔令儀令色〕이라고 했다. 그렇다면 『예기』에서 말한 '속마음은 거짓됨이 없도록 노력하고 말은 잘 가려서 하려고 해야 한다'는 것도 진실로 어짊이 드문 것이고, 중산보의 사람됨도 진실로 어짊이 드문 것인가? 성인(聖人-공자)이 말한 '겸손으로 올바름을 (말을 통해) 드러낸다〔孫以出之〕'[2]는 것도 말을 진실로 잘 가려서 하는 것이요, '(비로소) 안색을 펴서 화평한 표정을 지었다〔逞顔色怡怡如也〕'[3]는 것도 얼굴빛을 좋게 하는 것이니 어찌 말을 잘하고 얼굴빛을 좋게 한다고 해서 곧바로 그런 사람들은 어진 경우가 드물다고 말할 수 있겠는가? 소인의 경우에는 일찍이 고자질하는 것을 곧다〔直〕고 여기니[4] 어찌 일찍이 말을 잘하겠으며, 또 비록 속은 나약하면서 얼굴빛은 엄한 듯 하는 것〔內荏而色厲〕을 어찌 일찍이 얼굴빛이 좋다고 하겠는가? 그렇다면 무엇이 말을 잘 가려서 하는 것〔巧言〕이고, 무엇이 좋은 얼굴빛〔令色〕이 되는가? 만약에 말의 기운〔辭氣〕이 나올 때 비루함과 도리에 위배되는 것을 능히 멀리할 줄 안다면 이는 곧 (교언영색하는 사람 중에서 어진 자와 그렇지 못한 자를) 아는 것이다. 따라서 이것은 마땅히 배우는 자라면 깊이 생각하고 힘써 찾아야 할 것이요, 언어로써 말할 수 있는 것은 아니다."

주자가 말했다.

"외모와 말의 기운의 사이〔間〕가 바로 배우는 자가 잡아 기르면서〔持養〕 힘을 써야 하는 지점이다. 그러나 말을 잘 가려서 하고 얼굴빛을 좋게 하는 데〔巧令〕 뜻을 두고서 사람들의 눈과 귀〔觀聽=耳目〕를 기쁘게 하려 한다면 마음은 밖(의 일이나 사물)으로 내달리게 되어 어진 경우가 드물게 된다〔鮮仁〕. 만일 이쪽으로 나아가 잡아 기르면서 말을 낼 때에 조급함과 경망스러움을 금하고, 몸을 움직일 때에는 반드시 온화하고 공손하여〔溫恭〕 다만 자신의 '삼감으로 안을 곧게 하고 의로움으로 밖을 반듯하게 하

는〔敬以直內 義以方外〕’ 실상을 체득한다면〔體當=體得=體認〕 그
것이 바로 자신을 위한 공부이자 어짊을 찾아내는 요점이니 다
시 무슨 폐단이 있겠는가? 그렇기 때문에 공자가 안연에게 극기
복례(克己復禮)의 실천조목을 말씀해 주신 것이 보고 듣고 말하
고 행동하는 것〔視聽言動〕의 사이를 벗어나지 않았고, 증자가 장
차 죽음을 앞두고서 했던 좋은 말〔善言〕도 몸가짐과 얼굴빛 그
리고 말의 기운〔容貌顏色辭氣〕 세 가지를 벗어나지 않았다. 공자
가 말한 ‘겸손으로 올바름을 (말을 통해) 드러낸다〔孫以出之〕’는
것도 말을 잘하고자 하는 것이니 또한 이 둘과 같은 것이다. 중
산보의 사람됨〔德〕이 부드럽고 아름다워〔柔嘉〕 모범이 될 만하며,
거동을 잘하고 얼굴빛을 잘한 것〔令儀令色〕은 크게 뛰어난 자
〔大賢〕의 다움을 이루어낸〔成德〕 행실로서 (공자가 말한 겸손으로
올바름을 드러낸다는 것보다는) 더 나아간 것이다. 그러나 공자가
‘안색을 펴서 화평한 표정을 지은 것’은 바로 (공자 같은) 빼어난
이가 몸을 움직이고 일을 위해 두루 마음 쓰는 바〔動容周旋〕가
예에 딱 맞는 것이니 또한 중산보가 미칠 수 있는 경지가 아니
다. 소인들이 고자질하는 것을 정직하다고 여기며, 얼굴빛은 엄
하나 속마음이 나약함에 이르러서는 비록 교언영색하는 자와 같
지는 않지만 실상을 속여 거짓을 꾸미는 마음을 잘 따져본다면
실로 교언영색함이 심한 자이다. 그 때문에 공자 같은 빼어난 이
는 이것을 미워했던 것이다.

　사상채(謝上蔡)가 이와 관련해 그것이 그렇게 된 까닭〔所以然〕
을 분명하게 말하지 않은 것은 장차 배우는 자들로 하여금 스스
로 깊이 찾아서 알게 하고자 했기 때문이다. 그러나 지금 배우는

자들은 아득하여 알 수 없는 가운데에 돌이켜 찾아서 잃어버리는 바가 더욱 심하다. 그래서 (나는) 이것을 자세히 논하여 배우는 자들로 하여금 지나치게 생각하고 힘써 찾는 수고로움이 없이 (곧장) 힘쓰는 기미를 살필 수 있게 한 것이다."

가만히 살펴보다 빼어나고 뛰어난 이들[聖賢]이 교언영색(巧言令色)과
성현
간성난색(姦聲亂色)을 논한 것들을 찾아 마땅히 참고하여 살펴보아야 할 것이다.

주자가 말했다.

"(공자가 안회에게 말한) '예가 아니면 절대 보지도 말고, 듣지도 말라[非禮勿視勿聽]'는 것은 곧 이른바 '간사한 소리와 어지럽히는 얼굴
비례 물시 물청
빛이 귀 밝음과 눈 밝음에 머물게 하지 말라'는 것이요, '음탕한 음악과 간사한 예를 마음에 접하게 하지 않는다'는 것이니 이는 귀로 듣는 바가 없고, 눈으로 보는 바가 없는 것이 아니다."

남헌 장씨가 말했다.

"옛사람들은 의관(衣冠)과 몸가짐[容止] 사이에 뜻을 두고서 어떻게
용지
든 그것을 지키려고 한 것이 아니라 단지 저 하늘의 법칙이 이와 같아야 함을 따른 것일 뿐이다. 평소에는 낡은 습관에 얽매여 선뜻 자신을 바꾸지 못하고[因循] 게을러 늘어져 있기[怠弛] 때문에 모름지기 크게
인순   태이
애써 힘써서[勉强] 스스로를 잡아 지키는 것이다. (따라서) 겉모양이
면강
엄숙하지 못하면서 내면적으로 능히 삼갈 수 있다고 말하는 것이 가능하겠는가?"

또 말했다.[5]

"예로부터 빼어나고 뛰어난 이들이 일상적 생활의 공부〔下學〕를 논한 것을 자세하게 고찰해 보면 의관을 바로하고 용모를 엄숙히 하는 것을 우선적으로 하지 않은 것이 없었다. 대개 반드시 이와 같이 한 연후에야 (마음이) 지켜지는 바를 얻게 되어 그릇되고 치우친 것〔邪僻〕으로 흐르지 않을 수 있다. 『주역』에서 말하는 '그릇됨을 막아 그 열렬함을 지킨다〔閑邪存其誠〕'는 것과 정이천이 말한 '밖을 다스려 그 속마음을 길러낸다〔制之於外以養其中〕'는 것이 바로 이것이다."

서산 진씨가 말했다.

"군자가 스스로를 기르는 방법은 다름 아니라 안과 밖이 서로 그 공력을 지극히 하는 것뿐이다. 그래서 '간사한 소리와 (정색〔正色〕을) 어지럽히는 색을 귀 밝음과 눈 밝음〔聰明〕에 머물러 있게 하지 않는다'는 것은 그 밖을 기르는 방법이요, '음탕한 음악과 간사한 예를 마음에 접하게 하지 않는다'는 것은 그 안을 기르는 방법이다. 따라서 밖에서 음악과 여색의 유혹〔誘〕이 없으면 안도 바르게 될 것이요, 안에서 음탕하고 간사한 미혹〔惑〕이 없으면 밖도 바르게 될 것이다. 게으르고 남을 업신여기는 기운〔惰慢之氣〕은 절로 안에서 나오고, 그릇되고 치우친 기운〔邪僻之氣〕은 밖에서 들어오는 것이니 이 두 가지가 몸에 베풀어지게 해서는 안 된다. 이렇게 공력을 쏟는다면 밖으로 눈, 코, 입, 귀와 두 손발 그리고 온 몸체와 내적인 마음의 지각〔心知〕이 모두 다 순하고 바름〔順正〕을 따라서 그 의로움을 행할 것이다. 이리하여 스스로를 기르는 공력은 끝마치게 된다."

동회택(東匯澤) 진씨(陳氏)⁶⁾가 말했다.

"실상을 회복한다〔反情〕는 것은 그 감정과 본성〔情性〕의 바름을 회복하는 것이다. 실상이 그 바름을 잃지 않으면 뜻이 조화를 이루지 않는 바가 없고, (좋은) 무리들과 비교한다〔比類〕는 것은 좋은 부류와 나쁜 부류를 나눠 서열을 매기는 것이니 나쁜 부류에 들어가지 않는다면 행실이 이뤄지지 않는 바가 없을 것이다. 머물러 있게 하지 말라 하고, 마음에 접하게 하지 말라 하고, 베풀지 말라 한 것은 『논어』에서 말한 네 가지 해서는 안 되는 것들〔四勿〕과 같은 것들이니 모두 다 감정과 본성의 바름을 회복하고 부류를 나눠 서열을 매기는 일이다. 이와 같이 한다면 온몸 구석구석〔百體〕이 명을 따라 의로움을 행하게 될 것이다. 이 한 절은 곧 배우는 자가 몸을 닦는 중요한 방법〔要法〕이다."

1) 우리는 흔히 '교언영색'이라고 하면 곧 어질지 않다, 혹은 아첨한다의 뜻으로 새긴다. 그러나 여기서 '교언영색만으로는 알아내는 것이 참으로 어렵다'는 사씨의 표현을 유념해서 볼 필요가 있다. 일단 어진 사람도 교언영색을 하지만 속마음은 그렇지 않으면서 교언영색하는 사람이 있기 때문에 교언영색만으로는 그중에서 어진 사람을 찾아내기가 어렵다는 문맥으로 봐야 한다. 이하의 논의는 이렇게 이해할 때 정확하게 그 문맥이 이해된다. 그러나 주희를 포함한 대부분의 유학자들은 교언영색을 부정적으로 해석했다.

2) 이 말은 『논어』 「위령공」 편에 나오는 말의 한 부분이다. 전문은 이렇다. "군자는 올바름을 바탕으로 삼아 예로써 올바름을 행하고, 겸손으로 올바름을 드러내며, 믿음〔信〕으로써 올바름을 이루니 이러해

야 바로 군자라 할 수 있다〔君子 義以爲質 禮以行之 孫以出之 信以成之
君子哉〕."

3) 이 말은 『논어』「향당(鄕黨)」편에 나오는 말이다.

4) 이 말은 『논어』「자로(子路)」편에 나오는 다음과 같은 섭공과 공자의
대화를 염두에 둔 것이다. 섭공이 공자에게 말했다. "우리 당에 정직하
게 행동하는 궁이라는 사람이 있으니 그의 아버지가 양을 훔치자 그는
아버지가 훔쳤다는 것을 증언하였습니다." 이에 공자는 말했다. "우리
당의 정직한 자는 이와는 다릅니다. 아버지는 자식을 위하여 숨겨주고
자식은 아버지를 위하여 숨겨주니 곧음이란 바로 이 가운데 있는 것입
니다〔孔子曰 吾黨之直者 異於是 父爲子隱 子爲父隱 直在其中矣〕."

5) 이런 경우에는 자연스럽게 남헌 장씨의 말이 되는데, 실은 주희가 여
백공에게 보낸 편지를 착각한 것이다. 즉 이 말의 주인공은 주희다.

6) 원나라 진사개(陳師凱, 생몰년 미상)를 말하며, 저서로 『상서채전방통
(尙書蔡傳旁通)』이 있다.

18

군자가 그 도리를 얻는 것을
즐거워하다

『예기』「악기」

군자는 그 도리를 얻으면 즐거워하고, 소인은 그 욕망(욕심)을 얻으면 즐거워한다. 도리로써 욕망을 제재하면 즐거우면서도 어지럽지 않지만, 욕망에 빠져 도리를 잊으면 혹 빠져들게 되어도 즐겁지는 않다.

君子樂得其道 小人樂得其欲 以道制欲則樂以不亂 以欲忘道則惑而
군자 낙 득 기도　소인 낙 득 기욕　이 도 제욕 즉 낙 이 불난　이 욕 망도 즉 혹 이

不樂
불락

眞 정씨(-정현)가 말했다.

　　"도리란 어짊과 의로움〔仁義〕을 말하는 것이고, 욕망이란 어긋남과 벗어남〔淫邪〕을 말하는 것이다.

　　정자(程子)가 말했다.

"사람이 비록 욕망이 없을 수는 없다. 그러나 마땅히 그것을 제재하는 바는 있어야 한다. 제재하는 바가 없이 오로지 욕망만을 따른다면 사람의 도리는 없어지게 돼 짐승으로 떨어진다."

程 여여숙이 말했다.

"일찍이 조정에 몸담고 있던 한 선비가 오랫동안 백순(伯淳-정명도)을 만나지 못하다가 (백순을 만나서) 말하기를 '백순은 귀 밝고 눈 밝음[聰明]이 이와 같은데도 어떤 연유로 여러 차례에 걸쳐 끝내 머리를 돌려[回頭] 조정에 오지 않는 것인가?'라고 하자 백순은 '머리를 돌렸다가 망가질까 봐[錯] 두려워서다'라고 답했다."

가만히 살펴보다 욕망을 얻으면 즐거워한다는 것은 그 뜻[意]이 마음이 풀려 마구잡이로 돌아다니는 것[放縱]을 편안하게 받아들이고[安] 명예와 검박함을 가벼이 여기는 데 지나지 않는다. 하지만 (『서경』「다방(多方)」에서) 이른바 "(빼어난 사람이라도) 생각하지 않으면 광인(狂人)[1]이 된다[罔念作狂]"는 것이 바로 여기에 기인한다. 이제 네 조목을 뽑아서 붙이니 배우는 자라면 통렬하게 경계하지 않으면 안 될 것이다.

어떤 사람이 이천 선생을 위로하며 "선생께서는 예를 삼간 지 사오십 년이 되었으니 진실로 심히 힘들고 괴로웠겠습니다[勞且苦]"라고 하자 선생이 말했다.

"나는 날마다 (내 마음이) 편안한 곳[安地]을 밟으니[履] 무슨 힘듦과 수고로움이 있겠는가? (오히려) 다른 사람들이 날마다 위태로운 곳[危地]을 밟으니[踐] 마침내 힘들고 괴로운 것[勞苦]이다."

주공염(朱公掞)[2]이 어사가 되어 홀(笏)을 가지런히 잡고서 바르게 서서 엄하고 군건하게 하자[嚴毅] 다른 사람들이 (감히) 범할 수 없었다. 그리하여 같은 반열에 있는 사람들이 다 숙연해지니 소자첨(蘇子瞻)이 사람들에게 말했다.

"언제쯤이나 이 경(敬) 자를 쳐서 깨트릴 수 있을까?"[3]

왕신백(王信伯)[4]이 말했다.

"이천 선생이 하루는 우연히 진소유(秦少游)[5]를 만나 '하늘이 만약에 아신다면 하늘도 수척해지리라'고 한 것이 그대의 글인가라고 물었다. 진소유는 이천이 자신의 글을 칭찬하는 것이라 여기고서 손을 모으고 공손하게 감사의 인사를 올렸다. 이에 이천 선생이 말씀하시기를 '하늘〔上穹＝上天〕은 존엄하시거늘 어찌 쉽사리 업신여길 수 있겠는가?'
    상궁   상천
라고 하니 진소유의 낯빛〔面色＝顔色〕이 불그스레〔騂然〕[6]해졌다."
    면색   안색   성연

장자가 말했다.

"정(鄭) 나라와 위(衛) 나라의 음악은 슬프고 애처로워서〔悲哀〕 사
                                        비애
람들로 하여금 뜻하고 생각하는 바〔意思〕가 (그 음악에) 머물러 (다른
                       의사
바람직한 곳으로) 떠나가지 못하게 하고〔留連〕, 또 게으르고 나태한 뜻
                         유련
〔怠惰之意〕이 생겨나게 하여 그 결과 잘난 척하고 음탕한 마음에 이르
  태타 지 의
게 한다. 아무리 진귀한 보배나 기이한 재화라도 처음에 사람을 현혹
시키는 바가 진실로 이처럼 간절하지는 않다. 그래서 이로 말미암아
끝을 모르는 기호(嗜好)가 생겨나게 만든다. 이 때문에 공자께서는 이
음악들을 추방하신 것이니 실은 공자께서도 직접 이런 경험을 하셨던
것이다. 다만 (공자처럼) 빼어난 이는 능히 마음이 외물(外物) 쪽으로
옮겨가지 않도록 하셨을 뿐이다."

무이(武夷) 호씨(胡氏)[7]가 말했다.

"『춘추좌씨전(春秋左氏傳)』에서 '공손오(公孫敖)가 거(莒) 나라로 도망친 것은 기씨(己氏)를 따른 것이다'라고 했다.[8] 남녀란 사람의 큰 욕망이 있는 것이다. 욕망을 적게 하는 것〔寡欲〕은 마음을 기르는 요체이기 때문에 욕심이나 욕망이 있으면서도 그것을 행하지 않게 하기란 참으로 어렵다. 그러나 욕심이나 욕망은 여색〔色〕에서 생겨나 음탕함에서 마구 풀린다. 여색은 (기질로서의) 본성〔性〕에서 생겨나기 때문에 눈으로 보는 바는 똑같이 아름답게 여기는 것이 있어서 가릴 수가 없다. 음탕함은 기운〔氣〕에서 생겨나기 때문에 그 뜻하는 바〔志〕를 잡아 지키지 않으면 한쪽으로 쏠려가고 마구 내달리지 않음이 없을 것이다. 이리하여 무릇 그 뜻하는 바로써 기운을 고분고분 따라 음탕한 욕망을 마구잡이로 행하고, 마음을 다스리는 자〔帥〕가 되지 못해 집과 나라를 버리고 도망쳐 돌아보지 않는 데까지 이르렀으니 이것이야말로 천하에서 가장 크게 경계해야 할 바다. (그 때문에) 『춘추좌씨전』에 삼가 이 일을 기록하였을 것이니 공손오에게 무엇을 꾸짖겠는가마는 훗날의 사람들로 하여금 거울로 삼아 반드시 그 뜻을 잡아 지키게 하기 위함이었다. 이것(욕망을 적게 하는 것)은 몸을 닦고 욕심을 막는 좋은 방법이다."

치당(致堂) 호씨(胡氏)[9]가 말했다.

"(공자께서는) 비록 술을 마실 때 양을 정하지는 않았어도 엉망진창에 이르지는 않았다〔唯酒無量不及亂〕.[10] 엉망진창이란 내적으로는 그 마음이 뜻하는 바〔心志〕를 어둡게 하고, 외적으로는 위엄과 거동〔威儀〕을 잃게 만든다. 또 그것이 심해지면 반백(班伯)[11]이 말한 '음란함의 근원은 모두 다 술에 있다'는 지경에 이르게 된다. 공자께서는 술을 마실 때 일정하게 정해진 양〔定量〕은 없었으나 또한 엉망진창의 작태〔亂態〕가 없으셨다. 이것이 대개 (공자가 70세에 이르렀던) '마음이 하고자 하는 바를 그냥 따라도 법도를 어기는 바가 없었다'는 경지다. 이 때문에 공자께서는 (별도의 경계를 하지 않더라도) 그렇게 할 수 있었지만 (그러나) 배우는 자는 능히 그렇게 하기가 어렵다. 마땅히 경계할 줄 알아야만 그럴 수 있을 것이다."

주자가 말했다.

"「악기」에서 말하기를 '좋아하고 미워하는 것이 안에서 절제됨이 없고, 지각이 외물에 유혹당해 자기 몸에 돌이킬〔反躬〕 줄 모르면 하늘과도 같은 이치〔天理〕가 소멸된다'고 했다. 이는 감정이 마음대로 흐르는 바람에 본성을 잃게 되는 것을 말한다. 감정의 좋아하고 미워함은 본래 스스로 그러한 절제〔自然之節〕가 있다. 그러나 단지 스스로 깨달아 알지〔覺知＝知覺〕 못해 가만히 자신을 길러내는〔涵養〕 바가 없기 때문에 큰 근본〔大本〕이 설 수가 없다. 이 때문에 하늘의 법칙이 마음 안에서 밝아지지가 않고, 외부의 일이나 사물〔外物〕들이 또 그에 따라서 유혹하니 그 때문에 (욕심이) 흘러넘쳐 마구 헤집고 돌아다니는〔放逸〕데도 스스로 알지 못하는 것이다. 만일 이에 능하게 되어 그렇게 된 까닭을 깨달아서 자기 몸에 돌이켜 찾는다면 그렇게 마구 흘러 다니는 것은 거의 제어할 수 있을 것이다. 이처럼 하지 못하고서 오직 감정만을 따른다면 사람의 욕심〔人欲〕이 끓어올라 하늘과도 같은 이치가 멸하여 없어지는 데 무슨 어려움이 있겠는가? 이 한 구절은 바로 하늘과도 같은 이치와 사람의 욕심의 기미〔機〕로서 그 사이에서는 숨 쉴 틈도 용납지 않는다."

가만히 살펴보다 「악기」에서 하늘과도 같은 이치와 사람의 욕심을 미루어 헤아려 극진하게 말하기는 했지만 주자의 가르침이 훨씬 더 경계가 되고 절절하다[警切=警策]. 따라서 배우는 자가 도리로써 욕심을 제어하지 못해 욕망에 빠져 도리를 잊는다면 정자가 말한 '사람의 도리가 없어져서 금수의 지경에 들어간다'고 한 것이 당장 이루어지게 될 것이다.

1) 앞서 본 바와 같이 미친 사람이라는 뜻이 아니라 마음을 제멋대로 하기 때문에 그 뜻하는 바가 어디로 튈지 모르는 사람을 뜻한다.

2) 정이천의 제자 주광정(朱光庭)을 가리킨다.

3) 소자첨은 소동파(蘇東坡, 1037~1101년)를 가리킨다. 소동파는 문인답게 자유분방함을 중시했기 때문에 정이천의 제자들이 삼감[敬]을 모든 행실의 기초로 삼는 태도에 대해 비판적이었다. 그래서 이 같은 삼감을 주로 하는 태도[主敬]를 타파하겠다는 바람으로 이런 말을 한 것이다.

4) 정이천의 제자 왕빈(王蘋, 1082~1153년)을 가리킨다. 정이(程頤)와 양시(楊時)를 사사했다. 정이의 이학(理學)을 계승했지만, 심학(心學)의 관점에서 이를 해석하여 이학(理學)이 심학화(心學化)하는 데에 중요한 역할을 했다는 평가를 받는다.

5) 소동파의 제자 진관(秦觀, 1049~1100년)을 가리킨다. 시에 뛰어났지만 경박스러웠다고 한다.

6) 騂 자는 붉은 말, 붉은 소, (얼굴을) 붉히다, 붉다 등을 뜻한다.『논어』
   성
   「옹야」 편에서는 제자 중궁(仲弓)을 붉은 말이나 소에 비유하며 귀하
   다는 뜻으로 사용하고 있다. 공자가 중궁에 대해 평했다. "얼룩소 새
   끼가 색깔이 붉고 또 뿔이 제대로 났다면 비록 (사람들이) 쓰지 않으
   려 해도 산천의 신(神)이 어찌 그것을 (쓰지 않고) 버려두겠는가?〔犁牛
                                                            이우
   之子騂且角 雖欲勿用山川其舍諸〕"
   지 자 성 차 각 수 욕 물 용 산 천 기 사 제

7) 호안국(胡安國)을 가리킨다.

8) 공손오는 노나라 종실 사람이다. 노나라 대부 양중(襄仲)이 거나라의
   기씨와 혼인했는데, 기씨를 아직 노나라에 데려오지 못하고 있었다.
   마침 공손오가 거나라에 사신으로 가게 되자 양중이 공손오에게 기
   씨를 데려와줄 것을 부탁했다. 그런데 거나라에서 기씨를 만난 공손
   오는 그녀에게 반해 노나라를 버리고 기씨를 따라갔다.

9) 호인(胡寅, 1098~1156년)을 가리킨다. 호안국(胡安國)의 조카였는데
   호안국에게 입양됐다.

10) 『논어』「향당」 편에서 공자의 평소 모습을 묘사하는 대목의 하나다.

11) 『한서(漢書)』를 지은 반표(班彪, 3~54년)의 숙부이다. 뒤에 언급된
    말은 한(漢)나라 성제(成帝)에게 간언한 것 중에 나온다.

19

사람은 누구나 남에게 차마 모질게 하지 못하는 마음을 갖고 있다

『맹자』「공손추 장구 상(公孫丑章句上)」

맹자는 말했다.

"사람은 누구나 남에게 차마 모질게 하지 못하는 마음을 갖고 있다. (빼어난 선정을 베풀었던) 선왕들은 남에게 차마 모질게 하지 못하는 마음을 갖고서 이에 남에게 차마 모질게 하지 못하는 정사를 있게 하신 것이다. (따라서) 남에게 차마 모질게 하지 못하는 마음을 갖고서 남에게 차마 모질게 하지 못하는 정사를 행한다면 천하를 다스리는 일은 가히 손바닥 위에 놓고 움직이는 것과 같을 것이다.

(내가) 사람은 누구나 남에게 차마 모질게 하지 못하는 마음을 갖고 있다고 말한 이유는 (만약에) 지금 당장 어떤 사람이 갑자기 어린아이가 (뭘 모르고) 장차 우물로 들어가려는 것을 보았을 때 누구나 두려운 마음에 깜짝 놀라서 불쌍해하는 마음(惻隱之心)을 갖는다. (이런 마음을 갖는 이유는) 어린아이의 부모와 (장차 반대급부를 기대하여) 가까운 친분을 맺으려 해서도 아니고, 주변 사람들이나 친구들로부터 명예를 얻기 위해서도 아니며, (피도 눈물도 없다는) 원성을 듣게 될 것을 싫어

해서 그렇게 하는 것도 아니다.

　이를 바탕으로 해서 살펴볼 때 불쌍해하는 마음이 없으면 사람이라 할 수 없고, (자신의 잘못을) 부끄러워하고 (남의 잘못을) 미워하는 마음〔羞惡之心〕이 없으면 사람이라 할 수 없고, 사양하고 남에게 넘겨주는 마음〔辭讓之心〕이 없으면 사람이라 할 수 없고, 옳고 그름을 제대로 가리는 마음〔是非之心〕이 없으면 사람이라 할 수 없다.

　불쌍해하는 마음은 어짊의 실마리〔仁之端〕요, (자신의 잘못을) 부끄러워하고 (남의 잘못을) 미워하는 마음은 의로움의 실마리〔義之端〕요, 사양하고 남에게 넘겨주는 마음은 예의나 예절의 실마리〔禮之端〕요, 옳고 그름을 제대로 가리는 마음은 사람과 일을 아는 것의 실마리〔知(智)之端〕다.

　사람이 이 네 가지 실마리를 갖고 있다는 것은 마치 사람이 사지를 갖고 있는 것과 같다고 할 수 있다. (그래서) 이 네 가지 실마리를 갖고 있으면서도 스스로 나는 (인의예지를 행하는 데) 능하지 않다고 말하는 자는 자기 자신을 해치는 사람이요, 자신의 군주가 (인의예지를 행하는 데) 능하지 않다고 말하는 자는 그 군주를 해치는 자이다.

　무릇 네 가지 실마리가 나에게 있는 것을 모두 넓혀서〔擴〕 채워줄〔充〕 줄 안다면 (이는) 마치 불이 처음 타오르는 것과 같고, 또 샘이 처음에 솟아 나오는 것과 같다. 만일 능히 이 네 실마리를 잡아서 나를 채운다면 온 천하라 하더라도 감싸 안을 만큼 넓어질 것이고, 만일 (그것으로 나를) 제대로 채우지 못한다면 부모님도 제대로 섬기지 못할 것이다.”

孟子曰 人皆有不忍人之心 先王有不忍人之心 斯有不忍人之政矣 以
맹자 왈　인 개 유 불인 인 지 심　선왕 유 불인 인 지 심　사 유 불인 인 지 정 의　이

不忍人之心 行不忍人之政 治天下可運之掌上 所以謂人皆有不忍人之心
불 인 인 지 심　행 불 인 인 지 정　치 천 하 가 운 지 장 상　소 이 위 인 개 유 불 인 인 지 심

者 今人乍見孺子 將入於井 皆有怵惕惻隱之心 非所以內交於孺子之父母
자　금 인 사 견 유 자　장 입 어 정　개 유 출 척 측 은 지 심　비 소 이 내 교 어 유 자 지 부 모

也 非所以要譽於鄉黨 朋友也 非惡其聲而然也
야　비 소 이 요 예 어 향 당　붕 우 야　비 오 기 성 이 연 야

由是觀之 無惻隱之心 非人也 無羞惡之心 非人也 無辭讓之心 非人也
유 시 관 지　무 측 은 지 심　비 인 야　무 수 오 지 심　비 인 야　무 사 양 지 심　비 인 야

無是非之心 非人也
무 시 비 지 심　비 인 야

惻隱之心 仁之端也 羞惡之心 義之端也 辭讓之心 禮之端也 是非之心
측 은 지 심　인 지 단 야　수 오 지 심　의 지 단 야　사 양 지 심　예 지 단 야　시 비 지 심

知(智)之端也
지 지 지 단 야

人之有是四端也 猶其有四體也 有是四端而自謂不能者 自賊者也 謂其
인 지 유 시 사 단 야　유 기 유 사 체 야　유 시 사 단 이 자 위 불 능 자　자 적 자 야　위 기

君不能者 賊其君者也
군 불 능 자　적 기 군 자 야

凡有四端於我者 知皆擴而充之矣 若火之始然(燃) 泉之始達 苟能充之
범 유 사 단 어 아 자　지 개 확 이 충 지 의　약 화 지 시 연 연　천 지 시 달　구 능 충 지

足以保四海 苟不充之 不足以事父母
족 이 보 사 해　구 불 충 지　부 족 이 사 부 모

주자가 말했다.

"사람들이 마음(心)이라고 생각하는 것은 이 네 가지에서 벗어나지 않는다. 그래서 불쌍해하는 것을 근거로 삼아 (나머지 것들을) 모두 포괄해서 '사람이 만약에 이런 마음이 없으면 사람이라 할 수 없다'고 말했다. 이는 곧 사람이라면 반드시 (이 네 가지를) 가지고 있음을 밝혀준 것이다."

(주자가) 또 말했다.

"擴은 미루어 헤아려 넓힌다[推廣]는 뜻이요, 充은 가득 채운다[滿]는 뜻이다. 네 가지 실마리[四端]가 나에게 있어 내가 처하는 곳에 따라서 발현된다. 따라서 모두 일에 나아가 그것을 미루어 헤아려 넓힐 줄을 알아서 (하늘로부터) 내려 받은 바[所賦]의 용량을 가득 채운다면 날로 새롭고 또 새롭게 하여 장차 스스로(의 힘으로)는 그만둘 수 없게 될 것이다. 이로 말미암아 마침내 그것을 가득 채운다면 온 세상[四海]을 지키는 일이라도 얼마든지 가능할 것이다."

(주자가) 또 말했다.

"이 장에서 논한 사람의 본성과 실상[性情], 그리고 마음의 본체와 쓰임[體用]이 가장 상세하고 정밀하니[詳密] 읽는 자들은 마땅히 깊이 음미해야 할 것이다."

정자가 말했다.

"사람들이 모두 어진 마음[仁心]은 갖고 있지만 오직 군자만이 그것을 넓혀서 채울 수 있다. 이렇게 하지 못하는 자는 모두 자기를 버리는 것[自棄]이다. 하지만 채우고 채우지 못하는 것은 진실로 자기 자신에게 달려 있을 뿐이다."

程 구산 양씨가 말했다.

"『맹자』라는 책 한 권은 단지 사람의 마음을 바르게 하려고 하는 것이니 사람들로 하여금[教=使] 마음을 지키고 본성을 길러 [存心養性] 마음을 마구 풀어놓는 것[放心]을 거두어들이는 것이다. 인의예지를 논함에 이르러서는 불쌍해하고 (자신의 잘못을) 부끄러워하고 (남의 잘못을) 미워하고 사양하고 남에게 넘겨주고 옳고 그름을 제대로 가리는 마음을 실마리로 삼았고, 간사한 학설의 폐단을 논함에는 '그 마음에서 생겨나 그 정사를 해친다'고 했고, 임금을 섬기는 것을 논함에는 '임금의 마음의 잘못됨을 바로잡으려 해야 한다'고 했다. 이처럼 천 가지 변화와 만 가지 이뤄짐이 단지 마음에서 비롯되는 것으로 말하고 있으니 사람이 능히 그 마음을 바르게 한다면 일을 (억지로 힘써서) 해야 할 것은 없다."

주자가 말했다.

"네 가지 실마리는 곧 공자께서 미처 생각지 못하신 것이다. 사람들은 단지 맹자가 양주(楊朱)와 묵적(墨翟)을 물리친 공이 있다는 것만 알고 저 사람의 마음에 나아가 그것을 (이처럼 네 가지 실마리로) 밝혀내신 큰 공이 이와 같다는 것은 알지 못한다. 양주와 묵적을 물리친 것은 (외적으로) 국경 지역의 침입을 막아낸 공과 같고, 네 가지 실마리를 생각해 낸 것은 바로 (내적으로) 사직(社稷)을 편안케 한 공과 같다."

주자가 말했다.

"공자께서는 마음[心] 그 자체를 말씀하지 않았고, 다만 일과 실상

〔事實〕에 나아가 말씀하셨을 뿐인데 맹자께서 비로소 마음을 말씀하셨다."

서산 진씨가 말했다.

"공자께서는 비록 마음에 대해 말씀하지는 않으셨으나 사람들로 하여금 말을 할 때는 진실함과 신실함으로 하고〔言忠信〕, 행실은 독실히 하고 삼가며〔行篤敬〕, 거처할 때는 공손히 하고〔居處恭〕, 일을 집행할 때는 삼감〔執事敬〕에 공력을 쓰라고 하셨다. 이른바 '마음을 지켜〔存心〕 마음을 마구 풀어놓는 것〔放心〕을 거두어들인다'는 것이 진실로 이 안에 들어 있으며, 네 가지 절대 해서는 안 되는 것〔四勿〕¹⁾, 세 가지 경계〔三戒〕²⁾, 네 가지를 끊어냄〔絶四〕³⁾은 (모두 다) 마음을 바르게 하는 데 꼭 필요한 공부다. 또 네 가지 절대 해서는 안 되는 것, 세 가지 경계에서 그것들이 예(禮)가 아니라는 것을 알아서 결코 하지 않는 것이 마음〔心〕이요, 마땅히 경계해야 할 바라는 것을 알아서 경계하는 것도 마음이다. 공자께서는 네 가지를 끊어내셨으니 사사로운 뜻〔意〕, 일을 함에 절대나 반드시라는 다짐〔必〕, 고집스러운 태도〔固〕, 아집〔我〕은 모두 마음의 병통이요, 어짊을 좋아하고 어질지 못함을 싫어하는 것은 마음의 바름이다. 따라서 공자께서 일찍이 마음에 대해 말씀하지 않으신 것은 아니다. 다만 그 본체를 가리켜 말씀하지 않았을 뿐이다. 이것이 공자와 맹자가 그 도리에서 같은 까닭이다."

(어떤 사람이) 마음을 지키는 것〔存心〕에 관해 문자 주자가 말했다.

"마음을 지키는 것은 종이 위에 적혀 있는 글씨에 있는 것이 아니다. 우선(且) 자신이 가진 마음이 어떤 것인지를 낱낱이 뜯어 인식해야 한다. 빼어나거나 뛰어난 이들이 말씀하신 것들은 지극히 분명하고 밝다. 그렇지만 맹자는 후세의 사람들이 그것을 제대로 알지 못하게 될 것을 걱정하여 다시 네 가지 실마리(四端)를 말씀하신 것이다. 이에 대해서는 음미하며 깊이 살피는 것(玩索)이 더욱 좋다."

(어떤 사람이) "사람의 마음이 (욕심에) 빠져든 지(陷溺) 오래되어 네 가지 실마리가 이익과 욕심의 사사로움에 가려져 있으니 처음 공력을 쏟으려 할 때 꾸준함이 제대로 이어지지 못함(間斷)을 면하지 못합니다"고 말하자 주자가 답했다.

"(그대의 말은) 진실로 맞는 말이다. 그러나 의로움과 이치를 중시하는 마음(義理之心)이 조금이라도 이긴다면 이익과 욕심을 바라는 생각(利欲之念)은 곧 없어진다. 예를 들어 불쌍해하는 마음(惻隱之心)이 이기면 잔인하고 모진 뜻(殘虐之意)이 저절로 사라지고, (자신의 잘못을) 부끄러워하고 (남의 잘못을) 미워하는 마음(羞惡之心)이 이기면 탐하면서도 염치없는 뜻(貪冒無恥之意)이 저절로 사라지고, 공손하고 삼가는 마음(恭敬之心=辭讓之心)이 이기면 교만하고 게으른 뜻(驕惰之意)이 저절로 사라지고, 옳고 그름을 제대로 가리는 마음(是非之心)이 이기면 흐리멍덩하고 구차하며 완악하고 어두운(含胡苟且頑冥昏繆) 뜻이 저절로 사라진다."

북계(北溪) 진씨(陳氏)[4]가 말했다.

"네 가지 실마리는 일상생활 속에서도 늘 발현되지만 단지 사람들이 이치를 살피는 것이 밝지 못하기 때문에 아득하여 알지 못하는 것이다."

(주자가) 또 말했다.

"(맹자는 말하기를) '배우고 묻는[學問] 도리는 다른 것이 아니라 놓아버린 마음[放心]을 (되)찾는 것뿐이다'고 했고, 또 말하기를 '내 안에 네 가지 실마리가 있다는 것을 잘 알아서 그것들을 확 넓히고 꽉 채운다[擴而充之]'고 했으니 맹자의 말은 참으로 좋다. 사람의 한 마음[一心]이 밖에 있는 것은 거둬서 들어오게 하고[取入來], 안에 있는 것은 또 미루어 헤아리며 나가야 하니[推出去] 『맹자』라는 책 하나는 모두가 이 뜻이 아닌 것이 없다."

서산 진씨가 말했다.

"거둬서 들어오게 하는 것은 큰 근본[大本]이 서는 것이요, 미루어 헤아리며 나가는 것은 통달한 도리[達道]가 행해지는 것이다. 거두지 않으면 그것을 일러 본체[體]가 없다고 하고, 미루어 헤아리지 않으면 그것을 일러 쓰임[用]이 없다고 한다. 태극(太極)에 움직임과 고요함[動靜]이 있는 것과 사람의 마음에 적막감과 느낌[寂感]이 있는 것은 같은 것일 뿐이다."

면재 황씨가 말했다.

"사람이라면 이런 기운[氣]을 가지고 있지 않은 자가 없으므로 이런 이치를 가지고 있지 않은 자가 없고, 이런 본체를 가지고 있지 않은 자가 없으므로 이런 쓰임을 가지고 있지 않은 자가 없다. 이것은 하늘이

나에게 주신 것이요, 사람을 사람이게 해주는 까닭이다. 온 세상 사람들이 하늘과 땅 사이에서 갈팡질팡〔俍俍然〕하니 참으로 일찍이 자신의 몸에 돌이켜〔反〕 생각해야 할 것이다. (사람들은) 굶주리면 밥을 먹고, 목마르면 물을 마시고, 이로운 것을 향해서는 내달리고, 해로운 것은 피해야 하는 것을 잘 알고 있으면서도 하늘이 나에게 주어 사람을 사람이게 해주는 까닭에 대해서는 도리어 제대로 알지를 못하는 것은 어째서인가?

맹자께서는 사람들이 어리석어 이 점을 깨닫지 못하는 것을 가엾게 여기셨다. 그래서 이들을 위해 거듭해서 열어 보여주어〔開示〕 갓난아이가 우물에 들어가는 실마리를 가지고 열어 밝혀주시고, 또 불이 타오르고 샘물이 솟아나는 시초를 가지고 말씀하심으로써 이 이치를 알아서 꽉 채우면 온 천하라도 보전할 수 있고, 꽉 채우지 못하면 부모라도 제대로 섬길 수 없다고 말씀하신 것이다. 꽉 채우느냐 채우지 못하느냐의 사이에 공력을 쓰는 것의 현격함이 마침내 이와 같으니 (맹자께서) 사람을 가르치신 뜻이 참으로 간절하다. 세상의 배우는 자들이 일곱 편(-『맹자』)을 읽지 않은 자가 없으나 그 말씀의 간절함을 아는 자가 없는 것은 어째서인가? 습속에 빠지고 이익과 욕심에 어두워지니 이미 밝은 스승과 어진 벗들이 보여주는 바가 없고, 또 열렬한 마음과 견고한 뜻〔誠心堅志〕으로 찾는 바가 없어서다. 비유컨대 태양이 하늘에 떠 있지만 맹인이 보지 못하는 것과 같으니 어찌 심히 가엾지 않겠는가?"

1) 이것은 『논어』 「안연」 편에 나오는 다음과 같은 내용과 연결된다. 안

연이 어짊[仁]에 관해 묻자 공자는 말했다. "자기(의 사사로운 바)를 이
겨내고 예로 돌아가는 것[克己復禮]이 곧 어짊(을 행하는 것)이니, 단
하루라도 극기복례를 행한다면 천하도 그런 사람을 어질다고 인정해
줄 것이다. 어짊을 행하는 것은 자기 자신에서 비롯되는 것이지 어찌
남에게서 비롯되겠는가?" 안연은 이 점에 대해 보다 구체적인 사항들
을 쉽게 설명해 줄 것을 정중하게 청했다. 이에 공자가 말했다. "예가
아니면 '절대' 보지도 말고 듣지도 말며 말하지도 말고 움직여서도 안
된다[非禮勿視 非禮勿聽 非禮勿言 非禮勿動]." 이에 안연이 말했다. "회
(回=안연)가 비록 불민하지만 그 말씀을 따르도록 노력하겠습니다."

2) 이것은 『논어』 「계씨」 편에 나오는 다음과 같은 내용과 연결된다. 공
자는 말했다. "군자에게는 세 가지 경계함[三戒]이 있다. 어릴 때는 혈
기가 정해지지 않아 여색[色]을 경계해야 하고, 장성해서는 혈기가 한
창 강하니 다툼[鬪]을 경계해야 하고, 나이가 들어서는 혈기가 이미
쇠하였으니 (경제적인) 얻음[得]을 경계해야 한다[孔子曰 君子有三戒
少之時 血氣未定 戒之在色 及其壯也 血氣方剛 戒之在鬪 及其老也 血氣旣
衰 戒之在得]."

3) 이것은 공자가 스스로 끊어냈다고 하는 네 가지인데 그 내용은 곧바
로 나온다.

4) 주자의 제자 진순(陳淳, 1159~1223년)을 가리킨다.

20

화살 만드는 사람과
갑옷 만드는 사람을 비교하다

『맹자』「공손추 장구 상」

맹자는 말했다.

"화살 만드는 사람이라고 해서 어찌 갑옷 만드는 사람보다 어질지 못하겠는가? (다만) 화살 만드는 사람은 사람을 상하게 하지 못하면 어떻게 하나 걱정을 하고, 갑옷을 만드는 사람은 사람이 상하면 어떻게 하나 걱정을 한다. 무당이나 관 만드는 목수도 역시 그러하다. 그렇기 때문에 생업을 선택함에도 삼가지 않으면 안 되는 것이다.

공자께서 말씀하시기를 '(사람과 마찬가지로) 마을에도 어진 풍속이 있는 것이 아름다우니 사람이 거처할 곳을 가려서 어진 곳에 처하지 않는다면 어찌 지혜롭다고 할 수 있겠는가'라고 하였으니 무릇 어짊[仁]은 하늘이 내린 귀한 벼슬이요, 사람이 내린 편안한 집과 같은 것이다. (그러나) 이것(어짊을 행하는 것)을 막는 이가 없는데도 어질지 못하니 이는 지혜롭다고 할 수 없다.

어질지 못하고, 사람과 일을 알지 못하고, 예가 없고, 의로움이 없다면 (사람이 아니라) 남의 노예일 뿐이다. (스스로 노력하지 않아 이미)

남의 노예가 되어 노예짓 하는 것을 창피스럽게 생각하는 것은 마치 활 만드는 사람이 활 만드는 것을 창피스러워하고, 화살 만드는 사람이 화살 만드는 것을 창피스러워하는 것과 같다고 할 것이다. 만일 노예짓을 (진정) 창피스럽게 생각한다면 어짊을 행하는 것 외에 달리 (거기서 벗어날 수 있는) 길이 없다. 어질다는 것은 활쏘기와 같아서 활을 쏘는 사람은 자신을 바로잡은 뒤에 활을 쏘는데 활을 쏘아 적중하지 못하더라도 자신을 이긴 자를 원망하지 않고 돌이켜 (그 잘못을) 자기 자신에게서 찾을 뿐이다."

孟子曰 矢人豈不仁於函人哉 矢人惟恐不傷人 函人惟恐傷人 巫匠亦然
맹자 왈 시인 기 불인 어 함인 재 시인 유 공 불상 인 함인 유 공 상인 무 장 역연

故術不可不愼也
고 술 불가 불신 야

孔子曰 里仁爲美擇不處仁焉得智 夫仁天之尊爵也 人之安宅也 莫之禦
공자 왈 이인 위 미 택 불처 인 언 득지 부인 천지 존작 야 인지 안택 야 막지 어

而不仁 是不智也
이 불인 시 부지 야

不仁不智無禮無義 人役也 人役而恥爲役 由(猶)弓人而恥爲弓 矢人
불인 부지 무례 무의 인역 야 인역 이 치 위역 유 유 궁인 이 치 위궁 시인

而恥爲矢也 如恥之莫如爲仁 仁者如射 射者正己而後發 發而不中不怨
이 치 위시 야 여 치 지 막 여 위인 인자 여사 사자 정기 이후 발 발 이 부중 불원

勝己者 反求諸己而已矣
승기자 반 구 제 기 이이의

眞 주자가 말했다.

"어짊과 의로움, 예 갖춤과 앎〔仁義禮智〕은 모두 다 하늘이 (사람에게 나면서부터) 내려주신 훌륭하고 귀한 것〔良貴〕인데 그중에서

어짊이라는 것은 하늘과 땅이 만물을 낳아주는 마음[心]이다. 따라서 얻으려 할 때는 어짊을 최우선으로 해야 하는 것이고, 이 네 가지를 모두 겸하여 거느리고 있다. 그래서 (『주역』「건괘(乾卦) 문언전」에서) 이른바 으뜸[元]이라는 것은 좋음 중에서도 가장 좋은 것[善之長]이라고 했고, 귀한 벼슬[尊爵]이라고 했던 것이다. 그것이 사람에게 있게 되면 본래 마음의 전체를 지배하는 다움[德]이 되니 하늘과도 같은 이치와 스스로 그러함의 편안함[天理自然之安]이 있게 되어 사람의 욕심에 빠져드는 위험은 없게 된다. 그러니 사람은 마땅히 늘 그 가운데에 머물러야[處=居] 하고 잠시도 거기서 떠나서는 안 되는 것이다. 그렇기 때문에 편안한 집[安宅]이라고 한 것이다.

(주자가) 또 말했다.

"이는 진실로 사람들이 부끄러워하는 마음[愧恥之心]을 바탕으로 삼아 거기서 이끌어내어 어짊에 뜻을 두게끔 하신 것이다. (나머지) 의로움, 예 갖춤과 앎을 말하지 않는 것은 (이미) 어짊이 전체를 포괄하고 있기 때문에 능히 어짊을 행할 줄 안다면 나머지 세 가지는 (절로) 그 가운데에 들어 있기 때문이다."

程 (어떤 사람이) 어짊이 네 가지 실마리를 다 겸하게 한 뜻에 관해 문자 주자가 말했다.

"상채(=사량좌)가 명도 선생을 뵙고서 역사책을 들어 줄줄 외우자 명도 선생이 '물건에 빠지면 뜻을 잃는다〔玩物喪志〕[1]고 말씀하시니 상채는 땀이 줄줄 흘러 등을 적셨고, 얼굴에는 붉은 빛이 나타났다. 이에 명도 선생이 말하기를 '이것이 바로 불쌍해하는 마음〔惻隱之心〕이다'라고 했다. 자 (그대는) 우선 말해 보라. 상채가 자신의 허물을 듣고서 부끄러워하고 황송해한 것은 본래는 (자신의 잘못을) 부끄러워하고 (남의 잘못을) 미워하는 마음〔羞惡之心〕인데 어찌 도리어 불쌍해하는 것〔惻隱〕이라고 말씀했겠는가? 이는 불쌍해하는 마음이 있어야 비로소 (마음이) 움직일 수 있는 것이고, 마음이 움직인 다음에야 비로소 (자신의 잘못을) 부끄러워하고 (남의 잘못을) 미워하는 마음〔羞惡之心〕도 있고, 공손하고 삼가는 마음〔恭敬之心=辭讓之心〕도 있고, 옳고 그름을 제대로 가리는 마음〔是非之心〕도 있는 것이다. (이처럼 마음이 처음으로) 움직이는 것이 곧 불쌍해하는 것이다. 만약에 마음이 움직이지 않는다면 사람은 아무것도 이루지 못한다〔不成〕. 하늘과 땅이 모든 생물을 낳은 이치는 곧 이 움직이는 뜻이 그치거나 쉼〔止息〕이 없다는 것이다."

남헌 장씨가 말했다.

"화살 만드는 사람과 갑옷 만드는 사람, 무당과 관 만드는 목수가 모두 (같은) 사람이지만 그들이 원하는 바가 서로 차이가 나는 것은 그들이 쥔 기술〔操術〕이 그렇게 만든 것이다. 따라서 무릇 사람이 어질지 못한 데 스스로 머물러 남을 헐뜯고 해치는 짓〔忌忮〕을 하고, 잔혹

하고 몰인정한 짓〔殘忍〕을 해서 급기야 사람을 죽이는 것을 좋아해 그
런 짓을 하고서도 뒤돌아보지 않는 지경에까지 이르게 되는데 어찌
그런 사람이 홀로 다른 사람들과 달라서이겠는가? 오직 그 (마음이)
머무는 바가 늘 사람의 욕심의 한가운데에 있어 편안하게 익히고 점
점 자라나서 이런 지경에까지 이른 것이다. (사람이란) 그 본성은 본래
똑같지만 그 익히는 바는 하늘과 땅만큼 다르니〔霄壤之異=天壤之差〕2)
(그 익히는 바를) 두려워하지 않을 수 있겠는가?"

  신안(新安) 진씨(陳氏)3)가 말했다.
  "이 장은 귀한 벼슬〔尊爵〕과 편안한 집〔安宅〕으로 어짊을 논하
고 있는데 그 이치가 참으로 정밀하면서 미묘하고 사람들에게
어짊을 행하도록 힘써 권하고 있으니 그 뜻이 매우 간절하고 지
극하다. 이미 '이것(인을 행하는 것)을 막는 이가 없는데도 어질지
못하니'라 말씀했고, 또 '돌이켜 (그 잘못을) 자기 자신에게서 찾
을 뿐'이라고 말씀했으니 이는 모두 그 기틀이 자신에게 있지 남
에게 있는 것이 아님을 말한 것이다. 어짊은 진실로 의로움, 예 갖
춤, 앎을 포괄한다〔包=該〕. 그런데도 사람들이 어짊을 제대로 행
하지 못하는 까닭은 옳고 그름을 제대로 가리는 마음〔是非之心〕
이 밝지 못하고〔不明〕, (자신의 잘못을) 부끄러워하고 (남의 잘못
을) 미워하는 마음〔羞惡之心〕이 바르지 못한〔不正〕 데서 비롯된
다. 그래서 맹자께서는 먼저 '이는 지혜롭다고 할 수 없다〔是不智
也〕'고 말씀하셨으니 이는 사람들이 옳고 그름을 제대로 가리는
지혜〔是非之智〕로써 어짊을 행하는 방법을 택하도록 하려고 한
것이요, 뒤이어 '창피스럽게 생각한다면〔如恥之〕'이라고 말씀하셨

으니 이는 사람들이 (자신의 잘못을) 부끄러워하고 (남의 잘못을) 미워하는 의로움[羞惡之義]으로써 어짊을 행하는 기틀을 결단토록 하려고 한 것이다.

1) 이 말은 『서경』 「여오(旅獒)」에 나온다. "사람에 빠지면 다움을 잃고, 물건에 빠지면 뜻을 잃는다[玩人喪德 玩物喪志]."

2) 이 말은 공자가 『논어』 「양화(陽貨)」 편에서 했던 다음과 같은 발언을 더욱 강하게 표현한 것이다. "(타고난) 본성은 서로 비슷하나 익히는 것에 의해 서로 멀어지게 된다[性相近也 習相遠也]."

3) 진력(陳櫟, 1252~1334년)을 가리킨다. 송나라가 망하자 은거하여 학문과 제자 양성에 힘썼는데, 주희의 학문을 중심으로 육구연의 심학(心學)을 아울러 취하려 했다. 저서에 『사서발명(四書發明)』과 『예기집의(禮記集義)』 등이 있다.

21
대인의 마음을
어린아이의 마음과 비교하다

『맹자』「이루 장구 하(離婁章句下)」

맹자는 말했다.

"대인이란 순진무구한 어린아이의 마음과도 같은 것을 잃지 않는 자
이다."

孟子曰 大人者 不失其赤子之心者也
맹자 왈 대인 자 불실기 적자지심 자 야

真 주자가 말했다.

"대인은 지혜가 만물에 두루 통달한 반면 어린아이는 전혀
아는 것이 없으니 그 마음이 크게 다른 듯이 보인다. 그러나 (둘 다)
외부의 일이나 사물에 이끌리지 않아서 조금도 뒤섞임이 없이 한결같
고(純一), 또 거짓이 없는 것은 일찍이 다르지 않다. 따라서 대인이 대
순일
인이 된 까닭은 다만 여기에 있다는 것을 말씀하신 것이다."

程 어떤 사람이 "제자들과 주고받은 여러 가지 말씀 중에 어린 아이의 마음을 '이미 발한 것〔已發〕'이라고 한 것이 있는데 이것이 옳은 것입니까"고 묻자, 정자(程子)는 "(희로애락과 같은 감정이) 이미 발했는데도 그것이 도리와 멀지 않기 때문이다"고 답했다.

(또) "대인이 순진무구한 어린아이의 마음을 잃지 않았다는 것은 어떠한 것입니까?"라고 묻자, 정자는 "조금도 뒤섞임이 없이 한결같아〔純一〕 도리에 가깝다는 뜻을 취한 것이다"고 답했다.

(또) "순진무구한 어린아이의 마음과 빼어난 이〔聖人〕의 마음은 어떻습니까?"라고 묻자, 정자는 "빼어난 이의 마음은 밝은 거울〔明鏡〕과 같고 조금의 움직임도 없는 물〔止水〕과 같다"고 답했다.

어떤 사람이 "정자가 어린아이의 마음을 이미 발한 것이라고 말씀하신 것은 어째서입니까?"라고 묻자, 주자가 말했다.

"일반 사람들의 마음에도 아직 발하지 않는 때〔未發之時〕가 있고, 또한 이미 발한 때〔已發之時〕도 있으니 나이가 많고 적음이나 뛰어나고 어리석음에 따라 차이가 있는 것은 아니다. 다만 맹자가 가리키신 바 순진무구한 어린아이의 마음이란 것은 조금도 뒤섞임이 없이 한결같아〔純一〕 거짓이 없는 것이다. (하지만 그것은) 마침내 그것이 발한 다음에야 볼 수 있으니 만약에 아직 발하지 않았다면 조금도 뒤섞임이 없이 한결같아 거짓이 없다고 말할 수 없을 것이다."

(또) "정자의 '밝은 거울〔明鏡〕과 같고 조금의 움직임도 없는 물〔止水〕과 같다'는 말씀은 진실로 빼어난 이의 마음이 어린아이의 마음과는 다른 것이니 그렇다면 이는 아직 발하지 않은 것이

되는 것입니까?"라고 묻자, 주자는 말했다.

"빼어난 이의 마음은 아직 발하지 않았을 때는 물과 거울의 본체[體]가 되고, 이미 발했을 때는 물과 거울의 쓰임[用]이 된다. 따라서 참으로 단지 아직 발하지 않은 것[未發]만을 가리켜 말씀한 것은 아니다."

주자가 말했다.

"어린아이는 아는 바가 없고[無所知], 할 줄 아는 것이 없다[無所能]. 대인은 바로 이 아는 바가 없고 할 줄 아는 것이 없는 마음을 잃지 않는 것이다. 만약에 이런 마음을 잃어서 조금이라도 꾀나 술수[機關]를 부리고, 조금이라도 이해타산을 한다면 곧바로 소인이 되고 만다. 대인의 마음에는 이런 잡다한 일들이 없다."

쌍봉 요씨가 말했다.

"어린아이가 배고프면 젖을 먹으려고 하는 것은 곧 욕망이지만 단지 배고플 때 울고 기쁠 때 웃는 것은 다 참된 감정[眞情]이지 결코 교묘하게 꾸미거나 거짓된 것은 아니다. 대인은 다만 이 조금도 뒤섞임이 없이 한결같아[純一] 거짓이 없는 마음을 지켜서 그것을 꼭 채워 넓힌다[充廣]. 이것이 이른바 '어릴 때 바름을 기르는 것이 빼어남에 이르는 공부[蒙以養正聖功也]'라는 것이다."

1) 『주역』 몽(蒙) 괘[䷃] 풀이에 나오는 말이다.

제3권

22

우산의 나무에 관해 말하다

『맹자』「고자 장구 상(告子章句上)」

맹자는 말했다.

"(제(齊) 나라 수도의 남쪽에 있는) 우산(牛山)의 나무들은 일찍이 아름다웠는데 큰 도시의 교외에 있었기 때문에 (사람들이) 도끼로 그 나무들을 마구 베어대니 (어찌) 무성할 수 있겠는가?

이 산에서는 밤낮으로 자라나게 해주고, 비와 이슬이 촉촉이 적셔주어 새로운 (나무의) 싹과 움이 트지 않는 것은 아니겠지만 소와 양들을 그곳에 풀어 (그나마) 다 뜯어 먹게 하는 바람에 결국 그 산은 민둥민둥하게 돼버렸다. 사람들은 그 산이 민둥민둥한 것만 보고서 (그 산에는) '일찍이 좋은 재목이 없었구나'라고 하는데 이것이 어찌 산의 본래 모습이겠는가?

비록 사람의 본성에도 어찌 어짊과 의로움(仁義)의 마음이 없겠냐마는, 사람이 자신의 그런 선량한 마음을 놓아버리는 것이 가령 도끼로 나무들을 마구 베어대는 것과 같으니, 아침마다 그것을 베어대면 (어찌) 무성할 수 있겠는가? (그리고 선량한 마음을 놓아버린 사람에게도) 밤낮으로 (그런 마음을) 자라나게 해주는 바가 있고, 새벽녘의 맑은 기운이 있겠지만 그가 좋아하고 싫어하는 바가 다른 사람들과 비슷한 것이 아주 드문 이유는 그가 낮에 하는 (잘못된) 소행들이 선량한 마음을 가두어 없애버리기 때문이다. (이는 마치 소와 양들이 그나마 남은 싹과 움을 뜯어 먹어버리는 것과 같다.) 그리고 이처럼 가두기를 반복하게 되면 밤 사이의 기운도 점점 부족해지고, 밤의 기운이 부족해지면 짐승과의 차이도 멀지 않게 된다. 사람들은 이런 금수 같은 모습만 보고서 그 사람에게는 '일찍이 훌륭한 자질이 없었구나'라고 하는데 이것이 어찌 그 사람의 본래 모습이겠는가?

그렇기 때문에 만일 제대로 된 자양분만 얻는다면 잘 자라지 않을 것이 없고, 그것을 얻지 못한다면 소멸해 버리지 않을 것이 없다. 공자께서 '(선량한 마음을) 잘 잡고 있으면 보존되고, 놓으면 사라진다. (선량한 마음이) 생겨나고 사라지는 데는 정해진 때가 없고, 그것이 어디로 갈지 알 수 없다'고 하셨는데 이는 분명 사람의 마음을 두고 하신 말씀일 것이다."

孟子曰 牛山之木嘗美矣 以其郊於大國也 斧斤伐之 可以爲美乎 是其
맹자 왈 우산 지목상미의 이기교어 대국 야 부근 벌지 가이 위미호 시기

日夜之所息 雨露之所潤 非無萌蘗之生焉 牛羊又從而牧之 是以 若彼濯濯
일야 지 소식 우로 지 소윤 비무 맹얼 지생언 우양 우종 이목지 시이 약피 탁탁

也 人見其濯濯也 以爲未嘗有材焉 此豈山之性也哉
야 인 견기 탁탁 야 이위 미상 유 재언 차기 산지성 야 재

雖存乎人者 豈無仁義之心哉 其所以放其良心者 亦猶斧斤之於木也
수 존 호 인 자 기무 인의지심 재 기 소이 방기 양심 자 역유 부근 지 어 목 아

旦旦而伐之 可以爲美乎 其日夜之所息 平旦之氣 其好惡與人相近也者幾希
단단 이 벌지 가이 위미호 기 일야 지 소식 평단지기 기 호오 여인 상근 야 자 기희

則其旦晝之所爲 有梏亡之矣 梏之反覆 則其夜氣不足以存 夜氣不足以存則
즉 기 단주 지 소위 유 곡망 지 의 곡지 반복 즉 기 야기 부족 이 존 야기 부족 이 존 즉

其違禽獸 不遠矣 人見其禽獸也 而以爲未嘗有才焉者 是豈人之情也哉
기 위 금수 불 원 의 인 견 기 금수 아 이 이위 미상 유 재언 자 시 기 인지정 야 재

故 苟得其養 無物不長 苟失其養 無物不消 孔子曰 操則存 舍則亡 出入
고 구득 기 양 무 물 부장 구실 기 양 무 물 불소 공자 왈 조 즉존 사 즉망 출입

無時 莫知其鄕(向) 惟心之謂與
무시 막 지 기 향 향 유 심 지 위 여

眞 　주자가 말했다.

　　"선량한 마음[良心]이란 본래 그러한 좋은 마음이다. 따라서
그것은 곧 이른바 어짊과 의로움의 마음[仁義之心]이다. 새벽녘의 맑
은 기운[平旦之氣]이란 외부의 일이나 사물과 아직 접하지 않았을 때
의 맑고 밝은 기운을 말한다. 좋아하고 싫어하는 바가 다른 사람들과
비슷한 것[好惡與人相近]이란 사람의 마음에 똑같이 (좋다거나 싫다
고) 여기는 바를 얻게 되는 것을 말한다. 기희(幾希)는 많지 않다는 뜻
이다. 곡(梏)은 형틀이나 쇠고랑이다. 반복(反覆)은 자꾸 되풀이한다
[展轉]는 것이다. 이는 곧 사람의 선량한 마음은 비록 이미 놓쳐 잃어
버렸지만[放失] 낮과 밤사이에 진실로 반드시 생겨나고 자라나는 바
가 있다는 말이다. 따라서 새벽녘에는 외부의 일이나 사물과 아직 접
하지 않아서 그 기운이 맑고 밝아 이 선량한 마음이 반드시 드러날
수 있다. 다만 그 드러남이 지극히 미미하여 낮에 행하게 되는 좋지 못
한 짓이 또 이미 따라서 생겨나면서 본래 선량한 마음을 꼼짝 못하게
해서 잃게 만든다[梏亡]. 이는 마치 산의 나무를 이미 베어 가더라도
오히려 싹이 돋아나지만 소와 양이 또 따라서 나와 방목되는 것과 같
다. 낮에 하는 짓이 이미 거세지면 반드시 밤에 자라는 바를 해치고,
(이리하여) 밤에 자라는 바가 이미 적어지면 또 낮에 하는 나쁜 짓을

이기지 못한다. 이 때문에 자꾸 되풀이하여 서로 해쳐서 새벽녘의 맑은 기운도 맑거나 밝아지지 못해 어짊과 의로움의 선량한 마음을 보존할 수 없는 데 이르게 되는 것이다."

(주자가) 또 말했다.

"공자께서 '마음이 (선량한 마음을) 잘 잡고 있으면 보존되고 그것을 버리면 사라져 없어진다. (이처럼) 그것이 들고 나는 것(出入)이 정해진 때가 없고, 또한 정해진 방향도 없다'[1]고 하셨다. 그리고 맹자께서 이 것을 인용해 마음은 신령스럽고 잴 수가 없어 그 위태로운 움직임과 편안하기 어려움(危動難安)이 이와 같으니 잠시라도 그 마음을 기르는 바를 잃어서는 안 된다는 점을 밝히신 것이다."

정자가 말했다.

"마음이 어찌 들고 남(出入)이 있겠는가? 참으로 잘 잡고 버리는 것 (操舍)을 가지고 말씀하셨을 뿐이다. 마음을 잘 잡는 방법은 삼감으로써 마음속을 곧게 하는 것(敬以直內)뿐이다."

어리석은 내(진덕수)가 스승에게 들었는데 이렇게 말씀하셨다.

"이 장의 뜻이 핵심을 가장 잘 담고 있고 간절하니 배우는 자들은 마땅히 익히고 음미하여 깊이 살펴보아야 할 것이다."

1) 이 부분이 맹자가 인용한 공자의 말과 정확히 일치하지 않는 이유는 주희가 공자의 말을 조금 풀어서 인용하고 있기 때문이다.

程 범순부(范純夫)의 딸이 『맹자』의 '조존(操存)' 장을 읽고서 "맹자는 마음을 알지 못했다. 마음이 어찌 들고 남이 있는 가?"라고 하자 정이천 선생이 이를 듣고서 말했다.

"이 여자가 비록 맹자는 몰랐으나 도리어[却] 마음은 능히 알았도다."

어떤 사람이 정이천이 "범순부의 딸이 도리어 마음은 능히 알았도다"라고 말한 한 단락에 대해 묻자 주자가 말했다.

"마음은 도리어 알기가 쉽다. 다만 그는 맹자의 뜻을 제대로 알지 못했다. 마음은 죽은 물건이 아니기 때문에 모름지기 꽉 잡아서[把] 실제에 적용해 가며 살펴봐야[活看] 한다. 그렇지 않으면 이는 불가(佛家)에서 방 안에 가만히 들어앉아[入定] 좌선을 하는 것과 같다. 보존한다[存]는 것은 다만 외부의 일에 응하고 사물에 접할 때에 일마다 이치에 맞도록[事事中理] 한다는 것이다. 이것이 보존한다는 것이니 만약에 단지 제자리에서 꼿꼿하게[兀然] 지키면서 그 마음속에 있게 하기만 한다면 갑자기 어떤 일이 자기 앞에 닥쳤을 경우 잡은 것이 곧 흩어질 것이다. 도리어 이것이야말로 (공자가 말한) '놓으면 사라진다[舍則亡]'는 것이다.

(주자가) 또 말했다.

"범순부의 딸은 마음은 알았으나 맹자를 몰랐다. 이 여자는 실제로 수고롭게 쫓아다니지 않았기 때문에 들고 남이 없다고 말했다. 이는 다른 사람들의 마음이 들고 남이 있음을 알지 못한 때문이니 마치 자신에게 병이 없다고 해서 남들의 질병을 모르는 것과 같다."

난계 범씨가 말했다.

"군자의 배움은 마음에 뿌리를 둔다. 마음이 없다면 책을 보아도 보이지 않고, 풍자하며 간하는 말[諷=諷諫]을 들어도 제대로 들리지 않는다. 이처럼 (마음이 없다면) 입과 귀가 지각하는 데도 들어갈 수 없는데 하물며 (어찌) 이치를 파고들어[窮理] 앎에 이를 수 있겠는가? 이 때문에 배우는 자는 반드시 먼저 마음을 보존해야 하는 것이다. 마음이 보존되면 근본이 서게 되고, 근본이 선 이후에야 배움을 말할 수 있다. 대개 배운다는 것은 곧 깨닫는 것[覺]이고, 깨닫는다는 것은 마음에서 비롯된다. 따라서 마음도 보존하지 못한다면 무슨 깨닫는 바가 있겠는가? 맹자께서 말하기를 '사람이 짐승과 구별되는 바는 얼마 안 되는데 일반 사람들은 그것을 없애버리고 군자는 그것을 보존한다'고 하셨다. 이런 마음을 보존하지 못하면 얼마 안 가서 어두워지고 어리석어지고 한쪽으로 쏠리고 어긋나[晦昧僻違], 감정이 촉발되기만 하면 욕심이 시키는 대로 하게 되어 외부의 사물과 자신을 구별하지 못하게 되니 오히려 깨닫는 바를 편안한 마음으로 받아들이겠는가? 그러나 마음은 비록 아직 움직이지 않았으면서도 이른바 '지극한 고요함[至靜]'이라는 것이 있으니 저 마음속에 어지러이 뒤섞이는 것[紛紜]은 붕붕 떠다니는 생각[浮念]뿐이요, 간사한 생각[邪思]뿐이다. 외부의 일이나 사물과 접촉을 하면[物交] 끌려갈 뿐이니 비록 여러 가지 생각이 번잡하여 흐려진다고 하더라도 이른바 지극한 고요함이란 진실로 그대로이다. 군자가 마음을 논할 때 반드시 보존과 없어짐[存亡]을 말하는 것은 마음이 진짜로 없다는 것이 아니라 잡아 쥐거나 놓아버리는 것[操捨]을 갖고서 말했을 뿐이다. 따라서 사람이 마음을 잡아 쥐는 방법을 안다면 마음은 보존할 수 있다. 맹자께서 말씀하시기를 '마음을 기르는 데 욕심을 줄이는 것보다 더 좋은 것은 없다'고 했으니 욕심을 줄임으로써 마음을 길러 외부의 일이나 사물에 유혹당하지 않도록 하는 것이야말로 마음을 보존하는 첫걸음[權輿][1]일 것이다."

가만히 살펴보다

범씨의 이 단락에서 '배운다는 것은 곧 깨닫는 것'이라는 것과 '마음이 진짜로 없다는 것이 아니라 잡아 쥐거나 놓아버리는 것[操捨]을 갖고서 말했을 뿐'이라는 것은 모두 정자의 말씀과 합치됨이 있다. 또 마음을 보존하는 것이 지극한 고요함에 있고, 욕심을 줄이는 데에서 그 첫걸음이 된다고 한 것은 또한 주자(周子)의 말씀과 합치됨이 있다.

주자가 석자중(石子重)[2]에게 답한 편지에서 말했다.

"공자께서 '잡아 쥐면 보존되고 놓아버리면 없어지니[操存舍亡] 들고 남에 일정한 때가 없어 그 방향을 알 수 없다'라는 구절을 말씀하시고서 '오로지하는 자세로 마음을 나아가게 한다[以惟心之]'는 한 구절로써 결말을 지으셨다. 이는 바로 마음의 본체와 쓰임[體用]을 곧장 가리켜서 그 마음의 두루 흐르고[周流] 바뀌고[變化] 신령스럽고[神明] 종잡을 수 없는[不測] 오묘함을 말씀하신 것이다. 만약에 '놓아버리면 없어지는 것이 이처럼 마음이 달아나버리게 만들었다'고 말한다면 공자께서 마음의 본체를 말씀하신 것은 단지 마음의 병통만을 말한 것일 뿐이다. 하지만 (공자처럼) 뛰어난 분께서 말로 어떤 것을 형용한[立言命物] 뜻이 아마도 그와 같지는 않을 것이다. 또 들고 남[出入] 두 자에는 좋음이 있고 나쁨이 있으니[3] 모두 다 놓아버리면 없어지는 것이 초래한 것이라고 말할 수는 없다. 또 '마음의 본래 모습

〔本體〕은 보존하느냐 없어지느냐에 따라 말할 수 없다'고 한다면 이 또한 실상에 맞지 않는다. 만약에 잡아 쥐어 보존한 것이 애초에 마음의 본래 모습이 아니라면 보존된 것이 과연 어떤 것인지를 알 수 없으며, 또 무엇 때문에 반드시 그것을 보존할 필요가 있겠는가? 우연히 기억해 보건대 호문정공(胡文定公-호안국)이 말한 '일어나지도 않고 사라지지도 않는 것〔不起不滅〕이 마음의 본체〔體〕요, 막 일어났다가 막 사라지는 것〔方起方滅〕이 마음의 쓰임〔用〕이다. 따라서 늘 마음을 잡아 쥐어 보존할 수 있다면 비록 하루 사이에 백 번 일어나고 백 번 사라지더라도 마음은 진실로 자신의 모습 그대로이다'라는 것은 참으로 좋은 말이다. 다만 이것을 읽는 사람은 마땅히 이른바 '일어나지도 않고 사라지지도 않는 것'이 흙덩어리처럼 꼼짝도 하지 않아서 알고 깨닫는〔知覺〕 바가 없는 것이 아니요, 또 백 번 일어나고 백 번 사라지는 가운데 별도로 어떤 것이 있어서 그것이 일어나지도 않고 사라지지도 않는 것이 아님을 알아야 한다. 다만 이 마음이 훤하게 밝아서〔瑩然〕 사사로운 뜻이 전혀 없으면 이는 곧 고요하여〔寂然=靜然〕 조금의 움직임도 없는 (마음의) 본래 모습이요, 이치를 고분고분 따라서 일어나고, 이치를 고분고분 따라서 사라지면 이것이 곧 감응을 일으켜 드디어 천하의 일들에 두루 통하게 된다.[4]"

어떤 사람이 '우산의 나무' 한 장에 관해 묻자 주자가 말했다.

"밤기운은 비와 이슬이 적셔주는 것과 같고, 선량한 마음은 나무의 싹〔萌蘖〕이 생겨나는 것과 같다. 그런데 사람의 선량한 마음은 비록 꼼짝 못하다가 없어지는〔梏亡〕 경우가 있지만 밤기운은 일찍이 생겨나지 않는 바가 없다. 곡(梏)은 형틀을 차고서 이곳에 갇혀 있어 다시는 몸을 이리저리 움직일 수 없는 것과 같고, 망(亡)은 자신의 물건을 잃어버리는 것과 같다."

또 말했다.

"밤에 자라는 것이 도리어 이 선량한 마음[良心]이다. 따라서 밤기운이 맑아서 외부의 일이나 사물과 접하지 않은 평탄한 때가 바로 이 선량한 마음이 발하는 때다. 다만 그 발하는 바가 적고 낮에는 꼼짝 못하다가 없어지는[梏亡] 바가 펼쳐지고 반복된다. 이 때문에 밤기운이 보존되지 못하는 것이다. 이는 마치 잠을 한번 깨어 일어나면 예전처럼 아무 일이 없는 것, 즉 잠을 자지 않음과 같은 것이다."

또 말했다.

"선량한 마음은 처음에는 본래 10분(分)이었지만 욕심이 펼쳐져 꼼짝 못하다가 없어지는 바가 더해진다. 그리하여 그런 욕심이 1분이라면 자신의 선량한 마음은 단지 9분만 있고, 다음 날 그런 욕심이 다시 1분 더 많아지면 자신의 선량한 마음은 또 물러나 단지 8분만이 있을 뿐이다. 이리하여 저 욕심은 날마다 많아지고 자신의 선량한 마음은 날마다 물러난다. 이 장은 지극히 정밀하고 은미하니[精微] 맹자(정도의 빼어난 인물)가 아니었으면 (제대로) 말씀하지 못했을 것이다. 다른 사람은 비록 이런 생각을 갖고 있었다고 하더라도 그것을 말이나 글로 제대로 형용할 수가 없다."

인산 김씨가 말했다.

"이 장은 맹자가 사람들을 구제하려는 뜻이 간절하다. 산목(山木) 한 단락은 양심(良心) 한 단락과 상대가 되고, 기름[養]과 기름을 잃는 것[失養]이 또한 상대가 되며, 기름을 얻고 잃는 것은

또 (마음을) 잡아 쥐거나 놓아버리는[操舍] 사이에 달려 있다. 정
자가 또 '삼감으로써 안을 곧게 한다[敬以直內]'는 한 구를 단서
로 삼아 그 뜻을 밝힘으로써 (마음을) 잡아 쥐어 보존하는 방법
을 가리켜 보여주었으니 이는 간절하고도 긴요하다고 할 수 있
다. 배우는 자가 이것을 읽을 때에는 시급하게 이를 경계하고 살
펴야 할 것이다. 이것을 보존하면 사람이요, 이것을 보존하지 못
하면 짐승이다. 아! 두려워해야 할 것이다."

(어떤 사람이) "사람의 마음이 어지러워 흐려졌을[紛擾] 때에는 그것
을 쥐어 잡기[把捉]가 어렵습니다"고 말하자 (주자가) 이렇게 말했다.
"참으로 그것은 어렵다. 마음을 잡아 쥐기를 오래하지 못하면 또다
시 외부의 일이나 사물 혹은 한가로운 잡념[閑思慮]에 이끌려 다니게
된다. 『맹자』의 '우산의 나무' 한 장을 최대한 잘 들여다보아야[要看]
할 것이다."
또 말했다.
"이것은 다른 사람과는 상관없는 일이니 비록 그것이 어렵더라도 진
실로 모름지기 자기 스스로 힘써야 한다. (마음이) 늘 깨어 있어[惺惺]
마구 풀려 돌아다니지 않게 해야 하며, 물욕이 다가오는 것을 깨달았
으면 즉각 긴장하여 그것을 따라가지 않으려고 해야 한다. 만약에 '마
음을 잡아 쥘 수가 없고 물욕을 이길 수 없다'고 말한다면 이는 스스
로 무너지는 것[自壞]이다. 그렇게 될 경우 다시 어찌 '어짊을 행하는
것은 자기 자신으로부터 비롯되는 것이지 다른 사람에게서 비롯되는
것이겠는가?'라고 말할 수 있겠는가?"[5]

정자가 말했다.

"배우는 자는 마음과 생각이 어지러워〔紛亂〕 평안하고 고요하지 못함을 근심해야 한다. 이것은 온 천하의 누구에게나 있는 병통이다. 배우는 자는 다만 이 마음을 세워야 하니 이 위에 참으로 헤아려야〔商量〕 할 것이 있다."[6]

🔲 **가만히 살펴보다** 사람의 마음을 잡아 쥐어 보존하지 못하는 것은 대부분 생각하는 바가 어지럽고 흐려지는 데서 나온다. 그래서 선배 유학자들이 (그 점에 대해) 누누이 말씀했던 것이다. 그러나 마음을 잡아 쥐어 그것을 보존하는 방법을 찾아보면 어찌 별도의 방법이 있겠는가? 진실로 고요함으로 그것을 길러〔靜以養之〕 삼감으로 그것을 지켜낼〔敬以持之〕 뿐이다. 여기서 잡아 쥐어 보존함〔操存〕에 관한 11가지 조목을 아래와 같이 뽑았고, 고요함과 삼감〔靜敬〕에 관해서는 별도로 나타냈다.

(정자가) 또 말했다.

"사람들이 생각하는 바가 많아서 스스로 평안하지 못한 것은 다만 마음이 주장하는 바를 제대로 정하지 못했기 때문이다. (마음이 주장하는 바를 제대로 정하려면) 오로지 일(의 이치)〔事=至善〕에서 오래 머물러야 한다〔惟是止於事〕. 예를 들면 임금이 되어서는 어짊에 오래 머무는 것〔止於仁〕이 바로 그런 부류다. 순임금이 네 명의 흉적〔四凶〕[7]을 주벌할 때 그들이 이미 나쁜 짓을 행했기 때문에 순임금이 (그에) 따라서 그들을 주벌한 것이지 순임금이 어찌 (억지로) 관여해서〔與〕 그랬겠는가? 사람이 일(의 이치)에 오래 머물지 못하는 것은 단지 다른 일을 잡고 있어서 일이나 사물을 각각 그 일이나 사물에 맡겨두지 못하기 때문이다. 결국 일이나 사물을 각각 그 일이나 사물에 맡겨두면 이는 일이나 사물을 (제대로) 부리는(役=使) 것이요, 일이나 사물에게 부려지게 되면 이는 그 일이나 사물에게 부림을 당하는 것이다. 일이나 사물이 있으면 반드시 거기에는 법칙(則)이 있으니 모름지기 일이나 사물(의 이치)에 오래 머물러야 한다."

서산 진씨가 말했다.

"정자가 또 일찍이 말씀하시기를 '사람에게는 404가지의 병통이 있는데 이것들은 모두 다 자기 자신에게서 비롯되지 않는다. 다만 이 마음만은 모름지기 자기 자신에게 비롯된'라고 했다. 이는 곧 마음을 주재하는 문제에 관해 말한 것이다."

(정자가) 또 말했다.

"사람의 마음이 주재하는 바가 정해지지 못하는 것은 바로 하나의 수차(繙車=水車)가 돌아가면서 계속 요동을 치는 바람에 잠시라도 멈추는 때가 없는 것과 같아서 (마음 안에서) 느끼는 바가 만 가지이다. 따라서 만약에 어느 하나를 주장하는 바로 삼지 않는다면 아무리 애를 쓴다 한들 어떻게 하겠는가? 장천기(張天祺)[8]가 일찍이 말하기를 '여러 해 동안 평상에 올라 앉아 사색(思量=商量)을 하지 않기로 마음먹었다'고 했다. 그런데 잠시라도 사색하지 않으려 한 다음부터는 모름지기 바로 이 마음을 억지로 잡아서 제약하고 속박하거나(制縛) 또는 모름지기 하나의 형태나 모양(形象)에 붙박아두어야 한다. 그렇다면 이는 모두 다 스스로 그러한 것이라고 할 수 없다."

(정자가) 또 말했다.

"군실(君實)[9]이 일찍이 생각하는 바[思慮]가 어지러움[紛亂]을 걱정하여 때로는 한밤중에 일어나 날이 밝도록 잠을 이루지 못했으니 참으로 자기 스스로 힘들어했다고 말할 만하다. 사람이라는 게 도대체 그 혈기가 얼마나 되겠는가? 만일 (계속해서 사마광처럼) 이렇게 한다면 얼마 안 가서 혈기는 꺾이고 쇠하여 다하고 말지 않겠는가? 그 후 군실은 사람들에게 말하기를 '최근에 한 가지 방법을 터득했다. 늘 적중함[中]을 염두에 두는 것이다'고 했다. 그러나 이 또한 적중함에 의해 어지럽혀지는 것이다. 또 적중함이라는 게 무슨 형체가 있어서 어떻게 생각을 한단 말인가? 그저 단지 좋은 말 가운데 하나의 좋은 글자를 가려낸 것일 뿐이다. 따라서 적중함(같은 말)에게 어지럽힘을 당하느니 한 줄의 염주를 주는 것이 낫다. 밤에는 몸을 편안히 하고 잘 때는 눈을 감아야 한다. 그런데 알지 못한다고 해서 괴롭고 또 괴롭게 무엇을 사색한다는 말인가? 이는 다만 마음을 그 주장하는 바로 삼지 않았기 때문이다."

훗날에 (정자가) 또 말했다.

"군실이 근년에 병통을 점점 이겨내더니 (마침내) 빠르게 그것을 없애버렸다."

가만히 살펴보다 (정자의) 이 말에서 (사마광처럼) 크게 뛰어난 이[大賢]가 다움과 행실[德業]을 진전시켜 날로 새로워지는 공력은 젊다고 하여 군건하고 늙었다고 하여 쇠락한 것이 아니라는 것을 알 수 있다. 따라서 배우는 자는 마땅히 이 점을 깊이 잘 살펴야 할 것이다.

(정자가) 또 말했다.

"힘써 배우느라〔苦學〕 마음을 잃어버렸다〔失心〕고 말하는 자가 있다. 배움이라는 게 본래 마음을 다스리는 것〔治心〕인데 어찌 도리어 마음에 해악을 끼친단 말인가? 내가 기운은 비록 왕성하지 못하지만 병이 없고 게으름이나 태만함이 없을 수 있는 것은 단지 생명을 해칠 수 있는 일을 함부로 하지 않고, 또 마음을 함부로 하지 않기 때문이다. (여색이나 각종 쾌락과 같은) 그 밖의 일들에 대한 내 생각은 참으로 한가로울〔悠悠〕 뿐이다."

(정자가) 또 말했다.

"사마자미(司馬子微)[10]가 『좌망론(坐忘論)』[11]을 지었는데 이것이 소위 '앉아서 (생각이) 치달리게 한다〔坐馳〕'는 것이다."

주자가 말했다.

"사람의 마음은 지극히 영험하여 만 가지 변화를 다 주재한다. 사물이 그런 변화를 주재할 수는 없다. 따라서 조금이라도 잡아 지키려는 뜻이 있다면 곧 이 마음이 먼저 스스로 움직이는 것이니 이것이 정자(정이천) 선생께서 언제나 '좌망은 곧 좌치'라고 말한 까닭이다. 또 배우는 자들에게 (마음을) 잘 쥐고서 지키는 도리를 가리켜 보이실 때에 비록 '삼감으로써 안을 곧게 한다〔敬以直內〕'고 말씀했으나 또 '삼감으로써 안을 곧게 하면〔以敬直內〕[12] 곧 곧아지지 않는다'는 말씀이 있는 것이다."

(정자가) 또 말했다.

"사람이 꿈꾸며 잠들어 있는 사이에도 스스로 자신이 배운 바가 얕은지 깊은지를 징험할[卜=驗] 수 있다. 예를 들어 꿈에서라도 뒤집어진다면[顚倒] 이는 곧 사람의 뜻하는 바가 정해지지 못한 채, 잘 쥐고서 지키는 바[操存]가 군건하지 못한 때문이다."

주자가 말했다.

"혼(魂)과 백(魄)[13]이 사귀어 잠을 자게 되는 것이다. 마음이 그 사이에 있게 되면 예전처럼 능히 사려할 수 있다. 이 때문에 꿈에 나타나는 것이니 만약에 마음과 정신이 안정되어 있으면 꿈에서도 뒤집어지는 데까지 이르지 않는다."

장자가 말했다.

"마음이 맑을 때는 적고 어지러울 때는 많다. 마음이 맑을 때는 보는 것이 눈 밝고 듣는 것이 귀 밝으며[視明聽聰] 온몸을 억지로 구속하지 않고서도 저절로 공손하고 조심한다. 마음이 어지러울 때는 이와 반대로 한다. 이는 어째서인가? 대개 마음을 쓰는 것[用心]이 미숙하여 잡념[客慮]은 많고 오래가는 마음[常心]은 적으며, 또 낡은 관습에 젖은 마음[習俗之心]은 아직 제거하지 못했는데 꽉 찬 마음[實心]은 아직 채워지지 못했기 때문이다. 사람은 또 (마음이) 군세어야[剛]한다. 마음이 군세면 그것을 지키는 바가 정해질 수 있고 휘둘리지 않아[不回] 도리에 나아가는 것이 용맹스럽고 과감해진다."

주자가 말했다.

"장횡거가 공력[工夫]을 쏟아야 할 지점을 말씀한 것이 두 정

선생[14]보다 정밀하고 간절하다. 두 정 선생은 타고난 자질과 인품〔資稟〕이 높고 깨끗하며 맑아 공력을 쏟는 데 크게 힘을 쏟지 않은 반면 장횡거는 타고난 자질과 인품이 한쪽으로 쏠리고 뒤섞인 데다 편협한 바가 있었다. 그래서 더 크게 공력을 쏟았다고 했다. 이 말을 보건대 그 말한 바가 대단히 정밀하고 간절하다."

또 말했다.

"잡념은 대충대충 생각하는 것이고, 낡은 관습에 젖은 마음은 곧 예전에 익혀서 익숙한, 편벽되고 치우친 마음인 반면 꽉 찬 마음은 곧 의로움과 이치〔義理〕를 중시하는 마음이다."

주자가 말했다.

"오늘날 배우는 자들이 크게 나아가지 못하는 것은 다만 이런 마음이 없기 때문이다. 일찍이 기억하건대 내가 어린 시절 동안(同安)에 있으면서 밤에 종소리를 듣고 있는데 하나의 종소리가 미처 끝나기도 전에 이 마음이 이미 스스로 내달리곤 했다. 그로 인해 경계하면서 깊이 살폈더니 마침내 배움이라는 것은 모름지기 뜻을 지극히 하는 것〔致志〕임을 알게 되었다."

(주자가) 또 말했다.

"이 선생[15]이 '사람의 마음속에 있는 크게 나쁜 생각은 도리어 쉽게 제어하여 굴복시킬 수 있지만 크게 이해관계를 따지는 것도 아닌데 느닷없이 없어졌다가 느닷없이 생겨나는 생각이 서로 이어져 끊이지 않는 것은 몰아내기가 가장 어렵다'고 했다. 지금 몸소 겪어보니 그것이 옳다."

(주자가) 또 말했다.

"사람에게 하나의 바른 생각[正念]이 있다는 것은 스스로 분명하지만 또 옆에서 별도로 하나의 작은 생각[小念]이 생겨나서 점점 널리 퍼져가니 잘 살피지 않으면 안 된다."

사현도(-사량좌)가 정명도 선생을 따라서 부구(扶溝)에 이르렀는데 명도 선생이 하루는 그에게 말했다.

"너희들은 이곳에 있으면서 서로 (도리를) 따른다고 하지만 단지 나의 말만 배울 뿐이다. 그 때문에 그 배움은 마음과 입이 서로 응하지 않으니 어찌 그것을 행하는 척만 하는 것이 아니겠는가?"

사현도가 어떻게 하면 되는지를 묻자 정명도 선생이 말했다.

"우선 가만히 앉아 있어보라[靜坐]!"

가만히 살펴보다 선배 유학자들이 고요함[靜]을 주로 하라는 것에 대해 논한 것을 명도 선생으로부터 이하 9가지 조목을 얻었다.

정이천 선생은 매번 사람이 가만히 앉아 있는 것을 보면 곧 그가 잘 배우고 있다고 찬사를 보냈다.

소강절(邵康節-소옹) 선생이 백원산(百原山) 깊은 산중에 서재를 열고서 홀로 그 안에 거처했다. 왕승지(王勝之)[16]가 항상 달밤을 타고서 그곳을 방문했는데 그때마다 반드시 등불 아래에서 옷깃을 바르게 하고 무릎을 꿇고 앉아 있었는데, 아무리 밤이 깊어도 이렇게 하고 있는 것을 보았다.

주자가 말했다.

"강절 선생을 보면 이분은 모름지기 일을 당하여 지극히 잘 처리했다. 그래서 정신이 여유롭고 기운이 안정되어 (좋지 않은) 말소리와 기운〔聲氣=聲色〕이 동하지 않아 일을 처리함이 정밀하고 밝았다. 그 기운과 바탕〔氣質〕이 본래 맑고 밝은 데다가 더욱이 마음을 길러내고 얻어낸 바〔養得〕가 깨끗하고 두터웠으며〔純厚〕, 또 일찍이 마음을 쓸데없는 데 쓰지 않아 그 마음을 쓰는 바가 모두 긴요한 데 있었기 때문에 그의 고요함이 지극했던 것이다. 그 때문에 선생이 천하의 사물과 이치를 보는 바가 이처럼 정밀하고 밝았던 것이다."

주자가 말했다.

"고요함을 주재하는 문제는 (『맹자』의) '밤기운〔夜氣〕' 한 장에서 볼 수 있다.

어떤 사람이 "정자께서는 늘 사람들에게 가만히 앉아 있을 것을 가르치셨는데 어째서 그렇습니까?"라고 묻자 주자가 말했다.

"참으로 정자께서는 사람들이 많이 생각하도록〔多慮〕 하고자 하신 것이다. 그래서 우선 사람들로 하여금 이런 마음을 거두어 모아들이게 하려고 하신 것일 뿐이다. 그러니 처음 배우는 자들은 진실로 마땅히 이와 같이 해야 할 것이다."

(주자가) 또 말했다.

"연평 선생이 일찍이 말씀하기를 '도리와 이치는 모름지기 낮에는 그 뜻을 정확히 헤아리고, 밤중에는 도리어 고요한 곳에 가서 앉은 자리에서 깊이 생각하고 또 생각해야〔思量=商量〕 비로소 얻는 바가 있을 것이다'고 했는데 내가 이 말을 따라서 그렇게 해보니 정말로 그 효과가 특별했다."

(주자가) 또 말했다.

"지금 사람들은 모두 다 (어떤 문제를) 그 근본에 파고들어 이해하려 하지 않는다. 예를 들면 삼감〔敬〕이라는 글자를 단지 말만 할 뿐이고, 거기서 더 나아가려 하지 않기 때문에 근본이 설 수 없는 것이다. 따라서 그 밖의 다른 자질구레한 공부도 제대로 설 자리를 찾지 못한다. 명도 선생과 연평 선생 두 분 다 사람들에게 '가만히 앉아 있어보라〔靜坐〕'고 하셨는데 내가 볼 때도 모름지기 가만히 앉아 있어봐야 하겠더라."

선생(주자)이 백우(伯羽)에게 "어떻게 공력을 쏟고 있는가?"라고 묻자 백우는 "우선 가만히 앉아 있는 것을 배워 사색하는 바를 통렬하게 억제하고 있습니다"고 답했다. 이에 선생이 말했다.

"통렬하게 억제하는 것은 성과가 없을 것이다. 다만 (자질구레한 잡생각들을) 놓아주어 물러가게〔放退〕 해야 한다. 만약에 눈을 완전히 감고 앉아 있으면 도리어 (쓸데없는) 생각함이 있게 될 것이다."

또 말했다.

"또한 전혀 생각하지 않기를 바라는 것은 있을 수 없고, 다만 간사한 생각이 없는 것만이 있을 뿐이다."

(주자가) 또 말했다.

"마음이 아직 (마음 밖의) 일과 마주치지 않았을 때에 모름지기 고요해야만 정작 일에 임해 바야흐로 마음을 쓰려고 할 때 곧 기운과 힘이 있는 것이다. 만약에 마땅히 고요해야 할 때 고요하지 못해서 생각이 이리저리 어지럽게 되면 마침 일이 생겼을 때에 이르러 이미 먼저 마음은 피곤해 있는 상태. 이천 선생이 (『주역』 「계사전」에 나오는) '고요함은 오로지 한결같다〔靜專〕'는 구절을 해석하면서 '오로지 한결같지 않으면 곧바로 이루어낼 수 없다'고 했다. 따라서 한가로울 때 모름지기 마음을 거두어 모아두어야〔收斂〕 정작 일을 하려고 할 때 곧 정신이 있게 되는 것이다."

정자가 말했다.
"(마음을) 잘 쥐고서 다잡는 것〔操約〕은 삼감〔敬〕뿐이다."

가만히 살펴보다 선배 유학자들이 삼감을 잡아 쥐는 것〔持敬〕에 대해 논한 것을 정자로부터 이하 10가지 조목을 얻었다.

소백온(邵伯溫)[17]이 "마음을 다스리는 법〔心術〕이 가장 어렵습니다. 어떻게 잡아 지켜야〔執持〕 합니까?"라고 묻자 정자가 말했다.
"삼가라〔敬〕!"

(정자가) 또 말했다.
"삼감은 온갖 간사함〔百邪〕을 이겨낸다."

주자가 말했다.

"정 선생이 후학들에게 공이 있는 까닭은 바로 이 삼감〔敬〕 한
경
자가 (그들에게) 가장 큰 힘이 되어주었기 때문이다."

(정자가) 또 말했다.

"(사람이) 도리에 들어가는 방법으로는 삼감〔敬〕만 한 것이 없다. 따
경
라서 능히 (도리를) 아는 것에 이르면서 삼감이 없는 자는 없다. 지금
사람들은 마음을 주재하는 바〔主心〕가 안정되지 못해 마음을 대하기
주심
를 마치 도적처럼 여겨서 제대로 통제를 하지 못한다. 이는 외부의 일
이 마음을 옭아매서 그런 것이 아니라 마음이 일에 얽매이기 때문이
다. 천하에는 어떤 한 가지 일이나 사물도 없어서는 안 된다. 그러니
그 어떤 것도 미워해서는 안 된다는 것을 알아야 할 것이다."

(어떤 사람이) "정자는 '일과 사물을 바로 파악하는 것〔格物〕
격물
과 이치를 파고드는 것〔窮理＝致知〕이란 단지 뜻을 열렬하게 함
궁리   치지
〔誠意〕으로써만 그것을 파악하고 파고드는 것이다'고 말했고, 또
성의
'도리에 들어가는 방법으로는 삼감〔敬〕만 한 것이 없다'고 말했
경
습니다. 어리석은 제가 생각할 때는 뜻을 열렬하게 하는 공부는
(『대학』에서의 순서상으로) 격물(格物)과 치지(致知)보다 뒤에 있
는데 여기서는 마침내 뜻을 열렬하게 함으로써만 비로소 나아가
격물할 수 있다고 했으니 경전(經傳)[18]의 뜻과 반대되는 것이 아
니겠습니까"고 묻자 잠실 진씨가 말했다.

"정자의 학문 중에는 이러한 유형들이 매우 많다. 예를 들면
앎에 이를 때〔致知〕 삼감을 쓰는 것[19]도 마음을 바로 하는 것
치지

〔正心〕과 뜻을 열렬하게 함〔誠意〕의 자리를 먼저 침범한 것이
다. 열렬히 함〔誠〕과 삼감〔敬〕 두 글자는 움직일 때와 고요할 때
〔動靜〕, 시작과 끝〔始末〕을 두루 꿰뚫는다. 따라서 격물과 치지에
앞서 또 별개의 삼감의 공부가 따로 있는 것이 아니다. 단지 마
음〔主人翁=心〕을 세우고자 할 뿐이다. 그렇지 못하면 모두 헛된
것〔妄〕이 된다."

서산 진씨가 말했다.

"한 가지 일에는 한 가지 일의 이치가 있다. (따라서) 사람이 능
히 그 마음을 안정시켜서 이치를 따라 응하게 되면 그 일은 모두
제자리를 얻고 마음 또한 수고롭지 않다. 하지만 만약에 (마음이)
어지럽게 흔들려 사사로운 마음으로 (일에) 대처한다면 그 일은
반드시 마땅함〔當=理〕을 얻지 못하고, 마음 또한 잠시도 편안하
지 못할 것이니 (이렇게 되면) 사람들은 단지 일이 마음에 얽매이
는 것만 알고, 마음이 일에 얽매이는 것은 전혀 알지를 못한다."

(정자가) 또 말했다.

"대체로 사람의 마음은 두 가지를 동시에 써서는 안 된다. 한 가지 일
에 마음을 쓰면 다른 일이 (그 마음에) 들어올 수 없는 것은 (이미) 그
일이 (마음을) 주재하고 있기 때문이다. 이처럼 한 가지 일이 마음을 주
재하고 있어도 오히려 생각이 어지럽게 흔들리는 걱정이 없는데 만약
에 삼감〔敬〕이 마음을 주재한다면 또 어찌 그런 걱정이 있겠는가?"

어떤 사람이 "한 가지 일이 마음을 주재한다〔事爲之主〕는 한

단락은 의심컨대 마땅히 마음으로 하여금 일을 주재하게 해야지 일로 하여금 마음을 주재하게 해서는 안 된다는 뜻인 듯합니다"고 하자 (주자가) 말했다.

"한 가지 일이 마음을 주재한다는 것은 단지 이 마음이 거둬지고 모아져서 한 가지 일 위에 머물러 있으면서 다른 데로 내달리지 않게 하는 것일 뿐이다. 예를 들면 이천 선생이 온공(溫公-사마광)에게 염주를 주려고 했던 것 등이 그런 것이다."

횡거 선생이 일찍이 "내 15년 동안 '(남들에게) 공손하면서도 그것을 마음속으로 편안하게 받아들임〔恭而安〕'[20]을 배웠으나 이루지 못했다"
고 말하자 명도 선생이 말했다.

"(그대처럼 뛰어난 사람도) 이처럼 배움이 이뤄지지 못했다는 것은 그만큼 (사람에게는) 많은 병통이 있다는 것을 알 수 있다."

사씨(-사량좌)가 말했다.

"무릇 (외적으로) 공손하고 (내적으로) 조심하면〔恭謹〕 반드시 억지로 힘을 쓰게 되어 마음 편하게 제멋대로 하지 못하고〔不安肆〕, (반대로) 마음 편하게 제멋대로 하게 되면 반드시 마음을 마구 풀어내어〔放縱〕 공손하지 못하다〔不恭〕. 공손하다는 것은 잊지 말라〔勿忘〕는 것과 같고, 편안하다〔安〕는 것은 헛되이 조장하지 말라는 것과 같다. 따라서 바로 잊지도 않고 조장하지도 않는 사이에서 세밀하게 몸으로 익혀야 할 것이다."

(어떤 사람이) "횡거는 단지 굳게 잡기만 했기 때문에 편안하지

못했던 것입니까?"라고 묻자 주자가 말했다.

"그는 다만 공손함만을 배워서 스스로 일찍이 익숙해지지〔熟=安〕 못함을 겪어본 것이다. (원래) 공손함을 배우고 뒤에 또다시 편안함을 배우는 것이 아니다."

(정자가) 또 말했다.

"배우는 자는 모름지기 이런 마음을 삼가며 지켜서 결코 급박하게 해서는 안 된다. 마땅히 (그런 마음을) 재배하기를 깊고 두터이 하여 그 사이에서 푹 젖어들어 길러낸〔涵養〕 다음에야 스스로 얻는 바가 있을 것이다. 단지 급박하게 구하려고만 한다면 그것은 다만 사사로움일 뿐이어서 끝내 도리에 도달하지 못한다."

어떤 사람이 "삼감을 (내 몸에) 잡아 쥐는 것〔持敬〕이 심히 편안치 못하다는 것을 깨달았습니다"고 하자 주자가 말했다.

"처음 배우는 자가 어떻게 곧바로 (내적인) 편안함〔安〕을 얻을 수 있겠는가? 다름 아닌 공자(같은 빼어난 자)라야 바야흐로 (남들에게) 공손하면서도 그것을 마음속으로 편안하게 받아들일 수 있는 것이다〔恭而安〕. 처음에 삼감을 잡아 쥐려고 할 때에는 모름지기 온 힘을 다하되〔勉强〕 다만 조금이라도 놓아버리는 것〔放去〕이 있다는 것을 깨달았을 때는 곧바로 거두어 모아들여 (다시) 깨워 일으킨다면 삼감은 곧 그 가운데에 있게 된다. (이처럼) 항상 (마음이) 서로 이어지게 되면 오랜 후에는 저절로 익숙해질〔熟=安〕 것이다."

(어떤 사람이) "지금 공력을 쏟을 때에 통렬하게 스스로를 깨우쳐 질책하지 않고 단번에 재배하고 푹 젖어들어 길러낼〔涵泳 = 涵養〕 경우 혹 마음이 달아나고 뒤집어지는 데〔放倒〕 가까워질까봐 두렵습니다"고 하자 남헌 장씨가 말했다.

"이런 마음을 삼가며 지켜서 재배하고 푹 젖어들어 길러낸다면 이것이 바로 공력을 쏟는 것이다. 그러니 만일 마음이 달아나고 뒤집어지는 데 가까워진다면 어찌 재배하고 푹 젖어들어 길러냄이 있겠는가?"

주자가 말했다.

"삼감은 곧 공자 학파〔聖門〕 제일의 의리로 처음과 끝을 꿰뚫는다〔徹頭徹尾〕. 잠깐 동안이라도 중간에 끊어져서는 안 된다."

(주자가) 또 말했다.

"삼감은 사람의 욕심〔人欲〕에 맞서는 것이다. 따라서 사람이 늘 삼가면 하늘과도 같은 이치〔天理〕가 절로 밝아져서 사람의 욕심이 위로 올라올 수가 없다."

(주자가) 또 말했다.

"삼감은 사람을 (넘어지지 않게끔) 붙들어주고 질책하는 도리다. 사람이 마음이 흩어져 제멋대로 떠돌아다니거나 게을러졌을 때를 당하여 삼가는 마음을 가질 경우 곧장 이런 마음을 붙들어주고 질책하여 일으켜줄 수 있다. 항상 이처럼 한다면 비록 약간의 흩어지고 기울어지고 간사하고 거만한〔放僻邪侈〕 뜻과 생각이 있더라도 저절로 물러가

(하늘과도 같은 이치의 명을) 듣고서 따르게 될 것이다."

(어떤 사람이) "평소 마음가짐에서 삼감을 내 몸에 잡아 쥘〔持敬〕 때
에 (아무 일 없이) 고요할 때는 아주 좋다가도 일을 당하게 되면 싫거
나 게을러지고, 혹은 일을 당했을 때에 힘을 쓰면 (마음이) 어지러워
흐려짐〔紛擾〕을 깨닫고, 그렇지 않으면 바로 삼감을 보존해야 할 때에
갑자기 (쓸데없는) 생각에 끌려가곤 합니다. 이 세 가지를 장차 어떻게
이겨내야 합니까"라고 묻자 (주자는) 말했다.

"지금 사람들은 삼감을 지키는 일을 무슨 별도의 일처럼 생각한다.
그 때문에 싫거나 게을러지는 마음이 생겨나고 (쓸데없는) 생각에 질
질 끌려간다. 삼감은 오직 자신의 한 가지 마음을 늘 일깨우는 것, 바
로 이것이다. 그러니 삼감을 지키는 일을 무슨 별도의 일처럼 생각해서
는 안 된다. 또 어찌 손을 들고 무릎을 꿇고 허리를 굽히고서 흙덩이처
럼 여기에 있은 다음에야 삼감을 행한다고 가리켜 말할 수 있겠는가?"

서산 진씨가 말했다.
"진(秦) 나라와 한(漢) 나라 이후 여러 학자들은 모두 삼감〔敬〕
이 배우고 묻는 것〔學問〕의 뿌리인 줄을 모르고 있다가 (송나라
때의) 정자에 이르러서야 사람들에게 가리켜 보여주었고, 주자
가 다시 그 뜻을 들춰 밝혀〔發明〕 지극히 간절하게 풀어냈다. 두
선생이 유학의 도통〔聖門〕에 공이 있다면 이것이 가장 크다고 하
겠다."

노재(魯齋) 허씨(許氏)[21]가 말했다.

"배우는 초창기에는 우선 삼감을 잡아 쥐려고 해야 한다. 삼가면 몸과 마음이 거두어 모아져 기운이 거칠거나 사납지 않다. 그래서 맑은 것은 더욱 맑아지고 흐린 것은 더 이상 흐려지지 않으며, 또 아름다운 것은 더욱 아름다워지고 나쁜 것은 더 이상 행해지지 않는다. 고요할 때 삼가면〔靜而敬〕 늘 하늘과 땅의 귀신을 떠올리게 되어 감히 조금도 소홀히 하는 바가 없게 되고, 움직일 때 삼가면〔動而敬〕 보고 들음, 얼굴빛과 몸가짐, 말과 일, 의심과 분함, 얻음〔視聽色貌言事疑忿得〕[22]에서부터 일일이 다 살펴서 외부의 사물이나 일을 따라가지 않게 함으로써 비록 천만 사람들 속에 있더라도 항상 자신이 있음을 알아야 한다. 이것이 삼감을 잡아 지키는 큰 요체다.

『예기』한 책은 천만 자에 가까운데 처음에 나오는 구절이 '삼가지 않아서는 결코 안 된다〔毋不敬〕'이다. 온 천하 고금의 좋은 바는 모두 삼감〔敬〕에서 나오고, 온 천하 고금의 나쁜 바는 모두 삼가지 않음〔不敬〕에서 나온다. (따라서)『소학(小學)』에서도 곧 삼감을 구하려 해야 하고,『대학』에서도 삼감을 구하려 해야 한다. 자식이 되고 신하가 되고 임금이 되고 아버지가 되었을 때에도 모두 다 삼감을 구하려 해야 하고, 작은 일을 당해서건 큰일을 당해서건 모두 삼감을 구하려 해야 한다. 바로 이 (삼감을 구하는) 한 가지 일에 힘을 쏟은 뒤에야 배움을 논할 수 있고, 배움은 또 먼저 이치를 파고들어야 한다."

가만히 살펴보다

허씨는 변방의 오랑캐(몽골)들이 처음 중국을 어지럽히던 시기에 태어나 스승에게 전수받은 바도 없는데 홀로 정자와 주자(程朱)의 마음에 관한 학문(心學)에 얻음이 있었다. (하지만) 애석하게도 그의 말과 글을 다 볼 수 없고, (지금에 와서) 볼 수 있는 것이라고는 삼감에 머묾(居敬)과 이치를 파고듦(窮理) 같은 것들인데 모두 지극한 논의다. 그렇다면 백성의 떳떳함과 일과 사물의 법칙(民彝物則)은 진실로 세상에 따라 있거나 없거나 하는 것은 아니며, 호걸과도 같은 선비가 아니라면 진실로 어찌 (이와 같이) 백세의 뒤에 분발하여 일어날 수 있었겠는가?

정자가 말했다.

"사람의 마음은 늘 살아 있어야 한다. 마음이 살아 있으면 두루 흘러 다녀 끝이 없기 때문에 한 귀퉁이에 정체되지 않는다."

가만히 살펴보다 빼어나거나 뛰어난 이들(聖賢)이 마음을 논한 것들을 보면 진실로 들고 남(出入)과 잘 쥐고서 지키는 것(操存)을 어렵게 여겼는데 정자는 나아가 두루 흘러 다녀 정체되지 않음(周流不滯)을 중요하게 여겼다. 대개 마음이란 가만히 있음과 느낌이 있음(寂感)을 갖추고 있고, 삼감(敬)은 움직임과 고요함(動靜)을 겸하고 있다. 따라서 (마음이란 불교에서 말하듯이) 좌선하면서 생각을 포섭하는 것처럼 고요함에 한결같이 머물러 있고자 하는 것은 아니다. 이는 바로 털끝만 한 것에서 천리의 차이가 생겨나는 구분이니 배우는 자는 마땅히 조심해야 할 바다. 선배 유학자들이 삼감이 움직임과 고요함을 겸하고 있다고 논한 것을 모두 11가지 조목을 얻어 아래와 같이 낱낱이 열거한다.

(정자가) 또 말했다.

"여여숙은 (노장 계열에서 말하는) 기운을 기르는 법〔養氣〕이 (유학
에) 도움이 될 수 있다고 잘못 생각했다. 이는 대개 (기운을 기르는 법
을 쓸 경우) 예전에는 생각하는 바〔思慮〕가 어지러웠다가〔紛擾〕 지금은
텅 비어 고요하려〔虛靜〕 하기 때문에 도움이 될 수 있다고 여긴 것이
다. (그러나) 예전에 생각하는 바가 어지러웠던 것은 의로움이나 이치
도 아니고 또한 사고 때문도 아니다. 만일 이와 같다면 그것은 사리분
별을 못하고 허황한〔狂妄〕 사람일 뿐이다. 그래서 이를 경계하여 병통
으로 여겼기 때문에 마음이 텅 비어 고요하려 했던 것이다. 하지만 그
지극함에 이르러서는 마른나무와 꺼진 재와 같아지려고 했는데 이 또
한 옳지 않다. 사람은 살아 있는 것이니 또 어찌 마른나무나 꺼진 재
와 같아질 수 있겠는가? 이미 살아 있으면 반드시 움직임이 있고, 반
드시 생각하는 바가 있다. 진실함과 믿음〔忠信〕이 다움〔德〕을 나아가게
하는 것은 어째서이겠는가? 어긋남〔邪〕을 막으면 열렬함〔誠〕은 저절
로 지켜진다. 그리고 이처럼 열렬함이 지켜지는 것이 곧 진실함과 믿음
이다. 어떻게 하는 것이 어긋남을 막는 것인가? 예〔禮〕가 아니면 보지
도 않고 듣지도 않고 말하지도 않고 움직이지도 않으면〔非禮 勿視勿聽
勿言勿動〕 어긋남을 막을 수 있다. 이로써 말하자면 또 어느 때에 몸이
마른나무와 같고 마음이 꺼진 재와 같아지겠는가? 또 네 가지[23]를 끊
은 뒤에는 결국 어찌 되겠는가? 또 어느 때에 모름지기 마른나무와 꺼
진 재와 같아지겠는가? 삼감으로써 안을 곧게 하면〔敬以直內〕 모름지
기 군주는 바른 군주가 되고 신하는 바른 신하가 된다. 모든 일이 이
와 같으니 그 얼마나 분명한가?"

사람들이 일이 많은 것〔多事〕을 싫어해 어떤 사람이 이를 고민하자 정자가 말했다.

"세상 일이 비록 많다고는 하나 모두 다 사람의 일〔人事〕이다. 그러니 사람의 일을 사람이 하게끔 가르치지 않는다면 다시 누가 책임져주기를 바란단 말인가?"

가만히 살펴보다 이것은 배우는 자가 움직일 때에는 마땅히 삼가지 않는 바가 없어야 한다는 것을 말한 것이다.

장자가 말했다.

"말을 할 때는 (그 안에) 가르침〔敎〕이 있고, 움직일 때는 법도〔法〕가 있고, 낮에는 행함〔爲〕이 있고, 밤에는 얻음〔得〕이 있고, 눈 깜박할 사이에도 길러냄〔養〕이 있고, 숨을 쉴 때도 지켜냄〔存〕이 있(어야 한)다."

주자가 말했다.

"장횡거의 이 말은 참으로 좋다. 군자는 하루 종일 부지런히 힘써〔乾乾〕밥을 먹을 때나 쉴 때에도 중단치 않으며, 또한 반드시 하루 종일 책만 읽지는 않는다. 때로는 가만히 앉아서 (마음을) 지키고 길러내는 것〔存養〕이 다 공력을 쏟아야 하는 지점이다. 하늘과 땅이 만물을 낼 때에는 사시(四時)에 맞춰 부리고 움직이니〔運動〕봄에는 낳고 여름에는 자라는 것이 진실로 쉼이 없는 것이요, 비록 가을과 겨울에는 초목이 말라 잎이 떨어지더라도 생명의 의지〔生意〕가 일찍이 그 속에 없었던 적이 없다. 따라서 배우는 자가 항상 불러 깨워서〔喚令〕이 마음으로 하여금 죽지 않게 한다면 나날이 (공부의) 나아감이 있을 것이다."

가만히 살펴보다 장자가 움직임과 고요함〔動靜〕을 서로 닦는 공부가 이
동정
와 같았으니 참으로 배우는 자는 이를 본받아 잘 지켜
야 할 것이다.

상채 사씨가 말했다.

"일이 생기면 그에 (마음이) 대응하고 그 일을 따라 (휩쓸려) 함께 가
지 않는 것이 삼감〔敬〕이 아니겠는가? 만물은 바뀌어도 이 마음이 항
경
상 보존된다면 어찌 마음이 어지러워 흐려질〔紛擾〕 일이 있겠는가? 공
분요
자께서 '일을 할 때에는 삼감을 먼저 생각한다〔事思敬〕'[24]고 하신 것은
사 사 경
바로 이것을 말씀하신 것이다."

주자가 (제자인) 양자직(楊子直)[25]에게 답한 편지에서 말했다.

"몸과 마음, 안과 밖은 처음부터 아무런 간격이 없다. 이른바 마음
이라는 것은 진실로 안을 주재하지만 밖에 나타나는 모든 보고 듣고
말하고 움직이는 것〔視聽言動〕과 나가고 머물고 말하고 침묵하는 것
시 청 언 동
〔出處語默〕 또한 이 마음의 쓰임〔用〕이니 애당초 떨어져 있는 것이 아
출 처 어 묵   용
니다. (그런데) 지금 텅 비어 있어 쓰지 않는〔不用〕 경우에는 잡아 쥐어
불 용
그것을 보존하고, (또 반대로 정작) 흘러 다녀 사용되고 있는 경우에는
내버려두고서 그것을 살피지 않는다면 이는 마음의 전체를 놓고 볼
때 (각각) 비록 반은 얻고서도 반은 잃은 것이다. 그러나 그 얻은 절반
도 반드시 잘 안배하여 위치를 제대로 정해준 다음에야 능히 지켜낼
수 있다. 따라서 보존하면 싹을 뽑아 조장(助長)하는 걱정[26]이 있고,

보존하지 못하면 내버려두고서 김매지 않는 잘못이 있게 되는 것이다. 이렇게 되면 그 얻은 절반도 장차 스스로 지켜내지 못하고 잃게 된다. (그러니) 어찌 (그것이) 한결같이 삼감을 주재하여 이 마음이 우뚝 서서 안과 밖, 움직임과 고요함 사이에 털끝만 한 틈과 잠시 동안의 멈춤도 없는 것만 할 수 있겠는가?"

(어떤 사람이) "삼감[敬]이 움직일 때나 고요할 때[動靜]를 두루 꿰뚫는다고 말하지만 (사람의 마음이란) 고요할 때는 적고 움직일 때가 많으니 (마음이) 쉽게 흔들려 어지러워질까[撓亂=擾亂] 두렵습니다"라고 하자 주자가 말했다.

"어찌 (사람의 마음이) 내내[都] 고요할 수 있겠는가? 일이 있으면 모름지기 (마음은) 드러내어 응하게 된다. 사람이 세상 사이에 있게 되면 아무런 일이 없을 수가 없고, 아침부터 저녁까지 수많은 일들이 생겨난다. 그러니 일이 많아 나를 흔들어 어지럽히니 우선 따로 가서 가만히 앉아 있겠다[靜坐]고 하는 것은 말이 안 된다[不成說]. 삼감이란 이와 같은 것이 아니다. 만일 일이 눈앞에 닥쳤는데도 자신은 도리어 고요함을 내세우면서 고지식하게 응하지 않는다면 이는 곧 마음이 다 죽어버린 것이(나 마찬가지)다. 일이 없을 때는 삼감이 속에 들어가 있고, 일이 있을 때는 삼감이 일 위에 있어서 일이 있거나 없거나 나의 삼감은 중간에 끊어지지 않아야 한다. 그래서 정자께서는 '배움은 오로지 한결같이 함[專一]에 이르러야 비로소 좋다'고 말한 것이다. 오로지 한결같이 하면 일이 있거나 없거나 언제든지 이와 같이 할 수가 있다. 정자의 그 단락 중에서는 이 한 구절이 바로 긴요한 대목이다."

(어떤 사람이) "한쪽으로 마음을 잡아 쥐었다가도〔把捉〕 마음을 내려놓는〔放下〕 순간 곧장 시들해짐〔衰颯〕을 느끼게 되니 어찌해야 하는지를 모르겠습니다"고 하자 (주자가) 말했다.

"이 또한 모름지기 그렇게 잡아 쥐려고 할 필요가 없다. 만약에 가서 잡아 쥐려고 한다면 또 단지 하나의 마음이 더해지게 된다. 그대가 만일 마음을 내려놓는 것이 좋지 못하다는 것을 알았다면 (다시) 마음을 깨우쳐 일으키는 것이 바로 삼감이다."

(또 그 사람이) "가만히 앉아 있기〔靜坐〕를 오래하면 하나의 생각〔一念〕이 일어나 움직이는 것〔發動〕을 면할 수가 없으니 어떻게 해야 합니까?"라고 묻자 (주자가) 말했다.

"(무엇보다 먼저) 그 하나의 생각이 모름지기 무슨 일을 하려는지를 살펴보아야 한다. 만약에 좋은 일이어서 마땅히 해야 할 것이라면 모름지기 가서 주관할 것이고, 혹 이 일을 깊이 생각해 보았으나 다 꿰뚫어 알지〔通透〕 못했으면 모름지기 깊이 생각하는 데서 끝낼 것이다. 또 만약에 좋지 못한 일이라면 해서는 안 된다. 자신이 잠시라도 이와 같음을 깨닫는다면 이 삼감은 곧 그 안에 있게 되는 것이다."

(어떤 사람이) "관직을 맡아 일이 많아서 (마음이) 산란하여 어지러우니〔膠膠擾擾〕 어떻게 해야 합니까"라고 묻자 (주자가) 말했다.

"저 스스로 어지러운 것이니 나와 무슨 상관이 있는가? 주렴계(周濂溪-주돈이)가 말하기를 '적중함과 바름〔中正〕, 어짊과 의로움〔仁義〕으로써 마음을 안정〔定〕시키되 고요함〔靜〕을 주로 한다'고 했다. 적중함과 어짊은 (마음이) 발하여 움직이는 곳이고, 바름은 마땅히 이치를 정하는〔定理〕 곳이고, 의로움은 (실제의 일을 당하여) 마름질하고 끊는〔裁斷〕

곳이다. (따라서) 항상 고요함을 주로 삼아야 하니 어찌 다만 마음을 놓아서 내보내고(放出) 거두어 모아들이지 않을 수 있겠는가? 마름질하고 끊어낸다는 재단(裁斷) 두 글자가 (그대에게는) 가장 긴요하다."

황직경(黃直卿)[27)]이 선생(주희)에게 우선 빈객들을 사절하고 몇 달간 쉬면서 신병을 치유할 것을 권하자 선생이 말했다.

"하늘이 한 사람을 낳아줄 때는 곧 모름지기 천하의 일을 드러내어 관장토록 했다. 만일 이런 일을 관장하지 않으려 한다면 모름지기 양씨(楊氏-도가 계통의 양주(楊朱)를 가리킨다)가 주창한 나만을 위하는 것(爲我)과 같이 해야 할 것이다. 하지만 나는 일찍이 이따위 배움은 배운 바 없다."

(주자가) 또 말했다.

"사람들은 매번 (나에게) 빈객들을 만나보지 말라고 하는데 그들이 어찌해서 그러는지 나는 모르겠다. 만약에 나에게 한 달 동안 빈객을 만나지 말라고 한다면 반드시 이는 (내가) 한 달 동안 큰 병을 앓는 것과 같을 것이다. 오늘 빈객과 하루 동안 담화를 나눠보니 뜻과 생각(意思)이 널리 퍼져나가는 것을 느낄 수 있었다. 저 문을 닫고서 사람을 만나보지 않는 자들은 어떻게 하루하루를 보내는지 모르겠다."

🎵 **가만히 살펴보다** 주자가 양씨의 '나만을 위하는 것(爲我)'으로 황직경에게 답해 준 것은 정자가 마른나무와 꺼진 재로 여여숙에게 답해준 것과 뜻이 같고, 빈객을 만나보는 한 가지 일은 또한 정

자가 세상일은 모름지기 사람으로 하여금 하게 한다는 것과 뜻이 같다. 따라서 두 가지 모두 (마음이) 움직일 때에 삼가지 않으면 안 된다는 것을 말한 것이다.

주자가 허순지(許順之)[28]에게 답한 편지에서 말했다.

"보내온 편지에서 '(마음을) 담담하게 머물게 하여 세상으로부터 구하는 바를 적게 하고, 빼어나거나 뛰어난 이[聖賢]의 말씀을 잘 음미하여 나의 정신을 튼튼히 하고 나의 참된 모습[眞]을 기르고자 합니다'라고 했는데 여기에는 어느 한 글자도 병통이 없는 것이 없다. 무릇 사람의 마음이란 살아 있는 것[活物]이기 때문에 움직여야 할 때는 움직이고, 고요해야 할 때는 고요하여 때를 잃지 않아야만 도리가 빛나고 밝아진다. 이것이 곧 본래 마음의 온전한 본체[全體]요, 큰 쓰임[大用]이다. 어떻게 모름지기 담담하게 머무른 뒤에야 얻는 것이 되겠는가? 또 이 마음은 어떤 것이기에 또 어떻게 깃들게 할 수 있다는 말인가?"

(주자가) 장경부(張敬夫)[29]에게 답한 편지에서 말했다.

"보내온 편지에서 '고요하면[靜] 텅 비어 아무것도 없는 데[虛無] 빠지게 된다'고 했습니다. 여기서 고요함[靜] 한 자를 불교나 노장의 말과 같은 것으로 본다면 진실로 이 같은 병통이 있겠지만 만일 그것을 하늘과도 같은 이치[天理]로 본다면 움직임에 고요함이 없을 수 없는 것은 고요함에 움직임이 없을 수 없는 것과 같고, (또) 고요함을 기르지 않을 수 없는 것은 움직임을 살피지 않을 수 없는 것과 같습니다. 다만 한 번 움직이고 한 번 고요한 것[一動一靜]이 서로에게 뿌리가 되고, 삼감과 의로움을 양쪽으로 잡아서 중간에 끊어지는 것을 용납하지 않는 뜻을 본다면 비록 고요함을 놓더라도 그것은 원래 죽은 물건이 아니어서 지극히 고요한 가운데 자연스럽게 움직임의 실마리가 있습니다. 따라서 이것이 바로 하늘과 땅의 마음〔天地之心〕을 볼 수 있는 것으로 옛 (뛰어난) 임금들이 동지(冬至)가 되면 관문을 닫은 까닭입니다.[30]

대개 이런 때를 당하면 마음을 편안하고 고요하게〔安靜〕 하여 양(陽)을 기를 뿐이지 진실로 외부의 일이나 사물을 멀리 하여 끊고 눈을 감은 채 오똑하게 앉아 고요함에 치우쳐 있는 것을 말하는 것이 아닙니다. 다만 외부의 일이나 사물을 접하지 않았을 때에 곧 삼가는 마음을 갖고서 마음을 주재하면 외부의 일이나 사물이 올 때에 좋은 실마리〔善端〕가 밝게 드러나기 때문에 살펴보는 바가 더욱 정밀해지고 밝아질 것입니다.

또 말하기를 '제가 고요함을 근본으로 삼는다고 말한 것은 마침내 삼감을 근본으로 삼는다고 말하는 것보다 못하다'고 했는데 이는 참으로 옳습니다. 하지만 삼감의 공부는 움직임과 고요함을 관통하되 반드시 고요함을 근본으로 삼는다는 점에서 지금 만약에 고요함을 삼감으로 바꾼다면 비록 완전한 듯이 보일지 모르지만 (이렇게 될 경우) 삼감이 베푸는 바가 앞뒤가 있다는 것을 볼 수가 없으니 이 또한 바르고 마땅하다〔的當=正當〕고 할 수 없습니다. 반드시 보내온 편지에서 말한 대로 '모름지기 고요함으로 움직임의 근본을 길러내고, 움직임을 살펴 고요함의 지켜야 할 바를 보아서 움직임과 고요함이 서로 필요로 하고 본체와 쓰임〔體用〕이 떨어지지 않게 한다'는 것처럼 한 뒤라야 물 샐 틈이 없게 될 것입니다. (마지막) 이 몇 마디는 뛰어나서 뜻과 말이 다 지극합니다. 마땅히 그것을 자리 오른쪽에 써두고서 들고 날 때 보며 살피겠습니다."

남헌 장씨가 말했다.

"정자가 사람들에게 삼감〔敬〕을 가르치라고 한 것은 곧 주자(周子-주돈이)가 말한 고요함을 주로 한다〔主靜〕의 뜻과 같은 것이다."
경 / 주정

(남헌 장씨가) 또 말했다.

"1, 2년 사이에 자못 오로지 삼감 한 글자에만 힘을 써보니 주자(周子)가 말한 고요함을 주로 한다의 뜻이 의미가 있다는 것을 더욱 잘 깨닫겠다. 정자가 말하기를 '희로애락(喜怒哀樂)이 발하기 전에 또 무엇을 구한단 말인가? 단지 평소에 가만히 자신을 길러냄〔涵養〕이 바로 이것이다'고 했다. 이 뜻을 마땅히 깊이 체득해야 할 것이다."
함양

서산 진씨가 말했다.

"남헌의 이 말은 삼감과 고요함을 합쳐 하나로 만든 것이니 배우는 자는 마땅히 깊이 음미해야 할 것이다."

1) 권(權)은 저울대, 여(輿)는 수레 바탕이다. 즉 저울을 만들 때는 저울대부터 만들고, 수레를 만들 때는 수레 바탕부터 만든다는 뜻으로 사물의 시초를 말한다.

2) 주희의 제자 석돈(石𢿊, 1128~1182년)을 가리킨다.

3) 주희는 "들어와서 보존된 것은 좋은 것〔善〕이고, 나가서 없어진 것은 나쁜 것〔惡〕인데 어찌하여 보존되어 좋은 것까지 아울러 모두 놓아버
선 / 악

리면 없어지는 것으로 본단 말인가?"라고 말했다.

4) 이 부분은 『주역』 「계사전」에 나오는 다음 문장을 풀어놓은 것이다. "(억지로) 생각함이 없고 (억지로) 행함이 없어 고요하여 조금의 움직임도 없다가 감응하면 마침내 천하의 일들에 두루 통하게 된다〔無思也 無爲也 寂然不動 感而遂通 天下之故〕. 여기서 관건은 故다. 일반적으로 이를 所以然, 즉 어떤 일을 그렇게 만든 원인이나 이유로 본다. 그러나 여기서 故를 일로 풀이한 이유는 通 때문이다. 다양한 일들이 일어나지만 그것은 이유나 원인 등으로 인해 서로 통하게 된다. 그래서 故를 所以然으로 풀이할 경우 이유의 이유, 원인의 원인이 된다. 반면 故를 일어난 일들로 볼 경우 그 일들을 서로 통하게 해주는 것이 이유나 원인이기 때문에 이중으로 원인이나 이유를 찾아들어갈 필요가 없다. 그래서 여기서는 故를 전통적 해석과 달리 일로 옮겼다.

5) 스스로 무너지면 더 이상 해줄 말이 없다는 뜻이다.

6) 집짓기에 비유하자면 먼저 마음과 생각을 평안하고 고요하게 해야만 그 후에 뭔가를 이룰 수 있다는 뜻이다.

7) 순임금 때의 네 사람의 악인(惡人)인 공공(共工), 환도(驩兜), 삼묘(三苗), 곤(鯀)을 일컫는다.

8) 장천기(1030~1076년)는 장횡거의 아우로 수양에 힘쓴 학자였다고 한다.

9) 사마광의 자다.

10) 사마승정(司馬承禎, 647~735년)을 가리키는데 자미(子微)는 그의 자다. 호는 백운자(白雲子), 법명은 도은(道隱)이다. 21세 때 숭산(嵩山)으로 들어가 반사정(潘師正)에게 도교의 방술법(方術法)을 전수받았다. 도교의 청수파(淸修派) 지도자로서 욕심을 버리고 마음을 맑게 하며 기를 연마하여 좌망득도(坐忘得道)에 이르러야 한다고 주장하였다.

11) 원래 『좌망론』은 『장자』의 '물고기를 잡고 나면 통발은 잊어버려야 한다'는 말에서 나온 것이다. 좌망이란 도가 수행의 최고단계로서 고요하게 앉아서 일체를 잊어버린 듯 놓아버리는 것을 말한다. 그래서 좌치(坐馳)라고도 하는 것이다.

12) 이때는 삼감을 억지로 잡아 쥐었다는 의미가 강조되어 부정적인 뜻을 갖는다.

13) 송시열은 『심경석의(心經釋義)』에서 '혼은 양이니 깨어 있을 때에는 밖으로 나갔다가 잘 때에는 음정(陰精)인 백에 칩거한다'고 말했다.

14) 정명도와 정이천을 가리킨다.

15) 이동(李侗)을 가리킨다.

16) 왕익유(王益柔, 1015~1086년)를 가리킨다. 강직하고 기운을 숭상했으며 천하의 일을 논하는 것을 좋아했다. 사마광은 『자치통감(資治通鑑)』을 지으면서 그를 마지막 편에 넣었다.

17) 소강절의 아들이다.

18) 여기서는 격물치지성의정심(格物致知誠意正心)을 차례로 말한 『대학』을 가리킨다.

19) 이는 '도리에 들어가는 방법으로는 삼감만 한 것이 없다'는 대목을 가리킨다.

20) 이것은 『논어』 「술이」 편에 나오는 공자에 대한 묘사의 일부분이다. 공자께서는 따스하시면서도 엄숙하셨고, 위엄이 있으시면서도 사나운 기운을 풍기지 않으셨으며, 공손하시면서도 자연스러우셨다〔子 溫而厲 威而不猛 恭而安〕.

21) 남송과 원나라 때의 학자 허형(許衡, 1209~1281년)을 가리킨다.

22) 이것은 『논어』 「계씨」 편에 나오는 구사(九思)에서 따온 말이다. 공자

는 말했다. "군자는 아홉 가지 염두에 두어야 할 것이 있다. 볼 때는 밝음을 먼저 생각하고, 들을 때는 귀 밝음을 먼저 생각하고, 얼굴빛은 온화함을 먼저 생각하며, 몸가짐을 할 때는 공손함을 먼저 생각하며, 말할 때는 진실함을 먼저 생각하며, 일할 때는 삼감을 먼저 생각하며, 의심스러울 때는 물음을 먼저 생각하며, 분할 때는 어려움을 먼저 생각하며, 얻음을 보면 의리를 먼저 생각해야 한다〔君子有九思 視思明 聽
군자 유 구사 시 사 명 청
思聰 色思溫 貌思恭 言思忠 事思敬 疑思問 忿思難 見得思義〕."
사 총 색 사 온 모 사 공 언 사 충 사 사 경 의 사 문 분 사 난 견득 사 의

23) 사물(四勿)을 가리킨다.

24) 이것은 『논어』 「계씨」 편에 나오는 구사(九思)의 하나다.

25) 양방(楊方)을 가리킨다.

26) 『맹자』에 나오는 말로 일찍 자라게 하고 싶어 벼의 싹을 뽑는 것을 말한다.

27) 황간을 가리킨다.

28) 주희의 제자로 허승(許升)을 가리킨다.

29) 남헌 장식을 가리킨다.

30) 이는 『주역』 복(復) 괘〔䷗〕에 대한 풀이에 나오는 말이다. 동지란 음에서 양으로 넘어가는 초창기이기 때문에 아직 양의 기운이 약하다. 그래서 안정되게 길러야 한다. 그 때문에 뛰어난 임금들은 관문을 닫아서 장사꾼이나 여행객들이 통행하지 못하게 했는데 이는 이제 막 싹트는 양의 기운을 해칠까 두려워했기 때문이다.

23

어짊은 사람의 마음이다

『맹자』「고자 장구 상」

맹자는 말했다.

"어짊은 사람의 마음이요, 의로움은 사람이 걸어가야 할 길이다. 그 길을 버리고 따라갈 생각도 않으며, 그 마음을 놓아버리고는 찾을 줄도 모르니 슬프도다! 사람들은 자신들이 기르던 닭이나 개를 잃어버리면 그것을 찾을 줄 알면서도, 마음을 놓아버리고서는 찾을 줄을 모른다. 배우고 묻는 길은 다른 게 없고, 오직 놓아버린 마음을 (다시) 찾는 데 있을 뿐이다."

孟子曰 仁人心也 義人路也 舍其路而不由 放其心而不知求 哀哉 人有
맹자 왈 인 인심 야 의 인로 야 사 기로 이 불유 방 기심 이 부지 구 애재 인유

雞犬放則知求之 有放心而不知求 學問之道無他求其放心而已矣
계견 방 즉 지구 지 유 방심 이 부지 구 학문지도 무타 구 기 방심 이이의

眞 　정자가 말했다.

"마음은 본래는 좋지만 안 좋은 곳으로 흐르게 된다. 이것이 이른바 (마음을) 놓아버린다〔放〕이다."
방

주자가 말했다.

"어짊이라는 것은 마음의 마음다움〔心之德〕이다. 정자가 말한 '마
심 지 덕
음은 곡식의 씨앗과 같고, (만물을) 낳아주는 본성〔生之性〕은 곧 어짊
생 지 성
이다'라는 것이 곧 이 말이다. 그러나 그냥 어짊이라고만 말하면 사람
들은 그것이 자기 자신에게 절실한 것임을 알지 못한다. 그래서 도리
어 사람의 마음〔人心〕이라고 이름을 붙인 것이니 그렇다면 (여기서 우
인심
리는) 만 가지 변화에 적절히 대응〔酬酢〕하는 이 몸의 주인이 되어 잠
수작
시라도 그것을 잃어서는 안 된다는 것을 알 수가 있다. 의로움은 일을
행할 때의 마땅함〔行事之宜〕인데 이를 일러 사람이 걸어가야 할 길이
행사 지 의
라고 했으니 그렇다면 (여기서 우리는) 들고 나고 오고 갈 때에 반드시
지나가야 하는 길이므로 잠시라도 벗어나서는 안 된다는 것을 알 수
있다."

(주자가) 또 말했다.

"지극히 귀한 것은 나에게 있는데 그것을 스스로 잃어버리니 이는
애처롭게 여길 만하다."

(주자가) 또 말했다.

"배우고 묻는 일은 진실로 하나의 실마리만 있는 것은 아니지만 다 본
래 마음의 바름을 잃지 않으려 할 뿐이지 다른 길이 있는 것은 아니다."

정자가 말했다.

"빼어나거나 뛰어난 이들의 천 마디 말씀과 만 마디 말은 단지 사람들로 하여금 이미 잃어버렸던 마음을 장차 다잡아서〔約〕 그것을 (자기 자신에게로) 돌이켜 다시 몸에 들어오도록 하는 것일 뿐이다. 이렇게 하면 저절로 위를 찾아가서 아래로 (사람의 일들을) 배워 위로 (하늘과도 같은 이치들에) 통달하게 될 것이다〔下學而上達〕."

이 장은 맹자께서 배우는 자들에게 힘을 써야 할 방향〔用力之方〕을 보여준 것이 가장 깊고 절실하다. 따라서 배우는 자들은 마땅히 가슴속에 품어두고서 결코 잃어버리지 말아야 할 것이다.

程 정자가 말했다.

"마음은 (밖으로 풀어서는 안 되고 내) 몸통[腔子=軀殼=身] 속에 있어야 한다."

(정자가) 또 말했다.

"단지 바깥쪽에 조그만 틈만 있어도 (마음은) 곧 달아난다."

(어떤 사람이) "마음이 어떠해야 몸통 속에 있게 됩니까?"라고 묻자 주자가 말했다.

"삼가면 곧 (마음은) 몸통 속에 있게 된다."

(정자가) 또 말했다.

"만약에 (이런 마음을) 보존해서 길러내지 못한다면 이는 단지 말로만 하는 것일 뿐이다."

주자가 말했다.

"오로지 과거시험에만 필요한 글[時文=科文]을 공부하는 사람들이 말하는 것도 모두 빼어나거나 뛰어난 이[聖賢]의 말씀이다. 우선 예를 들면 청렴[廉]을 이야기하면 저들도 (그것이) 좋다고 하고, 의로움[義]을 이야기하면 저들도 (그것이) 좋다고 할 줄은 안다. 그러나 정작 자기의 신상과 관련해서는 다만 청렴하지도 못하고 의롭지도 못하다. 이는 수많은 말들을 가져다가 종이 위에서나 나아가게 할 뿐이기 때문이다. 청렴은 제목으로 청렴해야 한다고 하고, 의로움도 제목으로 의로워야 한다고 할 뿐이고, 둘

다 정작 자신의 신상에는 조금도 관계가 되지 않는다."

(정자가) 또 말했다.

"지금의 배우는 자들은 종종 (공자의 제자들인) 자유(子游)와 자하(子夏)를 낮춰보아 (두 사람에게서) 배울 것이 없다고들 말한다. 그러나 자유와 자하〔游夏〕는 한 마디 말과 한 가지 일이 도리어 모두 다 꼭 차 있었다〔實〕. 그런데 후세의 배우는 자들은 저 높은 것〔高〕만 좋아하니 이는 마치 사람이 그 마음은 천 리 밖에 놓고 있으면서 그 몸은 단지 이곳에 있는 것과도 같다."

형화숙(邢和叔)[1]이 정이천에게 "선생께서는 (정이천의 제자인) 주부선(周孚先), 주공선(周恭先) 형제가 양시(楊時)와 동지인 듯이 말씀하신 바 있습니다. 그런데 저는 주씨 형제가 양시를 따라갈 수 없다고 보는데 어떠십니까?"라고 묻자 말했다.

"주부선 형제는 기운과 풍모〔氣象〕가 깨끗하고 밝아 도리에 들어갈 수 있다. (반면에) 나는 늘 양시에게 책을 좋아하지 말라고 권했다. 책을 좋아하면 말을 많이 하고, 말을 많이 하면 도리를 해친다. 배우는 자는 마땅히 이 점을 살펴야 할 것이다."

연평 선생의 말과 행실에 관해 묻자 주자가 말했다.

"그분은 일찍이 책을 많이 읽지 않았고, (마음을) 꼭 채워 기르기〔充養〕를 지극히 잘했다. 무릇 배움을 익힌다는 것은 이렇게 가만히 자신을 길러내는 것〔涵養〕에 지나지 않고, 애당초 다른 의리가 있는 것이 아니다. (그래서) 다만 선생의 맑은 얼굴과 뒷모습에까지 넘치는 온화함(睟面盎背)[2]은 (다른 사람들은) 그냥은〔自然〕미칠 수 없는 경지였다.”

(정자가) 또 말했다.

“의로움과 이치〔義理〕를 깨우치는 것을 만약에 한결같이 책에만 의지한다면 어찌 마음이 편안할 수 있고 자질이 깊어질 수가 있겠는가? 스스로를 잃어버릴 뿐만 아니라 더불어 남도 잘못 이끌게 된다.”

주자가 말했다.

“배우는 자에게 무엇보다 긴요한 것은 이 하나의 마음을 제대로 이해하는 것이다. 저 종이 위에 말한 것(책)은 전혀 힘을 쓸 수가 없다.”

정중례(鄭仲禮)[3]가 배우고 묻는 도리를 묻자 주자가 말했다.

“만약에 (마음을) 지키고 기르는 것〔存養〕과 꽉 채워 밟는 것〔實踐〕은 없이 다만 글자의 뜻만 알고자 한다면 비록 여러 경서들을 다 통달해 한 글자도 틀리지 않는다 한들 무슨 더해짐〔所益=所得〕이 있겠는가?”

주자가 말했다.

“배우고 묻는 도리를 맹자께서는 딱 끊어〔斷然〕, 놓아버린 마음〔放心〕을 (되)찾는 데 있다고 말씀하셨다. (따라서) 배우는 바는 모름지기 우선 이 놓아버린 마음을 거두어들여야〔收拾〕한다. 그렇지 않고서 이 마음을 그냥 놓아버리면 널리 배우는 것〔博學〕도 쓸데없고, 따

저가며 깊이 묻는 것〔審問〕도 쓸데없으니 어떻게 밝게 가려내고〔明辨〕
독실하게 행할〔篤行〕 수 있겠는가?[ii] 대개 몸이란 하나의 집과 같고, 마
음이란 한 집안의 주인과 같다. 이 집의 주인이 있은 다음에야 능히
집 안팎을 물 뿌린 다음에 청소를〔灑掃〕 할 수 있고, 각종 집안일들을
정리 정돈할 수 있다. 만약에 주인이 없다면 이 집이란 그저 다 망가진
집에 지나지 않는다."

   (주자가) 또 말했다.

   "진열(陳烈-북송의 선비)이 초창기에 책을 읽을 때 제대로 이
해하지 못하고, 또 기억도 하지 못했는데『맹자』의 '놓아버린 마
음을 (되)찾는다〔求放心〕'는 한 단락을 읽고서 마침내 사람들과
의 일을 끊어버리고, 방 안에 가만히 앉아 지내다가 몇 달 후 문
자를 보니 기억력이 몇 배나 늘어났고, 게다가 귀와 눈도 밝아졌
다〔聰明〕."

(주자가) 또 말했다.

"어떤 사람이 명도 선생의 말을 착각해 '놓아버린 마음을 (되)찾는
다'고 한 말을 마침내 불교에서 말하는 '텅 비고 적막함〔空寂〕'을 지
키는 것'과 같다고 여겼다. 그러나 그(정명도)의 뜻이 마음을 거둔다
〔收心〕고 한 것은 다만 (마음의) 좋은 실마리〔善端〕를 지키고 얻어 점
점 채워 넓혀가는 것을 말한 것이어서 불교의 한갓 텅 비고 잔잔하게
할 뿐인 것과는 같지 않다는 것을 알지 못한 것이다."

   (주자가) 또 제자들에게 말했다.

"예로부터 빼어나거나 뛰어난 이들이 사람들을 가르친 것은 단지 이치로 나아가 공력을 쏟게 하였다. 따라서 이른바 마음을 놓아버린다 〔放心〕는 것은 마음이 달아나 다른 곳으로 가버리는 것이 아니다. 눈을 감았을 때는 곧 보이지 않다가 조금이라도 정신을 차리면 곧 눈앞에 보이는 것이다. 따라서 그것은 괴롭고 어렵게 거두어들이는 것 〔收拾〕이 아니다. 그대들은 우선 가서 마음을 깨우고 일으켜라! 그러면 곧 보게 될 것이다."

또 말했다.

"지금 공부를 하려고 한다면 우선 모름지기 (마음을) 가지런하고 장엄하게〔端莊〕 지키고 길러 오로지 밝고 넓은 마음의 근원을 살펴보아야지 굳이 공력을 헛되이 쏟으면서 종이 위에 있는 글자만 파고들 것은 없다. 이 마음속〔中〕을 지키고 길러 마침내 밝아지고 환하게 통달하게 되기를 기다린다면 저절로 수많은 막힘이 없어지는 것을 깨닫게 될 것이다. 이때 비로소 글자를 가져다가 본다면 자연스레 의미가 생겨나게 되어 도리와 이치가 자연스레 파악되고, 일을 당했을 때는 자연스레 (대나무가) 칼날을 맞고서 쪼개지듯 하여 수많은 병통들이 다 사라질 것이다."

(주자가) 또 말했다.

"배우는 자가 배움을 행할 때는 참된 앎〔眞知〕과 힘써 행함〔力行〕을 따지지 말고, 우선 이 마음을 거두어들여 편안히 놓아둘 곳이 있게 해야 한다. 만약에 거두어들여 모두 의로움과 이치 위에 편안히 두어 수많은 어지러운 잡념들〔亂想〕을 없앤다면 그것이 오래 지속되면서 저절로 외부의 일이나 사물에 대한 욕심은 가벼워지고 의로움과 이치는 무거워질 것이다."

(주자가) 또 말했다.

"배우는 자가 공력을 쏟는다는 것은 단지 (마음을) 불러 깨우는 데 있을 뿐이다."

(주자가) 일찍이 (제자인) 임각(林恪)에게 이렇게 말했다.

"마음을 놓아버린다〔放心〕는 것은 (마음이) 달아나는 것만을 놓아버린다〔放〕고 하는 것이 아니라 마음이 조금이라도 어두워지거나 잠자는 것〔昏睡〕도 놓아버리는 것이다."

(주자가) 또 말했다.

"사람은 늘 모름지기 몸과 마음을 거두어 모아들여 정신이 항상 그 안에 있게 함으로써 110근의 짐을 진 듯이 하여 모름지기 근육과 뼈를 꿋꿋하게 하며 짊어져야 한다."

(주자가) 또 어떤 배우는 자에게 말했다.

"지금 그대는 위로 번쩍〔掀然〕 날아올라가는 마음이 있어 나라를 다스리고 천하를 평정하는 일〔治國平天下〕을 마치 손바닥을 가리키는 것만큼 쉽게 여기지만 (정작) 자신의 한 몸과 마음은 모두 편안하게 놓아둘 곳이 없다는 것은 알지 못한다. 그래가지고 어떻게 공명(功名)과 사업(事業)을 말하는가? 옛날의 영웅이나 호걸들은 모름지기 그 근본을 먼저 세운 다음에 비로소 차례를 미루어 헤아려 그 나머지에 이르렀는데 지금 그대는 배움이 모두 뒤집혀 서둘러야 할 것은 늦추고 뒤에 해야 할 것은 먼저 한다. (이럴 경우) 잠깐 사이에 이 몸과 마음은 저 먼 곳으로 날아가서 도저히 거두어들일 수 없게 될 것이다. 지금 배움을 모르는 사람들은 그 마음을 잃어버리기는 했지만 오히려 그 잃어버린 것이 가까이에 있는 반면 (그래서 보다 쉽게 거두어들일 수 있는 반면) 지금 그대는 비록 배웠다고는 말하지만 도리어 잃어버린 것이 멀어 잠깐 사이에도 마음을 잃어버리기를 잘한다. 이 점을 깨닫지 않으면 안 될 것이다."

서산 진씨가 말했다.

"어짊〔仁〕이라는 것은 마음의 (마음)다움인데 맹자께서 곧장 그것이
인

사람의 마음〔人心〕[5]이라고 말씀하신 까닭은 이 마음이 있으면 이 어
인심

짊이 있는 것이니 마음이 어질지 못하면 사람이 아니기 때문이다. 공자의 문하에서 어짊을 말한 것들이 많지만 모두 다 공력을 쏟아야 할 곳을 가리켜 말한 것이다. 하지만 여기서는 곧바로 전체를 들어서 사람들로 하여금 마음이 곧 어짊이요, 어짊이 곧 마음이니 그것을 둘로 나눠 보아서는 안 된다는 것을 알게 하였다.

의로움〔義〕이라는 것은 사람이 마땅히 가야 할 길이어서 반 걸음, 혹
의

은 한 걸음이라도 이 길을 따르지 않으면 그릇된 길로 빠진다. 그런데도 세상 사람들이 마침내 그 길을 버리고서 따르지 않으며, 그 마음을 잃고서도 (되)찾을 줄 모르는 것은 마치 풍병을 앓고 마음을 잃어버린 사람이 미쳐 날뛰며 제멋대로 행동해 돌아올 줄을 모르는 것과 같으니 어찌 애처로워하지 않을 수 있겠는가? '닭이나 개는 지극히 가벼운 것인데도 잃어버리면 그것을 찾을 줄 알면서, 사람의 마음은 지극히 무거운 것인데도 놓아버리고서는 찾을 줄을 모른다'고 했으니 지극

히 가벼운 것을 빌려와 지극히 무거운 것을 비유한 것이다. 이는 사람들로 하여금 경계해야 할 바(가 무엇인지)를 알도록 하기 위함이다.

그렇다면 사람의 마음을 놓아버리는 것은 어째서인가? 욕심이 어지럽히면 놓아버리고, 이익이 유혹하면 놓아버리니 (그리하여) 마음을 이미 놓아버리면 그 사람의 행실은 반드시 이지러진다. 그래서 맹자께서 처음에는 사람의 마음과 사람의 길을 아울러 말씀했으나 끝에 가서는 오직 놓아버린 마음을 (되)찾는 것만을 간곡하게〔諄諄〕 말씀하신 것이다. (따라서) 놓아버린 마음을 (되)찾는다면 마음속에 주재하는 바가 있게 되어 행실이 잘못되지 않을 것이다. 놓아버린 마음을 (되)찾는 데는 다른 방법이 없고 오직 삼감〔敬〕을 스스로 쥐고서〔自持〕 작은 생각 하나라도 감히 함부로 하지 않는 것뿐이다.

마음은 본래 (몸) 밖에 있는 것이 아니지만 내버려두면 놓아버리게 되고, (되)찾으면 보존되는 것이 손바닥을 뒤집는 것만큼 쉽다. (이렇게 해서) 마음이 보존되면 어짊이 보존되고, 어짊이 보존되면 움직임이 모두 이치에 어긋남이 없게 된다. 이것이 곧 이른바 '의로움은 사람의 길'이라는 것이다. 성학(聖學)[6]의 요체로서 이보다 먼저인 것이 무엇이 겠는가?"

1) 형서(邢恕, 생몰년 미상)을 가리킨다. 송나라 사람으로 화숙(和叔)은 그의 자다. 정호(程顥)의 문하에 드나들면서 이름을 얻었으나 사마광(司馬光)의 객(客)이 되기도 하고 장돈(章惇)에게 붙어 선인태후(宣仁太后)를 무고하기도 했으며 채경(蔡京)이 재상이 되자 그의 심복이 되었다. 사리사욕을 추구하고 지조가 없는 소인배로 은혜를 저버린 패

류아라는 의미로 자주 인용되는 인물이다.

2) 이 표현은 『맹자』「진심 장구」에 나오는 '군자의 본성은, 인의예지(仁義禮智)가 마음에 뿌리를 내리고 있어 그것이 겉으로 드러날 때에는 조금의 꾸밈도 없이 얼굴에 그대로 나타나고 뒷모습에도 가득하다〔君子所性 仁義禮智根於心 其生色也 睟然見於面 盎於背〕'는 것을 압축
군자 소성　인의예지　근 어 심　기 생색 야　수연 현 어 면　앙 어 배
한 것이다.

3) 남헌 장식의 제자다.

4) 이것은 『중용』 제20장에 나오는 공자의 말에서 용어들을 취한 것이다. "열렬함에 이르려는 것은 좋음〔善〕을 잘 가려내어 그것을 굳게 잡
선
는 것이다. 그것을 널리 배우고, 그것을 따져가며 깊이 묻고, 그것을 신중하게 생각하고, 그것을 밝게 가려내며, 그것을 독실하게 행해야 한다〔誠之者 擇善而固執之者也 博學之 審問之 愼思之 明辨之 篤行之〕." 그
성 지 자 택선 이 고집 지 자 야　박학 지　심문 지　신사 지　명변 지　독행 지
중에서 '신중하게 생각한다〔愼思〕'만 빠져 있다.
신사

5) 여기서는 도심(道心)과 대비되는 부정적 의미가 아니다.

6) 일반적으로 진덕수가 성학이라고 하면 제왕학을 가리키지만 여기서는 유학을 하는 선비들이 모두 추구하는 것을 가리킨다는 점에서 유학 자체로 보는 게 낫다.

24

약손가락에 관해 말하다

『맹자』「고자 장구 상」

맹자는 말했다.

"지금 어떤 사람의 약손가락이 굽혀져 펴지지가 않는다고 하자. 그리고 당장 통증이 있거나 일에 방해가 되지 않는다고 하자. 그런데도 사람들은 그것을 잘 펼 수 있게 해줄 사람이 있다(는 소문을 들으)면 그 멀고 먼 진(秦) 나라나 초(楚) 나라에 이르는 길을 멀다 않으니 (그들이 이렇게 하는 이유는) 약손가락이 남들의 그것과 같지 않아서이다.

(요즘 사람들이란) 손가락 하나가 남들과 같지 않아도 그것을 싫어할 줄 알면서 마음이 남들과 같지 않은 것은 싫어할 줄을 모르니, 이를 일러 사안의 경중(輕重)과 완급(緩急)을 모르는 것〔不知類〕이라고 한다."

孟子曰 今有無名之指 屈而不信(伸) 非疾痛害事也 如有能信之者 則
맹자 왈 금 유 무명 지 지 굴 이 불신 신 비 질통 해사 야 여 유 능 신 지 자 즉
不遠秦楚之路 爲指之不若人也 指不若人 則知惡之 心不若人 則不知惡
불원 진 초 지 로 위 지 지 불약 인 야 지 불약 인 즉 지 오 지 심 불약 인 즉 부지 오
此之謂不知類也
차 지 위 부지 류 야

眞 주자가 말했다.

"경중과 완급을 모르는 것[不知類]이란 경중과 완급의 유형
[類]으로써 미루어 헤아릴[推] 줄 모른다는 것을 말한 것이다."

程 정자가 말했다.

"사람들은 몸을 받드는 외부의 사물들에 대해서는 일마다 좋은 것을 요구하면서도 정작 자신의 한 몸과 마음에 대해서는 도리어 좋은 것을 요구하지 않는다. 그래서 외부의 사물이 좋은 것을 얻었을 때에는 도리어 자신의 몸과 마음은 이미 스스로 좋지 않아진다는 것을 알지 못한다."

영가(永嘉) 정씨(鄭氏)[1]가 말했다.

"거울을 볼 때 얼굴에 더러운 것이 있으면 반드시 씻어내고, 옷을 털 때 옷깃과 소매에 때가 있으면 반드시 세탁을 하고, 집에 머물 때 책상과 창과 벽에 먼지가 있으면 반드시 털어낸다. 만일 이와 같이 하지 않을 경우 마음이 제대로 편안치가 않다.

(반면에) 마음〔方寸〕 한가운데 신명(神明)이 사는 집(마음속)의 경우에는 더러운 것과 때와 먼지가 날로 쌓이는데도 씻어내고 세탁하고 털어낼 줄을 모른다. (이리하여) 사소한 것은 살피면서도 (정작) 큰 것은 내버려두고, 밖은 살피면서도 (정작) 안은 내버려두니 그 경중과 완급의 유형〔類〕을 채우지 못하는 바가 진실로 심하지 않은가?"

서산 진씨가 말했다.

"정자와 정씨의 말은 다 배우는 자들을 충분히 일깨워줄 만하다. 그래서 덧붙여 드러내었다."

1) 정확히 누구인지 알 수가 없다.

25

사람이 자기 몸에 대해서는
구석구석 사랑하는 바를 겸하다

『맹자』「고자 장구 상」

맹자는 말했다.

"(원래는) 사람이 자기 몸에 대해서는 구석구석 사랑하는 바를 겸하여 갖추고 있다. 구석구석 사랑하는 바를 겸하여 갖추고 있다는 말은 곧 구석구석 기르고 보살피는 바를 겸하여 갖추고 있다는 뜻이다. (즉 그래서) 한 자, 한 치의 살갗을 사랑하지 않음이 없다는 것은 한 자, 한 치의 살갗을 기르지 않는 바가 없다는 뜻이(이어야 한)다. 따라서 자신의 몸을 잘 기르고 있는지 못 기르고 있는지를 살펴보는 방법이 어찌 다른 데 있겠는가? 자기 자신에서 그것을 취할 뿐이다.

몸에는 귀한 부분과 그렇지 못한 부분, 큰 부분과 작은 부분이 있다. 작은 부분으로 큰 부분을 해쳐서는 안 되고, 그렇지 못한 부분으로 귀한 부분을 해쳐서는 안 된다. 그 작은 (그리고 귀하지 못한) 부분을 기르는 자는 소인배가 되고, 큰 (그리고 귀한) 부분을 기르는 자는 대인배가 된다.

지금 한 정원 관리 책임자가 있다고 하자. 만일 그가 (귀중한) 오동나무나 가래나무는 버리고 키가 작은 멧대추나무나 가시나무 같은 싸구려 나무를 기른다면 그는 하잘것없는 정원 관리 책임자가 되고 말 것이다. (어깨와 등에서 비롯된) 손가락 하나를 고치는 데만 신경을 쓰고 정작 어깨와 등은 망가져가는 데도 그것을 모른다면 이는 정말로 병을 고칠 줄 모르는 사람이 되고 만다.

먹고 마시기만 좋아하는 사람은 남들이 천시한다. 작은 부분을 기르는 데만 신경을 씀으로써 큰 부분을 잃어버리기 때문이다. (반면에) 먹고 마시기를 좋아하는 사람이라 하더라도 (큰 부분을) 잃어버림이 없다면 그 먹고 마시는 것이 어찌 다만 한 자, 한 치의 살갗만 되겠는가?"

孟子曰 人之於身也 兼所愛 兼所愛 則兼所養也 無尺寸之膚 不愛焉 則
맹 자 왈 인 지 어 신 야 겸 소 애 겸 소 애 즉 겸 소 양 야 무 척 촌 지 부 불 애 언 즉

無尺寸之膚不養也 所以考其善不善者 豈有他哉 於己取之而已矣
무 척 촌 지 부 불 양 야 소 이 고 기 선 불 선 자 기 유 타 재 어 기 취 지 이 이 의

體有貴賤有小大 無以小害大 無以賤害貴 養其小者爲小人 養其大者爲
체 유 귀 천 유 소 대 무 이 소 해 대 무 이 천 해 귀 양 기 소 자 위 소 인 양 기 대 자 위

大人 今有場師 舍其梧檟 養其樲棘 則爲賤場師焉 養其一指而失其肩背
대 인 금 유 장 사 사 기 오 가 양 기 이 극 즉 위 천 장 사 언 양 기 일 지 이 실 기 견 배

而不知也 則爲狼疾人也
이 부 지 야 즉 위 낭 질 인 야

飮食之人則人賤之矣 爲其養小以失大也 飮食之人無有失也 則口腹 豈
음 식 지 인 즉 인 천 지 의 위 기 양 소 이 실 대 야 음 식 지 인 무 유 실 야 즉 구 복 기

適爲尺寸之膚哉
적 위 척 촌 지 부 재

眞 주자가 말했다.

"천하고 작은 것은 입과 배(口腹)요, 귀하고 큰 것은 마음과
　　　　　　　　　　　　　구복
뜻(心志)이다."
심지

程 　장자가 말했다.

　　"맑게 잠겨 한결같음〔湛一〕은 기운〔氣〕의 근본이요, 다투어 빼앗는 것〔攻取〕은 기운의 욕심이니 입과 배가 음식에 대한 것, 코와 입이 (좋은) 냄새와 맛에 대한 것은 모두 다 다투어 빼앗으려는 본성이다. 다움을 아는 자는 적절함에 닿을 뿐 쾌락과 욕심〔嗜欲〕으로 마음에 누를 끼치지 않는다. 이것이 바로 작은 것〔小〕으로 큰 것〔大〕을 해치거나 곁가지〔末〕로 뿌리〔本〕를 상하게 하지 않는 것이다."

　　주자가 말했다.

　　"맑게 잠겨 한결같음〔湛一〕이라는 것은 외부의 일이나 사물에 아무런 영향을 받지 않았을 때의 맑디맑게〔湛然〕 깨끗하고 한결같음〔純一〕이니 이것은 기운의 근본이요, 다투어 빼앗는 것〔攻取〕은 눈이 (아름다운) 색을 바라고 귀가 (즐거운) 소리를 바라는 것과 같은 것이니 이것은 곧 기운의 욕심이다."

　　무이 호씨(-호안국)가 말했다.

　　"마음을 다스리고 몸을 닦는 것은 음식과 남녀를 (제대로 다루고 대하는 것을) 아주 중요한 것으로 여긴다. 예로부터 빼어나거나 뛰어난 이들〔聖賢〕은 여기에서부터 공력을 쏟으셨으니 어찌 소홀히 할 수 있겠는가?"

　　(호안국이) 또 말했다.

　　"사람은 일체의 세상 재미에 묽고 엷어야〔淡薄〕 비로소 좋은 것이지 큰 부귀를 누리는 것은 좋지 않다. 맹자께서 말씀하시기

를 '집의 높이가 여러 길이 되고(堂高數仞), 사방 여덟 자 큰 밥상
에 온갖 음식들이 진열되는 것을(食前方丈) 내가 마음만 먹으면
할 수 있다고 해도 나는 하지 않을 것이다(我得志不爲)'[1]라고 하
셨으니 배우는 자는 모름지기 먼저 이러한 마음을 제거하고 항
상 스스로를 격동시켜 끌어올려야 (물욕으로) 굴러떨어지지 않
을 것이다."

주자가 말했다.

"(맹자가 말하기를) '먹고 마시기를 좋아하는 사람이라 하더라도 (큰
부분을) 잃어버림이 없다면 그 먹고 마시는 것이 어찌 다만 한 자, 한
치의 살갗만 되겠는가?'라고 하셨다. 그런데 이 몇 구절은 말을 거꾸로
하여 참으로 혼자서 깨닫기에는 어려움이 있다. 이 뜻은 가령 먹고 마
시기를 좋아하는 사람이 진실로 잘못하는 바가 없다면 입과 배를 기
르는 것(養)이 본래 아무런 해가 되지 않지만 사람이 서둘러 입과 배
만 채울 줄 안다면 반드시 잃는 바가 있게 된다는 것은 의심할 바가
없다는 것이다. 이 때문에 마땅히 그 큰 본체(大體)를 기를 줄 알아야
하는 것이니 입과 배는 제 스스로 가서 찾아 먹을 수 있기 때문에 굶
주림에 이르지 않는 것이다."

남헌 장씨가 말했다.

"무엇이 과연 크고 귀한 것이겠는가? 사람의 마음(人心)이 바로 그
것이다. (반면) 작고 천한 것이 있다면 그것은 바로 혈기(血氣)다. (물
론) 혈기 또한 하늘로부터 내려 받은 것이니 천하게 여겨서는 안 되
지만 마음이 그것을 주재하는 것이기 때문에 (혈기가) 마음의 그 같은

주재하는 바를 얻지 못할 경우 하늘(과도 같은 이치)을 등지고 실상〔情〕을 어겨 (엉뚱한 데로) 흘러가서 한갓 보잘것없는 사물〔一物〕이 되고 마니 이것은 천하게 여길 만한 것이다.

사람들은 정녕 하늘과도 같은 이치를 보존할 줄 모른다. 이 때문에 끊임없이〔憧憧〕오직 입과 배를 기를 뿐이니 농사나 장인, 장사가 서로 이익을 다투는 데서 시작해 공, 경, 대부, 선비가 서로 녹봉과 벼슬을 다투는 데 이르기까지 모두가 그렇다. 선량한 마음〔良心〕이 날로 손상을 입어 사람의 도리〔人道〕가 거의 끊어지게 생겼는데도 스스로 그것을 알지 못하니, 이 어찌 정원사가 오동나무와 가래나무는 버리고 가시나무를 기르는 데 힘을 쏟으며, 병을 치료하는 자가 한 손가락만 챙기고 어깨와 등은 잃어버리는 것과 같지 않겠는가?

그럼에도 불구하고 그 큰 것을 잃어버리는 자는 혈기에 이끌려 사람의 욕심에 휘둘리는 자가 되고, 먼저 그 큰 것을 세우는 자는 하늘이 내린 명에 근본을 두니 (하는 일마다) 모두 지극한 이치가 되는 것이다. 한 번 마시고 한 번 먹는 (그 짧은) 순간에도 모두 법칙〔則〕이 있다. 이것이 바로 사람이 몸을 이루어 하늘땅과 서로 통하게 되는 까닭이다. 그렇다면 그 원천〔源=根=本〕을 삼가지 않을 수 있겠는가?"

1) 이것은 『맹자』「진심 장구」에 나오는 구절을 압축한 것이다. 본문은 다음과 같다. "집의 높이가 여러 길이 되고 서까래의 폭이 여러 척이 되는 일은 내가 마음만 먹으면 할 수 있다고 해도 나는 하지 않을 것이며, 또 사방 여덟 자 큰 밥상에 온갖 음식들이 진열되고 시중드는 첩 수백 명을 거느리게 되는 일도 내가 마음만 먹으면 할 수 있다

고 해도 나는 하지 않을 것이며, 매일 즐기면서 술을 마시고 말을 몰
아 사냥을 하며 뒤에 따르는 수레가 천여 대가 되는 일 또한 내가 마
음만 먹으면 할 수 있다고 해도 나는 하지 않을 것이다〔堂高數仞 榱題
數尺 我得志不爲也 食前方丈 侍妾數百人 我得志不爲也 般樂飮酒 驅騁
田獵 後車千乘 我得志不爲也〕.”

26

누구는 대인이 되고
누구는 소인이 된다

『맹자』「고자 장구 상」

공도자가 말했다.

"다 같은 사람인데 누구는 대인이 되고, 누구는 소인이 되니 무엇 때문입니까?"

이에 맹자가 답했다.

"매사에 크고 귀중한 부분을 (중시하여 그것을) 따르면 대인이 되고, 작고 하찮은 부분을 (중시하여 그것을) 따르면 소인이 된다."

"다 같은 사람인데 누구는 대체를 따르고, 누구는 소체를 따르니 무엇 때문입니까?"

"귀나 눈과 같은 기관〔官〕은 생각을 할 줄 모르고 외물에 가리어진다. 그래서 외물은 귀나 눈과 같은 것과 만나는 순간 그것을 끌어당겨버릴 뿐이다. (그러나) 마음이라는 기관은 생각을 한다. 생각을 하면 (끌어당겨지는 것이 아니라 오히려) 얻는다. 반면 생각하지 않으면 얻지 못한다. 이는 하늘이 우리 인간에게 부여해 준 것이다. 우선 그 큰 것을 바로 세워놓으면 그 작은 것들은 빼앗아갈 수 없다. 이것이 대인이 되는 이유일 뿐이다."

公都子問曰 鈞是人也 或爲大人 或爲小人 何也
공도자 문왈 균 시 인 야 혹 위 대인 혹 위 소인 하야

(孟子)曰 從其大體爲大人 從其小體爲小人
맹자 왈 종 기 대체 위 대인 종 기 소체 위 소인

曰 鈞是人也 或從其大體 或從其小體 何也
왈 균 시 인 야 혹 종 기 대체 혹 종 기 소체 하야

(孟子)曰 耳目之官不思而蔽於物 物交物則引之而已矣 心之官則思 思
맹자 왈 이목 지 관 불사 이 폐 어 물 물 교 물 즉 인 지 이 이 의 심 지 관 즉 사 사

則得之 不思則不得也 此天之所與我者 先立乎其大者 則其小者 弗能奪也
즉 득 지 불사 즉 부득 야 차 천 지 소여 아 자 선 립 호 기 대자 즉 기 소자 불능 탈 야

此爲大人而已矣
차 위 대인 이 이 의

眞 주자가 말했다.

"기관〔官〕이란 주관한다〔主〕는 뜻이다. 귀는 듣는 것을 주관하고, 눈은 보는 것을 주관하지만 (둘 다) 생각〔思〕은 못한다. 이 때문에 외부의 일이나 사물〔外物〕에 가려진다. (반면) 마음은 생각을 주관하기 때문에 외부의 일이나 사물이 그것을 가릴 수 없다. 그 때문에 귀와 눈은 소체(小體)가 되고, 마음은 대체(大體)가 되는 것이다.

귀와 눈이 이미 소체가 되어 외부의 일이나 사물에 가려질 경우 그것은 진실로 하나의 물건일 뿐이니 외부의 일이나 사물로 이 눈과 귀와 교섭하게 되면 거기에 끌려갈 것이 틀림없다. 마음은 대체이기 때문에 (외부의) 일이나 사물에 의해 가려지지는 않지만 혹 생각을 않게 되면〔不思〕 이치를 얻지 못하고, 귀와 눈이 제 마음대로 하게 되어 마

침내 일이나 사물에 끌려가게 됨을 면치 못한다. 따라서 이 두 가지(즉 마음과 눈 귀)는 비록 모두 하늘이 내려준 것〔天賦=天稟〕에서 나오기
는 했지만 그 큰 것을 먼저 세우지 않으면 안 된다."

程 순자(荀子)가 말했다.

"이목구비(耳目口鼻)는 각각 외부와 접할 수는 있지만 서로 다른 기능에는 능하지 못하니〔不相能〕[1] 이를 일러 하늘이 준 기관〔天官〕이라 하고, 마음은 마음속 텅 빈 곳〔中虛〕에 있으면서 다섯 기관〔五官〕[2]을 다스리니 이를 일러 하늘이 준 임금〔天君〕이라 한다. 빼어난 이〔聖人〕는 천군(天君)을 깨끗하게 하여 천관(天官)을 바로잡는다."

(순자가) 또 말했다.

"텅 비어 있고 한결같으면서도 고요한 것〔虛壹而靜〕을 깨끗하고 밝다〔淸明〕고 한다. 마음은 형체의 임금〔形之君〕이요, 정신〔神明〕의 주인이다. 명령을 내리기만 하고 명령을 받는 곳은 없다."

신안(新安) 예씨(倪氏)[3]가 말했다.

"돌아가신 스승〔先師〕께서 말씀하셨다. '순경(荀卿-순자)이 눈과 귀를 천관이라 하고, 마음을 천군이라 했고, 또 마음은 형체의 임금이니 명령을 내리기만 하고 명령을 받는 곳은 없다고 했다. 이 말을 갖고서 『맹자』의 이 장을 보면 그 뜻이 아주 절실해진다.' 이는 먼저 큰 것을 세우면 이 마음이 우뚝 서서 눈과 귀의 임금이 되어 대체를 따르게 된다는 말이니 이른바 '천군이 태연하여 온갖 몸이 명령을 따른다'는 것이요, (반대로) 먼저 그 큰 것을 세우지 못하면 마음이 물러가 눈과 귀에게 명령을 들어서 소체를 따르게 될 것이니 이른바 '마음이 형체에게 휘둘린다'는 것이다. 큰 것을 세우기를 어떻게 해야 하는가? 이는 진실로 마음을 잡아서 지킴으로써 생각하는 본분을 얻게 하는 것에 있을 뿐이다."

주자가 말했다.

"마음에는 원래부터 생각함(의 기능)이 있다. 따라서 모름지기 사람이 스스로 주장하여 일으켜내는 것, 이것이 가장 중요하다."

(주자가) 또 말했다.

"마음이 텅 비고 신령스러운 바(虛靈)는 끝이 없다. 예를 들어 육합(六合)⁴⁾의 밖이라도 그것을 생각하기만 하면 즉시 (마음에) 이르게 되고, (반대로) 천세 백세의 이미 지나간 과거(已往)와 후대로 천세 만세의 바야흐로 다가올 미래(方來)가 모두 눈앞에 있는데도 사람들은 이익과 욕심(利欲)으로 인해 (마음이) 흐리고 어두워져 이 같은 이치를 볼 수 없게 되는 것이다."

(주자가) 또 말했다.

"맹자께서 말씀하시기를 '우선 그 큰 것을 바로 세우라'고 하셨으니 이 말씀에 가장 힘이 실려 있다. 특히 여기에 세우다(立)란 글자를 놓은 것에 주목해야 한다. 옛날에 어떤 사람이 초(譙) 선생⁵⁾에게 (도리를) 배우는 방법에 관해 묻자 초 선생은 '나는 다만 그 큰 것을 우선 바로 세운다'고 했으니 그의 배움도 역시 요긴한 바가 있었다. 자기 마음을 곧게 세우는 것이 곧 입(立)이니 이것이 이른바 '삼감으로써 안을 곧게 한다(敬以直內)'는 것이다."

1) 귀는 보거나 맛보거나 냄새를 맡을 수 없고, 눈은 듣거나 맛보거나 냄새를 맡을 수 없는 것 등을 말한다.

2) 시각, 청각, 후각, 미각, 촉각〔形〕을 가리킨다.
   형

3) 원나라 학자 예사의(倪士懿, 1303~1348년)를 가리킨다. 진력에게 배
   웠다.

4) 동서남북과 상하를 가리킨다.

5) 초정(譙定, 1023년~미상)을 가리킨다. 송나라의 학자로 주역에 능했다.

27

굶주린 자는 달게 먹는다

『맹자』「진심 장구 상(盡心章句上)」

맹자는 말했다.

"굶주린 자는 (무슨 음식이든) 달게 먹고 목마른 자는 (어떤 음료건) 달게 마신다. 이렇게 되면 먹고 마시는 것의 본맛을 알 수 없다. 굶주림과 목마름이 맛을 해치기 때문이니, 어찌 입과 배만이 이처럼 굶주리고 목마른 기갈(飢渴)의 해를 입겠는가? 사람의 마음에도 똑같이 그 같은 해가 있다. 사람이 기갈의 해로 인해 마음의 상처를 능히 받지 않을 수 있다면, 남에게 미치지 못하는 것을 걱정거리로 여기지 않는다."

孟子曰 飢者甘食 渴者甘飮 是 未得飮食之正也 飢渴害之也 豈惟口腹有
맹자 왈 기자 감식 갈자 감음 시 미득 음식지정 야 기갈 해 지야 기유 구복 유

飢渴之害 人心亦皆有害 人能無以飢渴之害爲心害 則不及人不爲憂矣
기갈지해 인심 역 개 유 해 인능 무 이 기갈지해 위 심해 즉 불급인 불위 우 의

眞　　주자가 말했다.

"입과 배가 굶주림과 목마름[飢渴]에 해를 입기 때문에 음식(의 맛)을 가릴 겨를이 없어 본맛을 잃는 것이요, 사람의 마음이 가난함과 천함[貧賤]에 해를 입기 때문에 부귀를 가릴 겨를이 없어 그 바른 이치를 잃는 것이다."

(주자가) 또 말했다.

"사람이 부귀를 이유로 해서 빈천을 싫어하지 않는다면 남보다 뛰어남이 크다고 할 수 있다. 이 장은 사람이 작은 것을 가지고 큰 것을 해쳐서는 안 되고, 곁가지를 가지고 뿌리를 해쳐서는 안 된다는 것을 말하고 있다."

程 주자가 말했다.

"'사람의 마음에도 똑같이 그 같은 해가 있다'는 한 구절을 조씨(趙氏-조기(趙岐))는 '사람의 마음이 이익과 욕심에 의해 해를 입는 것'이라고 했는데 이 말이 매우 좋다. 굶주림과 목마름이 맛을 아는 성질을 해치면 음식이 달지 않은데도 달다고 여기게 되고, 이익과 욕심이 (마음이 갖고 있는) 어짊과 의로움의 본성을 해치면 행하는 바가 옳지 않은데도 옳다고 여기게 된다."

28

생선 요리를 포기하고
곰 발바닥 요리를 택하다

『맹자』「고자 장구 상」

맹자는 말했다.

"생선 요리도 내가 먹고 싶고, 곰 발바닥 요리도 내가 먹고 싶은데 이 둘을 겸해서 가질 수 없다면 (당연히) 생선을 포기하고, 곰 발바닥 요리를 택할 것이다. 생명이나 삶도 내가 원하는 바요, 의리도 내가 원하는 바인데 이 둘을 겸해서 가질 수 없다면 생명을 버리고, 의리를 택할 것이다.

생명도 내가 원하는 바이지만 진정 원하는 바로 생명보다 더 간절한 것이 있기 때문에 구차스럽게 생명을 구걸하지 않으며, 죽음도 내가 싫어하는 바이지만 진정 싫어하는 바로 죽음보다 더 심한 것이 있기 때문에 굳이 피하지 않는 환란이 있는 것이다.

만일 사람들이 원하는 바 중에서 생명보다 더 간절한 것이 없다면 결국 목숨을 얻기 위해서는 어떤 방법이건 쓰지 않겠는가? 만일 사람들이 싫어하는 바 중에서 죽음보다 더 심한 것이 없다면 (죽음에 이를 수 있는) 환란을 피하기 위해서는 어떤 짓이든 못할 것이 있겠는가? (그런데 사람들은) 이렇게 하면 살 수 있는데도 그 방법을 쓰지 않고, 저렇게 하면 환란을 피할 수 있는데도 그것을 하지 않는 경우가 있다.

바로 이 때문에 진정 원하는 바로 생명보다 더 간절한 것이 있고, 진정 싫어하는 바로 죽음보다 더 심한 것이 있다는 것을 알 수 있다. 이런 마음은 오직 뛰어난 자만이 갖고 있는 것은 아니고, 사람이라면 다 갖고 있지만 뛰어난 자는 능히 그것을 잃어버리지 않을 뿐이다.

한 (대)그릇의 밥과 한 (나무)그릇의 국을 얻어먹으면 살고 얻어먹지 못하면 죽는 상황에 처한 사람이 있다고 하자. 그런데 주는 사람이 호통을 치면서 그것을 준다면 허기진 행인도 그것을 받지 않을 것이며, 그것을 발로 차서 준다면 거지도 기분 나빠한다.

(그런데) 만종(萬鍾)의 녹봉을 주겠다고 하면 (대부분의 사람들은) 예의를 가리지도 않고 덥석 받는다. 그 많은 만종의 녹봉이 나에게 무엇을 보태주겠는가? 집을 호화롭게 꾸미고, 처첩의 시중을 받고, 나와 알고 지내는 궁핍한 자들이 나를 알아주게 하기 위해서인가?

앞의 경우에는 자기 몸을 위해서는 죽어도 받지 않아 놓고서 이번에는 집을 호화롭게 꾸미기 위해 (녹봉을) 받고, 앞의 경우에는 자기 몸을 위해서는 죽어도 받지 않아 놓고서 이번에는 처첩의 시중을 받기 위해 받고, 앞의 경우에는 자기 몸을 위해서는 죽어도 받지 않아 놓고서 이번에는 나와 알고 지내는 궁핍한 자들이 나를 알아주게 하기 위해서 그 짓을 한다면 이것이 과연 그만둘 수 없는 일인가? 이런 것을 일러 그 본래의 마음을 잃었다고 하는 것이다."

孟子曰 魚我所欲也 熊掌亦我所欲也 二者不可得兼 舍魚而取熊掌者也
맹자 왈 어 아 소욕 야 웅장 역 아 소욕 야 이자 불 가 득 겸 사 어 이 취 웅장 자 야

生亦我所欲也 義亦我所欲也 二者不可得兼 舍生而取義者也
생 역 아 소욕 야 의 역 아 소욕 야 이자 불가 득겸 사생 이 취 의 자야

生亦我所欲 所欲 有甚於生者 故 不爲苟得也 死亦我所惡 所惡 有甚於
생 역 아 소욕 소욕 유 심 어 생 자 고 불위 구 득 야 사 역 아 소오 소오 유 심 어

死者 故 患有所不辟(避)也
사 자 고 환 유 소불피 피 야

如使人之所欲 莫甚於生 則凡可以得生者 何不用也 使人之所惡 莫甚於
여 사 인지 소욕 막 심 어 생 즉 범 가이 득 생 자 하 불용 야 사 인 지 소오 막 심 어

死者 則凡可以辟患者 何不爲也
사 자 즉 범 가이 피 환 자 하 불위 야

由是 則生而有不用也 由是 則可以辟患而有不爲也
유시 즉 생 이 유 불용 야 유시 즉 가이 피 환 이 유 불위 야

是故 所欲 有甚於生者 所惡 有甚於死者非獨賢者有是心也 人皆有之
시 고 소욕 유 심 어 생 자 소오 유 심 어 사 자 비 독 현 자 유 시 심 야 인 개 유 지

賢者能勿喪耳
현자 능 물 상 이

一簞食 一豆羹 得之則生 弗得則死 嘑爾而與之 行道之人 弗受 蹴爾而
일 단 사 일 두 갱 득 지 즉 생 부 득 즉 사 호 이 이 여 지 행 도 지 인 불수 축 이 이

與之 乞人不屑也
여 지 걸 인 불설 야

萬鍾則不辨禮義而受之 萬鍾於我何加焉 爲宮室之美 妻妾之奉 所識
만 종 즉 불변 예의 이 수 지 만 종 어 아 하 가 언 위 궁실 지 미 처첩 지봉 소식

窮乏者得我與
궁핍 자 득 아 여

鄕(嚮)爲身 死而不受 今爲宮室之美 爲之鄕(嚮)爲身 死而不受 今爲
향 향 위 신 사 이 불수 금 위 궁실 지 미 위 지 향 향 위 신 사 이 불수 금 위

妻妾之奉 爲之鄕(嚮)爲身 死而不受 今爲所識窮乏者得我而爲之 是亦不
처첩 지봉 위 지 향 향 위 신 사 이 불수 금 위 소식 궁핍 자 득 아 이 위 지 시 역 불

可以已乎 此之謂失其本心
가이 이 호 차 지 위 실 기 본심

眞 주자가 말했다.

"본래의 마음[本心]이란 부끄러워하고 미워할 줄 아는[羞惡] 마음을 가리킨다. (여기서 언급한) 세 가지는 몸 밖의 일이라 그 얻고 잃음이 죽고 사는 것에 비하면 훨씬 가볍다. 그런데 앞의 경우에는 자기 몸이 죽게 생겼는데도 오히려 호통을 치거나 발로 차서 주는 음식은 먹으려고 하지 않다가 이번에는 세 가지를 위해 예와 의로움[禮義]이 없는 만종의 녹을 받으니 이 어찌 그만둘 수 없는 것이겠는가? 부끄러워하고 미워할 줄 아는 마음은 사람이 원래부터 갖고 있는 것이지만 혹 위태롭고 급박할 때는 죽고 사는 결단을 하면서도 편안할 때는 많고 적음[豊約]을 따지는 것을 면하지 못한다. 이 때문에 군자라면 어느 한순간이라도 이 점을 살피지 않으면 안 된다."

程 　사량좌가 이천 선생에게 '형서는 오랫동안 선생님을 따라 배웠는데 생각해 보면 그는 도무지 앎이나 깨달음[知識]이 없어 (결국) 뒤에 가서 지극히 엉망진창[狼狽]이 되어버렸습니다'라고 하자 이천 선생이 말했다.

"앎과 깨달음이 전혀 없었다고 하는 것은 옳지 않다. 다만 의로움과 이치[義理]가 이익과 욕심의 마음을 이기지 못해 이 지경에 이른 것이다."

　　　주자가 말했다.

　　　"정자의 말씀은 남을 야단치는 입장에서 말하면 서(恕)이고, 남을 가르치는 입장에서 말하면 충(忠)이다.[1] 따라서 그것은 『맹자』의 이 장의 뜻을 더욱 밝게 풀어낸 것이다."

　주자가 말했다.

　"내가 일찍이 한 부류의 사람들이 이익을 도모하고 관직을 구하는데 급급한 것을 본 바 있다. (그때 나는) 이 사람들이 무슨 일을 이루려고 그렇게 하는지를 잘 몰랐는데 훗날 곰곰이 생각해 보니 맹자께서 말씀하시기를 '진정 원하는 바로 생명보다 더 간절한 것이 있고, 진정 싫어하는 바로 죽음보다 더 심한 것이 있다는 것을 알 수 있다. 이런 마음은 오직 뛰어난 자만이 갖고 있는 것은 아니고, 사람이라면 다 갖고 있지만 뛰어난 자는 능히 그것을 잃어버리지 않을 뿐이다'라고 하셨다. 즉 저 사람도 원래 이런 마음을 갖고 있었으나 다만 저 스스로 잃어버린 것이다. 이 때문에 의로움과 이치를 보지 못하는 것이다."

　어떤 사람이 "그가 비록 이와 같으나 제가 생각해 볼 때 부끄러워하고 미워할 줄 아는 마음이 진실로 반드시 싹터 생겨날 것입니다"고 말하자 (주자가) 이렇게 말했다.

"다만 그렇기만 해서야 무슨 일을 이루겠는가? 오늘 밤에 부끄러워했으면 내일은 곧장 그것을 하지 않아야 옳다. 만일 부끄러워한 뒤에 또 예전처럼 그대로 반복한다면 무슨 일을 이루겠는가?"

남헌 장씨가 말했다.

"호통치면서 주면 받지 않고, 발로 차서 주면 좋지 않게 여기는 것이 바로 부끄러워하고 미워할 줄 아는 마음이다. 사람이 곤란하거나 궁벽한 처지에 놓이면 욕심을 마구 부리지 않기 때문에 부끄러워하고 미워할 줄 아는 실마리가 아직 남아 있지만 만종에게 영향을 받는 지경에 이르면 다시 예와 의로움을 돌아보지 않는다. (맹자께서) '만종의 녹봉이 나에게 무엇을 보태주겠는가'라고 하셨으니 사람들이 이 말을 깊이 음미하여 그 뜻을 깨우친다면 진실로 외부의 일이나 사물은 탐낼 것이 못 된다는 것을 알게 될 것이다."

정우(定字) 진씨(陳氏-진력(陳櫟))가 말했다.

"사람이 선량한 마음〔良心〕을 잃어버리게 되는 것은 진실로 궁실(宮室)을 (호화롭게) 꾸미고, 처첩을 보살피고, 아는 사람을 구제해 주는 세 가지에 한정되는 것은 아니지만 (일단) 사람들이 여기에 근거를 두고서 성찰을 하면 사람의 욕심을 막고 하늘과도 같은 이치를 넓히고 채우는 것을 알게 될 것이다. 또 (맹자께서는) '이것이 과연 그만둘 수 없는 일인가?'라고 하셨는데 이는 사람을 불러 깨우쳐주신 것이다. (일반) 사람이 군자가 되지 못하는 것은 대부분 어쩔 수 없어서 그렇게 하는 것이긴 하지만 지금 이 세 가지는 어찌 그만둘 수 없는 것이어서 끝끝내 (모든 것을) 무릅쓰고 한단 말인가? (그래서 맹자께서는) '이런 것을 일러 그 본래의 마음을 잃었다고 하는 것이다'라고 하셨으니 단호하게 결단함이 분명하다. '본래의 마음을 잃었다'는 것은 앞에 이른바 '뛰어난 자〔賢者〕는 능히 그것을 잃어버리지 않을 뿐이다'고 말한 것과 정반대가 된다. 뛰어난 자는 사사로운 욕심을 이겨내 제거하기 때문에 선량한 마음을 능히 잃어버리지 않을 수 있고, 일반 사람들〔衆人〕은 사사로운 욕심에 빠지기 때문에 본래의 마음을 잃는 지경에 이르는 것이다."

1) 서(恕)란 자기에게 미루어 남을 생각하는 것이니 형서의 잘못을 지적하되 배려했다는 뜻이고, 충(忠)이란 진실함이니 정이천이 지적한 내용이 진실했다는 뜻이다.

제4권

29

닭이 울면 일어나다

『맹자』「진심 장구 하(盡心章句下)」

맹자는 말했다.

"닭이 울면 일어나 부지런히 좋은 일을 행하는 자는 순(舜) 임금의 무리요. 닭이 울면 일어나 부지런히 이익에 힘쓰는 자는 도척(盜蹠)[1]의 무리다. 순임금과 도척을 나누는 차이를 알고 싶은가? (그것은) 다름 아닌 이익과 좋은 일의 사이에 지나지 않는다."

孟子曰 雞(鷄)鳴而起 孳孳爲善者 舜之徒也 雞(鷄)鳴而起 孳孳爲利者
맹 자 왈 계 계 명 이 기 자 자 위 선 자 순 지 도 야 계 계 명 이 기 자 자 위 리 자

蹠之徒也 欲知舜與蹠之分 無他 利與善之間也
척 지 도 야 욕 지 순 여 척 지 분 무 타 이 여 선 지 간 야

眞 정자가 말했다.

"사이〔間〕라고 한 것은 서로 거리가 멀지 않아 그 다투는 바가 털끝만 한 것일 뿐임을 말한 것이다. 좋은 일과 이익은 공과 사

〔公私〕일 뿐이니 조금이라도 좋음(혹은 좋은 일)에서 벗어난다면 그것은 곧 이익이라고 말할 수 있다.”

양씨(-양시)가 말했다.

“순임금과 도척은 그 거리가 멀지만 그 구분은 이익〔利〕과 좋은 일〔善〕(혹은 맹자가 좋아하는 의로움〔義〕)의 사이(혹은 작은 간격)일 뿐이다. 이 어찌 삼가지 않을 수 있겠는가? 그러나 이를 강구하는 바가 숙달되지 않으면 이를 보는 것이 분명하지 못해 이익〔利〕이 의로움〔義〕이라고 착각하지 않을 자가 없으니 더욱이 배우는 자라면 깊이 살펴야 할 것이다.”

어떤 사람이 “닭이 울면 일어나기는 하는데 만일 외부의 일이나 사물과 접하지 않았을 때는 어떻게 해야 좋은 일을 행한다〔爲善〕고 할 수 있습니까?”라고 묻자 정자가 말했다.

“단지 삼감을 주인으로 삼는 것〔主於敬〕이 곧 좋은 일을 행하는 것이다.”

---

1) 도척(盜蹠)은 중국 춘추시대의 큰 도둑으로 공자와 같은 노나라 사람이다. 『논어』에도 등장하는 뛰어난 인물 유하혜(柳下惠)의 아우로 그의 도당 9천 명과 떼 지어 온 나라를 휩쓸고 다녔다.

程 정자가 말했다.

"동중서(董仲舒)[1]가 한 말 중에 '의로움을 바로잡고 이익은 도모하지 않으며, 도리를 밝히고 공명은 염두에 두지 않는다〔正其義不謀其利 明其道不計其功〕'는 것이 있는데 이것이 바로 동중서가 여러 유학자들〔諸子〕보다 훨씬 뛰어난 까닭이다."

주자가 말했다.

"동중서가 이룩한 경지는 매우 높다. 후세 사람들이 옛사람보다 못한 이유는 도리의 의로움〔道義〕, 공명과 이익〔功利〕의 관문을 통과하지 못한 때문일 뿐이다."

상채 사씨가 말했다.

"명예와 이익〔名利＝功利〕의 관문을 통과해야 바야흐로 조금이나마 쉴 수 있는 곳이 있을 수 있다. (그런데) 지금의 선비나 대부들에 대해 어찌 제대로 말할 게 있겠는가? (그들이) 말만 잘 해대는 것이 딱 앵무새와 같다."

주자가 말했다.

"상채의 이 말은 심히 두려워할 만하다. 모름지기 이곳에 다리를 세워 안정시키듯이 (마음이) 정해진 뒤에야 '애씀을 넓히고 예를 (내 몸에) 다잡는〔博文約禮〕' 공부가 베풀어질 수 있는 공간이 있게 된다."

어떤 사람이 이익과 좋은 일의 사이에 관해 묻자 주자가 말했다.

"차가운 물[冷水]이 아니면 곧 펄펄 끓는 것뿐이다. 그 중간에 따뜻함[溫]이 따스함[煖]을 머금은 곳(즉 미지근한 영역)은 없다."[2]

(주자가) 또 말했다.

"하늘과도 같은 이치와 사람의 욕심을 나누는 것은 단지 사소한 차이를 다투는 것이다. 그래서 주렴계(周濂溪) 선생은 단지 '조짐이나 기미[幾]'만을 말씀하셨다. 그러나 그것을 분별하는 바를 보다 일찍 하지 않으면 안 되기 때문에 장횡거(張橫渠) 선생은 언제나 '미리[豫]'를 말씀하셨다."

(어떤 사람이) "일이 이치와 합치될 때 거기에 뜻을 두고서 그것을 하는 것은 어떻습니까"라고 묻자 (주자가) 말했다.

"일은 비록 의로울지 몰라도 마음은 사사롭다. 예를 들어 어떤 길을 좋은 사람이 가더라도 이 길이요, 도적이 가더라도 이 길인 것과 같다. 마땅히 이와 같이 해야 하는 것이 하늘과도 같은 이치이니, 이익을 따지거나 비교하는 마음을 가지면 곧 옳지 않다."

(주자가) 또 말했다.

"이익과 좋은 일의 사이에 만일 조금이라도 남이 알아주기를 바라는 마음을 갖고, (또) 남이 좋다고 말해 주기를 바라는 마음을 갖고 이것으로 이익과 벼슬을 구하려 한다면 이는 모두 다 이익(을 바라는 마음)[利]이 된다. 이 같은 경우는 그 양상이 지극히 많고 다양하니 비록 행하는 바가 모두 좋다고 하더라도 다만 하나의 터럭만큼이라도 외부의 일이나 사물을 바라는 마음이 있다면 그것은 곧 이익(을 바라는 마음)이다. 예를 들자면 한 덩어리의 깨끗하고 흰 물건의 겉면에 단지 한 점의 검은 것을 붙여놓기만 해도 곧 그것이 흰 것이 될 수 없는 것과 같다."

(주자가) 또 말했다.

"세상에 의리에서 깨닫는 자는 군자가 되고, 이익에서 깨닫는 자는 곧 소인이다.[3] 근년에 있었던 한 가지 의논에서는 마침내 이 두 가지 사이에서 주변을 맴돌고자 하는 바람에 우물쭈물하면서 자신의 의견을 명백하게 드러내지 못해 마음의 기틀〔心機〕을 다 소진하고서도 마침내는 군자에 이르지 못하고, 그나마 소인이 되더라도 최소한의 본분은 아는 소인도 되지 못하니 이는 마음을 잘못 쓰고 있다〔誤用〕고 할 만하다."

(주자가 말했다.)

"지난번에 이모(李某)가 처음에 한 편의 글을 올려 도학(道學-유학)이 이처럼 좋지 않은 것이라고 극구 말한 적이 있다. 이때에 어떤 이가 요직에 있었기 때문에 이 말로 그 비위를 맞춰 상주(上州-관작이 높은 주)로 높이 승진되었다. 그런데 지난날 내가 막 소명(召命)을 받고서 행재소(行在所-황제나 임금의 임시 막사)에 이르자 (이모는) 갑자기 또 한 편의 글을 올려 도학의 아름다움을 극구 칭찬했다. 그는 내가 어떤 세력이 있다고 생각해 이것으로 비위를 맞추려고 한 것이니 참으로 가소롭다."

남헌 장씨가 말했다.

"배우는 자는 공자와 맹자(의 가르침)에 깊이 마음을 두고 사색하여[潛心] 반드시 거기로 들어가는 문을 찾아서 들어가야 한다. (이에) 어리석은 내가 생각해 보니 의로움과 이익을 분별하는 일보다 우선하는 것은 없다. 대개 빼어나거나 뛰어난 이[聖賢]는 다른 목적이나 의도 없이 그렇게 한다[無所爲而然也].[4] 다른 목적이나 의도 없이 그렇게 한다는 것은 (첫째, 하늘의) 명(命)이 그치지 않는 까닭이고[命之所以不已], 본성이 치우치지 않는 까닭이며[性之所以不偏], 가르침이 끝이 없는 까닭[敎之所以無窮]이다.[5] (반면에) 무릇 다른 목적이나 의도가 있어서 그렇게 한다는 것은 다 사람의 욕심에서 나오는 사사로움[人欲之私]이요, 하늘과도 같은 이치가 보존된 것이 아니다. 바로 이것이 의로움과 이익이 나눠지는 바[分]다.

스스로를 돌아보고 살필 줄 모르는 사람의 입장에서 그것을 말하자면 하루 종일 매 사이(순간)마다 이익을 위하지 않는 때가 드물다. 따라서 (반드시) 명예와 지위와 재물을 얻은 다음이라야 이익을 탐하는 마음[利]을 가졌다고 하는 것은 아니다. 마음이 향하는 바가 조금이라도 다른 목적이나 의도가 있다는 것에 해당되면 비록 그것의 얕고 깊음의 차이는 있겠지만 이기적인 자아[己]가 시키는 것을 따라서 스스로 사사롭게 함에 있어서는 똑같을 뿐이다. 이런 마음이 날로 불어나면 좋은 마음의 실마리[善端]가 막히게 된다. 그런데도 이렇게 하면서 빼어나거나 뛰어난 이의 문이나 담장을 가까이 하여 스스로 뭔가를 얻기를 바란다면 어찌 뒷걸음치면서 앞사람을 따라잡기를 바라는 것이 아니겠는가?

(따라서) 배우는 자는 마땅히 뜻을 세우는 것을 최우선으로 삼고서 삼감[敬]을 잡아 지키는 것을 근본으로 삼아 움직일 때나 고요할 때

의 사이에서 매사 정밀하게 살펴 털끝만 한 차이에서도 하늘과 땅의 구분됨을 안다면 자신이 가진 힘을 제대로 쓸 수 있을 것이다.

공자께서 말씀하시기를 '옛날에 배우는 자들은 자신을 갈고닦는 데 힘썼고, 오늘날 배우는 자들은 남에게 인정받는 데 힘쓴다〔古之學者爲己 今之學者爲人〕'[6]고 하셨다. 남에게 인정받는 데 힘쓰는 자〔爲人者〕는 가는 데마다 이익이 아님이 없고, 자신을 갈고닦는 데 힘쓰는 자〔爲己者〕는 가는 데마다 의로움이 아님이 없다. 이익이 될 경우 비록 자신의 일이라도 모두 남에게 인정받으려 힘쓰는 것이요, 의로울 경우 비록 남에게 베푸는 일이라도 모두 자신을 갈고닦는 데 힘쓰는 것이다. 아! 의로움과 이익의 분별은 큰 것이니 어찌 다만 배우는 자가 자신을 다스림에만 마땅히 먼저 해야 할 바이겠는가? 천하와 나라, 가정에 베풀어도 똑같은 것이다."

주자가 말했다.

"의로움이란 다른 목적이나 의도 없이 그렇게 하는 것〔無所爲而然者也〕이라는 이 말씀은 예전의 빼어난 이들이 미처 밝혀 드러내지 못한 것〔未發〕을 넓힌 것이니 본성은 좋다〔性善〕와 기운을 기르다〔養氣〕를 밝혀 드러낸 맹자의 공로와 같다고 할 정도다."

서산 진씨가 말했다.

"주자가 '의로움과 이익 사이를 진실로 깊이 밝히고 힘써 분별해야 한다. 그러나 정자께서 외부의 일이나 사물과 접하지 않았을 때에 삼감을 주인으로 삼는다〔主敬=主於敬〕는 하나의 공부법을 밝혀 드러내셨으니 다시 모름지기 온 힘을 쏟아 나아갈 때 비로소 아름다울 수 있다. 만일 그렇지 못하면 혹 의로움과 이익이 나눠지는 바의 근거를 제대로 살필 수 없다'고 한 이 말은 더욱이 배우는 자라면 마땅히 알아야 할 바다."

상산(象山) 육씨(陸氏)[7]가 말했다.

"(공자께서) '군자는 의로움에서 깨닫고, 소인은 이익에서 깨닫는다〔君子喩於義 小人喩於利〕'고 했으니 이 장은 의로움과 이익을 잣대로 군자와 소인을 판별하고 있다. 따라서 자기 몸에서 절실하게 들여다보고 살피지 않으면 진실로 아무런 얻음도 없을까 걱정스럽다. 사람이 깨닫는 바〔所喩〕는 그 익히는 바〔所習〕에서 비롯되고, 익히는 바는 뜻하는 바〔所志〕에서 비롯된다. (그래서) 의로움에 뜻을 두면 익히는 바가 반드시 의로움에 있을 것이니 익히는 바가 의로움에 있으면 의로움에서 깨닫게 될 것이다. (반면에) 이익에 뜻을 두면 익히는 바가 반드시 이익에 있을 것이니 익히는 바가 이익에 있으면 이익에서 깨닫게 될 것이다. 그러므로 배우는 자가 어디에 뜻을 두고 있는지를 분별하지 않을 수 없는 것이다.

오늘날 선비 된 자들은 진실로 과거시험의 득실이나 따지는 수준을 면치 못해 단지 그 기예라는 게 당국〔有司〕에서 좋아하고 싫어하는 것과 어떤 관련이 있는가에만 달려 있을 뿐이다. 이렇게 해서는 군자와 소인이 분별될 수가 없다. 그런데도 지금 세상의 풍속에서는 이것을 서로 높이 받들어 여기에 골몰하느라 스스로 헤어날 줄을 모른다. 그러니 하루 종일 힘을 쏟는 것이 비록 빼어나거나 뛰어난 이〔聖賢〕들의 책이라 할지라도 그 뜻이 향하는 바를 잘 들여다보면 실은 빼어나거나 뛰어난 이와 등을 돌리고 있는 꼴이라 할 수 있다. 이를 미루어 올라가보면 다시 벼슬의 높고 낮음과 녹봉의 많고 적음만을 따지고 있으니 어찌 나라의 일과 백성의 숨은 고통〔國事民隱〕에 능히 온 마음과 힘을 다할 수 있겠으며, 또 맡기고 부리는 자〔任使之者＝君主〕를 저버리지 않을 수 있겠는가? 이런 속에서 일을 배우다 보면 경력이 늘어나고 강습도 무르익어 (나름대로) 어찌 깨닫는 바가 없겠는가마는 다만 그런 것이 의로움에 있지 않을까 봐 두려울 뿐이다.

(따라서) 이 몸이 소인으로 귀착되어서는 안 된다는 점을 깊이 생각하여 이익과 욕심에 젖어드는 것에 대해서는 마음 아파하고 머리 아파하며〔痛心疾首〕, 오직 의로움을 주인으로 삼아 날로 힘써서 '널리 배우고〔博學〕, 따져가며 깊이 묻고〔審問〕, 신중하게 생각하고〔謹思〕, 밝게 가려내며〔明辨〕, 독실하게 행해야 한다〔篤行〕'. 이를 기반으로 삼아 과거에 나아가면 그 문장이 반드시 평소의 배움과 가슴속에 쌓인 것을 다 말하게 되어 빼어난 이의 도리와 어긋남이 없을 것이다. 또 이를 기반으로 삼아 벼슬을 하면 반드시 모두 맡은 바 직책을 수행하고, 그 일에 부지런하며, 나라에 마음을 두고, 또 백성에게 마음을 두게 되어 자신을 위한 계교는 부리지 않을 것이다. 이런 사람이라면 어찌 군자라 이르지 않겠는가?"

진지(陳芝−주희의 제자)가 "지금 마땅히 무슨 책을 읽어야 합니까?"라고 묻자 주자가 말했다.

"빼어나거나 뛰어난 이들께서 사람들을 가르치신 것은 다 그들 각자에게 절실한 말씀이요, 사람들로 하여금 밖을 향해 단지 책 위로 나아가서 읽고 그냥 끝나게 하려 한 것은 아니다. 그러니 자신들이 지금 우선 하나의 의로움과 이익을 판별해 내어 자신이 지금 남들이 알아주기를 구하는가, 아니면 스스로 자기 자신만을 (닦는 것을) 위하는가를 한번 살펴보아야 한다. 이것이 바로 죽고 사는 갈림길〔路頭〕이다. (그대는) 일찍이 육자정(陸子靜-육구연)의 의로움과 이익에 관한 글을 본 적이 있는가?"

(진지가) "아직 본 적이 없습니다"고 말하자 (주자는) 이렇게 말했다.

"(육자정의 의로움과 이익에 관한) 이 말은 그가 남강(南康)에 왔을 때 내가 그에게 글을 풀이해 줄 것을 요청한 것인데 그는 도리어 이 의로움과 이익을 나눠 밝혀야 한다〔分明〕고 했으니 이 말이 참으로 좋다. 예를 들면 '오늘날 사람들은 단지 책을 읽는 것도 이익을 위하여 하고, 향시에 합격한 뒤에는 또 벼슬을 얻고자 하고, 벼슬을 얻으면 또 그 벼슬이 높아지기를 구하여 어려서부터 늙을 때까지 머리부터 발끝까지 이익을 위하지 않음이 없다'고 하여 그 말함이 통쾌했는데, 이 말을 듣고서 심지어 눈물을 흘리는 자도 있었다. 지금 사람들은 태어나서 다소 지식이 있게 되면 그 마음이 곧 이와 같이 부지런히 나아가 명예를 구하고 이익을 좇아 점점 달려가기만 할뿐 그칠 줄을 몰라 빼어나거나 뛰어난 이(의 말씀)와 거리가 날로 점점 더 멀어진다. 어찌 참으로 가슴 아프고 안타깝지 않겠는가?"

난계 범씨가 말했다.

"좋음과 이익〔善利〕에 대한 각각의 생각은 그 사이에 머리털 하나도 용납하지 않을 만큼 가깝다. (그렇지만 이런) 털끝만 한 차이에서 결국 순임금과 도척이 나눠지는 것이니 배우는 자가 경계하고 또 두려워하지 않을 수 있겠는가? 이익이라고 해서 반드시 재물의 이익만을 말하는 것은 아니니, 무릇 (자기에게) 이롭고자 하는 마음이 있으면 모두 다 이익이다. 그래서 내가 맹자의 뜻을 더욱 발전시켜 순임금과 도척의 비교표〔舜蹠圖〕를 만들어보았다. 이는 좋음과 이익에 대한 생각이 마음에서 일어날 때 처음에는 (그 차이가) 아주 미미하지만 (뒤에 가서) 얻고 잃음〔得失〕의 서로 떨어짐〔相去=相距〕은 구천(九泉-깊은 땅속)의 아래와 중천(重天-높은 하늘 끝)의 꼭대기(와의 거리)와 같다는 것을 말하는 것이다. 또 내가 생각해 볼 때 설사 순임금이라도 한 번 생각하지 않으면〔罔念〕 마음을 마구잡이로 하는 사람〔狂=狂人〕이 되고, 설사 도척이라도 한 번 잘 생각하면〔克念〕 빼어난 이〔聖=聖人〕가 된다. 사람이 위태로움〔危=人心〕과 은미함〔微=道心〕의 사이에서 이것을 안다면 진실로 도리에 가까울 것이다. 그래서 또 잘 생각하는 것과 생각하지 않는 것의 설을 순임금과 도척에 각각 붙였다."

마음〔心〕

이익〔利〕　　　선〔善〕

도척(盜蹠)　　　순임금

잘 생각하는 것　　생각하지 않는 것
〔克念〕　　　　〔罔念〕

빼어남〔聖〕　　제멋대로 함〔狂〕

순임금과 도척의 비교표〔舜蹠圖〕

가만히 살펴보다 범씨의 이 비교표는 (앞에 나온 바 있는) 주자가 정정한 조씨(趙氏-조치도(趙致道))의 열렬함-조짐 그림〔誠幾圖〕을 참고하면서 보아야 한다.
성기도

1) 중국 전한(前漢) 때의 유학자로 무제(武帝)가 널리 인재를 구할 때, 현량대책(賢良對策)을 올려 인정받았다. 전한의 새로운 문교정책에 참여했는데 오경박사(五經博士)를 두고, 국가 문교의 중심이 유가(儒家)로 통일된 것은 그의 영향이 크다.

2) 이익과 좋은 일은 그 차이는 얼마 안 되지만 그 성격은 확연히 갈라진다는 뜻이다.

3) 이 말은 『논어』「이인(里仁)」 편에서 공자가 한 말이다. "군자는 의리에서 깨닫고, 소인은 이익에서 깨닫는다〔君子喩於義 小人喩於利〕." 여기
군자 유 어 의   소인 유 어 리
서는 어(於)를 어떻게 볼 것인가가 관건이다. 지금처럼 풀이를 하면 군자의 경우에는 일의 여러 가지 측면 중에서 의리의 측면을 중시한다는 것이고, 소인의 경우에는 일의 여러 가지 측면 중에서 이익의 측면을 중시한다는 것이다. 그런데 기존의 번역들처럼 '군자는 의리를 깨닫고, 소인은 이익을 깨닫는다'고 하면 사실상 군자나 소인은 동어반복이 되고 어(於)의 뉘앙스도 포기하는 꼴이 된다.

4) 이것이 곧 우러나서 자연스럽게 한다〔安〕는 말이다.
안

5) 이것은 『중용』의 첫머리에 나오는 세 구절을 염두에 둔 것이다. 여기서 공자는 이렇게 말했다. "하늘이 명한 것을 본성이라 하고, 본성을 따르는 것을 도리라 하며, 도리를 닦는 것을 가르침이라 한다〔天命之
천명 지
謂性 率性之謂道 修道之謂敎〕."
위 성 솔 성 지 위 도 수 도 지 위 교

6) 『논어』 「헌문(憲問)」 편에 나오는 말이다.

7) 이름은 육구연(陸九淵, 1139~1192년)이다. 주자(朱子)와 함께 중국 전체를 양분(兩分)하는 학문적 세력을 형성하였으나, 사상적으로는 둘 다 이정(二程)의 학문을 계승하였다. 다만 주자가 정이의 도문학(道問學-문학제일(問學第一))을 존중했다면, 상산은 정명도의 존덕성(尊德性-덕성제일(德性第一))을 존중했다. 이 때문에 주자는 격물치지(格物致知)의 성즉이설(性卽理說)을, 상산은 치지(致知)를 주로 한 심즉이설(心卽理說)을 제창하였다.

30

마음을 길러냄에 관하여 1

『맹자』「진심 장구 하」

맹자는 말했다.

"마음을 길러냄에 욕심이나 욕망을 줄이는 것보다 좋은 것은 없다. 그 사람됨이 욕심이나 욕망이 적다면 비록 그 본래의 마음을 보존하지 못하는 일이 있다 하더라도 (결과적으로) 그 보존하지 못하는 바가 적을 것이다. (반면에) 그 사람됨이 욕심이나 욕망이 많다면 비록 그 본래의 마음을 보존한다 하더라도 (결과적으로) 그 보존하는 바가 적을 것이다."

孟子曰 養心莫善於寡欲 其爲人也寡欲 雖有不存焉者 寡矣 其爲人也
맹자 왈   양심 막 선 어 과욕 기 위인 야 과욕   수 유 부존 언 자   과 의   기 위인 야

多欲 雖有存焉者 寡矣
다욕 수 유 존 언 자   과 의

眞　주자가 말했다.

　"욕심 혹은 욕망(欲)이란 입, 코, 귀, 눈 그리고 사지가 원하는
바를 말한다. 이것은 비록 사람에게 없을 수는 없지만 너무 많이 하고
조절하지 않으면 그 본래의 마음을 잃지 않을 수 있는 자가 없을 것이
다. 배우는 자는 마땅히 깊이 경계해야 할 것이다."

　정자가 말했다.

　"반드시 깊이 탐닉한 다음에야 욕심이나 욕망이 되는 것이 아니요,
단지 그쪽으로 (뜻이) 향하는 바가 있기만 해도 욕심이나 욕망이 된다."

　남헌 장씨가 말했다.

　"(이미 뜻이) 향하는 바가 있기만 해도 욕심이나 욕망이 되니 욕심
이 많게 되면(多欲) 온갖 생각이 어지럽게 되어 마음이 밖으로 치달리
게 된다. 이러고서야 무엇을 보존할 수 있겠는가?"

程 정자가 말했다.

"사람들이 하늘과도 같은 이치(天理)에 어둡게 되는 까닭은 단지 좋아하고 하고 싶은 것들(嗜欲)이 그 이치를 어지럽히기 때문이다. 장자(莊子)는 말하기를 '좋아하고 하고 싶은 것들이 깊은 자는 하늘과도 같은 기틀[1]이 얕다(其嗜慾深者其天機淺)'라고 했는데 이 말이 도리어 (그 어떤 유학자들의 말보다) 가장 옳다."

장자가 말했다.

"어짊을 이루는 것이 어렵게 된 지가 오래되었다. 사람들이 (마땅히) 좋아해야 할 바(所好)를 잃어버렸으니 그로 인해 사람들이 이익과 욕심의 마음이 있게 되면 배움과 곧장 등을 돌린다. 그렇기 때문에 배우는 자는 욕심을 줄여야(寡欲) 하는 것이다.

여씨(-여대림)가 말했다.

"욕심 혹은 욕망이란 외부의 일이나 사물에 감응하여 움직이는 것이다. 마음을 다스리는 방도로 욕심이나 욕망을 적게 갖는 것(少欲)보다 더 좋은 것은 없다. 욕심을 적게 가지면 눈과 귀 같은 기관(官)이 외부의 일이나 사물에 가려지지 않아 마음이 늘 편안하고(常寧=常安), 마음이 늘 편안하면 안정되어 어지럽지 않고(定而不亂), 동시에 밝아서 어둡지 않으니(明而不暗) 도리(道)가 이로 말미암아 생겨나고 다움(德)도 이로부터 이루어진다.

(반면에) 보존되지 못한다는 것은 본래 선량한 마음을 꼼짝 못하게 해서 잃게 만든다(梏亡)는 것이다. 따라서 욕심이나 욕망이 적은 사람은 곡망(梏亡)의 우환이 없다.

그 사람됨이 욕심이나 욕망이 많으면 움직이기를 좋아하고 절제함은 없어〔好動而無節〕 망령되게 행동하고 평상심을 잃게 되니 좋은 마음의 실마리〔善端〕가 이로 말미암아 손상을 입어 하늘과도 같은 이치는 이지러진다〔虧〕. 그래서 비록 보존함이 있다 하더라도 그것은 적다."

(여씨가) 또 말했다.

"천하에 잡아 쥐기 어려운 것으로 마음〔心〕만 한 것이 없고, 천하에 물들기 쉬운 것으로 욕심이나 욕망〔欲〕만 한 것이 없다."

상채 사씨가 말했다.

"하늘과도 같은 이치와 사람의 욕심 혹은 욕망은 서로 맞선다. 그래서 10분의 1의 욕심이나 욕망이 있으면 곧 그만큼의 이치가 없어지고, (반대로) 10분의 1의 이치가 있으면 곧 그만큼의 욕심을 이겨낸다."

어떤 사람이 사씨에게 "이익에 대해 어떻게 해야 합니까?"라고 묻자 사씨가 말했다.

"(내가) 이 관문을 두드려 지나온 지 10여 년이 되었다. 처음에는 대단하게 공부를 하면서 버리기 어려운 것들을 가려서 버렸는데 뒤로 가면서 점점 쉬워져 지금에 이르러서는 필요한 것들의 종류를 갖춰두되 다만 써야 할 것만 남겨두었는데도 다시는 탐내고 부러워하는 마음〔健羨〕이 없다."

(어떤 사람이) "외부의 일이나 사물〔外間=外物〕은 일체 놓아버려야 하는 것입니까?"라고 묻자 (사씨가) 말했다.

"일단은 외부의 일이나 사물의 겉면으로 나아가 공력을 쏟아야 한다. 모든 일에는 모름지기 뿌리가 있어야 한다. 집의 기둥은 뿌리가 없어 부러지면 곧장 쓰러지지만 나무는 뿌리가 있어 비록 자르더라도 가지가 차례로 또다시 나온다. 예를 들면 사람들이 부귀를 구하는 것은 과연 무엇을 하려고 해서인가? 반드시 쓰려는 곳(用處)이 있을 것이니 그 쓰려는 곳의 병근(病根)을 찾아서 가져다가 끊어버리면 곧 아무 일도 없을 것이다."

서산 진씨가 말했다.
"상채의 이 두 말씀은 곧 사람의 욕심을 버리고(去人欲) 하늘과도 같은 이치를 보존하는 데(存天理) 절실한 공부법이다."

(어떤 사람이) "(맹자께서) '마음을 길러냄에 욕심이나 욕망을 줄이는 것보다 좋은 것은 없다'고 하셨으니 마음을 기른다는 것은 단지 마음을 비우는 것(中虛)입니까?"라고 묻자 주자가 말했다.

"참으로 옳다. 만약에 눈앞의 일들에 조금이라도 신경을 쓰게 되면 이 마음이 곧 일제히 (그 일을 향해 밖으로) 달려 나간다. 이 때문에 이천 선생은 사람들을 가르칠 때 단지 모두 거기에 가서 그 마음을 쓰지 못하도록 하여 사람들에게 글씨 쓰는 것(寫字=書藝)을 배우지 못하게 했고, 또 시문(詩文)을 짓는 것을 배우지 못하게 했던 것이다. (선생께서) 이렇게 하신 것은 한쪽으로 치우쳐서(僻) 그렇게 한 것이 아니고, 도리와 이치란 마땅히 이와 같이 해야 하기 때문이다.

사람은 단지 하나의 마음만이 있을 뿐이니 어떻게 그 마음을 나눠서 수많은 일들을 (동시에) 할 수 있겠는가? 만일 단지 쓸데없는 데 마음을 써버린다면 마땅히 써야 할 곳에 이르러서는 본래의 일에 모든 힘을 쏟지 못하게 될 것이다.

욕심이나 욕망을 적게 하려고 할 경우에 이 마음을 보존하는 것이 가장 어렵다. 그래서 탕왕이나 무왕 같은 빼어난 이[聖人]에 대해서조차 맹자께서는 오히려 '탕과 무는 본성을 (잃었다가) 회복했다'고 말씀한 것이다. 예를 들면 음악과 여색을 가까이 하지 않은 것과 재물과 이익을 늘리려 하지 않은 것 등은 단지 이런 마음을 회복하기 위한 것이었다. (『서경』에 실린) '여오(旅獒)'라는 글을 보면 한 마리의 개를 받는 것이 무슨 큰 일이겠는가마는 소공(召公)은 반복해서(임금이 개를 선물로 받아서는 안 된다고) 간절하게 간했다. 여기에서 욕심이나 욕망이란 두려워할 만한 것이기 때문에 작거나 크거나 상관없이 다 소홀히 해서는 안 되는 것임을 알 수 있다."

(주자가) 또 말했다.

"사람이야말로 (그 실체를) 가장 알 수가 없다. 어떤 사람은 자기 몸을 받들기를 인색할 정도로 검소하게 하여[儉嗇] 그 지조를 채우고 나면 위로는 마른 흙을 먹고 아래로는 누런 물을 마시면서도 도리어 다만 벼슬자리를 좋아하고, 어떤 사람은 자기 몸을 받들기를 맑고 고통스러울 정도로[淸苦] 하면서도 여색을 좋아한다. 이렇게 되는 것은 단지 사사로운 욕심을 이겨내지 못함으로써 정작 외부의 일을 맞닥트렸을 때 다만 이것(관직이나 여색)을 중요하게 여기기 때문이다."

어떤 사람이 "이런 사람들은 분수가 가장 낮은 사람보다는 조금 낫다고 하겠습니다"[2]고 하자 (주자는) 말했다.

"그렇게 말할 수 없다. 조금이라도 병이 있으면 곧 좋은 것이 아니니 거기서 다시 분수를 논해서는 안 된다. 그 사람이 다만 벼슬자리를 좋아하면 곧 부모와 임금을 시해하는 짓이라도 얼마든지 감행할 것이다."[3]

면재 황씨가 말했다.

"맹자께서 일찍이 말씀하시기를 '놓아버린 마음을 (되)찾으라[求放心]'고 했고, 또 말씀하시기를 '그 마음을 보존하라[存其心]'고 하셨다. 잡아 쥐면 보존되고 놓아버리면 잃게 되어 마음의 보존함과 잃음이 잡아 쥐거나 놓아버리는 데서 결정되는데 다시 '욕심이나 욕망을 줄이는 것보다 좋은 것은 없다'고 말씀하신 것은 어째서인가? 잡아 쥐어 보존하는 것[操存]은 진실로 배우는 자들에게 급선무이지만 사람의 한 마음을 공격하는 것들은 매우 많다. 음란한 음악과 여색, 좋은 냄새와 맛 등이 밖에서 자극하고, 영욕과 이해(利害)가 안에서 동하는데 감동에 따라 그에 응하는 바가 다함이 없다면, 맑고 밝으며[淸明] 깨끗하고 한결같은[純一] 마음의 본체가 또 어찌 항상 보존되어 잃지 않음을 보장할 수 있겠는가?

'문을 나서면 큰 손님을 뵈온 듯이 하고, 백성을 부릴 때는 큰 제사를 받들 듯이 해야 한다[出門如見大賓 使民如承大祭]'[4]는 것은 공자께서 중궁(仲弓)에게 말씀한 것으로 잡아 쥐어 보존하는 것[操存]을 말하는 것이요, '예가 아니면 절대 보지도 말고 듣지도 말며 말하지도 말고 움직여서도 안 된다[非禮勿視 非禮勿聽 非禮勿言 非禮勿動]'[5]는 것은 공자께서 안연(顔淵-안회)에게 말씀한 것으로 욕망을 줄이는 것[寡欲]을 말하는 것이다.

두 사람이 똑같이 어짊[仁]에 대해 물었는데도 공자께서 일러주신 것이 서로 차이가 나는 것은 아마도 (두 사람 사이에) 도달한 경지가 진실로 낮고 깊음의 차이가 있기 때문일 것이다. 성을 높이고 해자(垓字)를 깊게 하고, 성문을 이중으로 하고 딱따기를 치면 진실로 (밖으로부터) 스스로를 지킬 수 있겠지만 (성) 안의 간사한 무리와 밖의 적들이 틈을 엿보고 적당한 기회를 노리고 있어 만약에 조금이라도 게을리할 경우 이를 틈타는 자가 들어오게 된다. 훌륭한 장수와 뛰어난 병사, 견고한 갑옷과 예리한 병기로 요망스러운 기운을 깨끗이 씻어버려야 하늘이 깨끗해지고 땅이 평화로워질 것이다. 이것이 바로 맹자께서 밝혀내신 '잡아 쥐어 보존하라'는 말씀이요, 또 '욕심이나 욕망을 줄이는 것보다 좋은 것은 없다'는 말씀이다. 그러나 욕심이나 욕망을 줄이는 것이 참으로 좋지만 하늘과도 같은 이치와 사람의 욕심의 구분을 제대로 아는 자가 아니면 어찌 (사람의 욕심을) 이겨내고 다스리는〔克治〕 공력을 이룩할 수 있겠는가? 그래서 외부의 일이나 사물을 제대로 파악하는 것〔格物〕과 바른 앎에 이르는 것〔致知〕 또한 욕망을 줄이는 요체가 되는 것이니 이는 배우는 자라면 마땅히 깊이 살펴야 할 것이다."

1) 이는 하늘과도 같은 이치가 생겨나는 틀, 즉 마음속의 틀을 가리킨다.

2) 이 말은 지조도 없이 벼슬자리만을 좋아하고, 자기 관리를 맑고 고통스럽게 하지도 못하면서 여색만을 좋아하는 사람보다는 낫다는 뜻이다.

3) 공자는 『논어』「양화(陽貨)」편에서 이렇게 말했다. "비루한 사람과 함께 임금을 섬기는 것이 과연 가능할 수 있을 것인가? 얻기 전엔 그것을 얻어보려고 걱정하고, 이미 얻고 나서는 그것을 잃을까 걱정한다. 정말로 잃을 것을 걱정할 경우 (그것을 잃지 않기 위해) 못하는 짓이

없을 것이다." 그리고 주희는 '못하는 짓'에 대해 '(작게는 (권력자의) 등창을 빨고 치질을 핥으며) 크게는 부모와 군주를 시해한다'고 풀이했다. 따라서 이 문장은 공자의 말과 주희의 풀이를 합쳐놓은 것이다.

4) 『논어』「안연」편에 나온다.

5) 『논어』「안연」편에 나온다.

31

마음을 길러냄에 관하여 2

주자(周子)

주자(-주돈이)가 '마음을 길러냄에 관한 설[養心說]'[1]에서 말했다.

"맹자께서 말씀하시길 '마음을 길러냄에 욕심이나 욕망을 줄이는 것보다 좋은 것은 없다. 그 사람됨이 욕심이나 욕망이 적다면 비록 그 본래의 마음을 보존하지 못하는 일이 있다 하더라도 (결과적으로) 그 보존하지 못하는 바가 적을 것이다. (반면에) 그 사람됨이 욕심이나 욕망이 많다면 비록 그 본래의 마음을 보존한다 하더라도 (결과적으로) 그 보존하는 바가 적을 것이다'고 하셨다.

내가 말하는 '마음을 길러낸다'는 것은 욕심이나 욕망을 줄여 (욕심이나 욕망이) 남아 있는 데 그치는 것이 아니고, (더욱) 욕심이나 욕망을 줄여 (욕심이나 욕망이) 조금도 없는 데에 이르는 것이다. 그래서 욕심이 없게 되면 열렬하게 서게 되고[誠立], 밝게 (두루) 통하게 된다[明通]. 열렬하게 서게 되는 것은 뛰어남[賢]이요, 밝게 (두루) 통하게 되는 것은 빼어남[聖]이다. 이는 뛰어남이나 빼어남이 본성에서 나온 것이 아니요, 반드시 마음을 길러냄으로써 거기에 기르게 된다는 뜻이다. 마음을 길러내는 것의 좋음이 얼마나 큰지는 이것이 잘 보여준다. 따라서 뛰어나게 되거나 빼어나게 되는 것은 바로 그 사람에게 달려 있을 뿐이다."

周子養心說曰 孟子曰 養心 莫善於寡欲 其爲人也寡欲 雖有不存焉者
주자 양심설 왈 맹자 왈 양심 막선어 과욕 기 위인 야 과욕 수유부존언자

寡矣 其爲人也多欲 雖有存焉者 寡矣予謂養心 不止於寡而存耳 蓋寡焉
과 의 기 위인 야 다욕 수유존언자 과 의여위 양심 부지어 과 이 존 이 개 과 언

以至於無 無則誠立明通 誠立 賢也 明通 聖也 是 聖賢 非性生 必養心而
이 지어무 무즉 성립 명통 성립 현야 명통 성야 시 성현 비성생 필 양심 이

至之 養心之善有大焉 如此 存乎其人而已
지 지 양심 지 선 유 대 언 어차 존 호 기 인 이이

1) 주렴계가 장종범(張宗範)의 정자에 양심정(養心亭)이라는 이름을 지 어주고서 그 취지를 풀이한 글이다.

程 주자(朱子)가 말했다.

"주자(周子)는 '욕심이나 욕망을 줄여 (욕심이나 욕망이) 조금도 없는 데에 이르는 것이다'라고 말했지만 대개 이것은 사람들이 욕심을 줄이면 곧 그것으로 끝났다고 생각할 것을 염려한 때문이다. 그래서 줄이는 데 그치는 것이 아니고, 반드시 없는 데에 이른 다음에야 가능하다고 말한 것이다. 그러나 욕심을 없애는 공부는 욕심을 줄이는 데서 비롯되는 것이다. 욕심이 없는 경지에 이르는 것은 빼어난 이가 아니면 불가능하다."

(주자가) 또 말했다.

"열렬하게 서게 된다〔誠立〕는 것은 (마음을) 꽉 채운 본체〔實體〕가 자연스러워 억지가 없고 견고하다〔安固〕는 것을 이르고, 밝게 (두루) 통하게 된다〔明通〕는 것은 (마음의) 꽉 채운 쓰임〔實用〕이 두루 흘러 다니는 것〔流行〕이다."

어떤 사람이 "맹자와 주자(周子)의 말씀에 차이가 있는 것입니까?" 라고 묻자 엽채(葉采)[1]가 말했다.

"맹자가 말한 욕심 혹은 욕망〔欲〕이란 눈, 귀, 코, 입과 사지의 욕망으로 사람에게 없을 수 없는 것이지만 너무 많이 하고 조절하지 않으면 마음에 해가 되는 것이요, 주자는 마음이 욕심으로 흘러간 것을 가리키는 것이니 이것은 있어서는 안 될 일이다. (두 사람 사이에) 가리킨 바가 깊고 얕음의 차이는 있지만 맹자의 '욕심을 줄임〔寡欲〕'을 바탕으로 삼는다면 주자의 '욕심을 없앰〔無欲〕'을 다할 수 있을 것이다."

1) 주희의 제자인 진순의 제자로서 주희의 『근사록(近思錄)』에 뜻을 세운 이래 평생을 바쳐 1248년에 『근사록집해(近思錄集解)』를 펴냈다.

32

빼어남은 배울 수 있다

『통서(通書)』

주자(周子)가『통서』에서 말했다.

"(어떤 사람이 물었다.) '빼어남은 배울 수 있는 것입니까?'(내가) '그렇다'고 답했다. (또) '그 요체[要]가 있습니까?'라고 물어 '있다'고 답했다. (그리고) 그것이 무엇인지를 감히 청해 묻기에 이렇게 답했다. '한결같음[一]이 요체다. 한결같음이란 욕심이나 욕망이 없는 것[無欲]이다. 욕심이나 욕망이 없으면 고요할 때 텅 비고[靜虛], 움직일 때 곧다[動直]. 고요할 때 텅 비면 밝고, 밝으면 통한다. 움직일 때 곧으면 공명정대[公]하고, 공명정대하면 넓다[溥=博=廣]. (이리하여 마음이) 밝고 통하며, 공명정대하고 넓어지면[明通公溥] 거의 도리에 가깝다 할 것이다.'"

周子通書曰 聖可學乎 曰可 有要乎 曰有 請問焉 曰一爲要 一者 無欲
주자 통서 왈 성 가 학 호 왈 가 유 요 호 왈 유 청 문 언 왈 일 위 요 일 자 무 욕
也 無欲則靜虛動直 靜虛則明 明則通 動直則公 公則溥 明通公溥 庶矣乎
야 무 욕 즉 정 허 동 직 정 허 즉 명 명 즉 통 동 직 즉 공 공 즉 부 명 통 공 부 서 의 호

程 주자(朱子)가 말했다.

"(주자(周子)는) '한결같음이란 욕심이나 욕망이 없는 것이다' 라고 말했다. 이제 가만히 살펴보건대 욕망이 없을 때에 마음이 어찌 한결같지 않겠는가? 사람이 다만 욕심이나 욕망이 있기 때문에 이 마음이 천 갈래 만 갈래[千頭萬緒]가 되는 것이다."
천두만서

(주자가) 또 말했다.

"주(周) 선생이 '한결같음이란 욕심이나 욕망이 없는 것이다'고 말했다. 이것은 이야기의 첫머리[話頭]가 높아 갑자기 도달하기에는 어려우 화두
니 보통 사람들이 어떻게 곧장 욕심이 없을 수 있겠는가? 그래서 정이천(선생)은 오직 삼감[敬] 한 자만을 말하여 사람들을 가르쳤던 것이 경
다. 만일 이 삼감 하나에 나아가 그것을 떠밀고 나간다면 거의 (마음을) 잡아 쥐게 되어[執捉] 안정을 얻어 (욕심이나 욕망을 없애는 일에) 집착
착수할 수 있을 것이다. (이렇게 한다면) 비록 욕심을 없애는 데까지는 이르지 못할지라도 다 잃어버리는 지경에는 이르지 않을 것이니 요약건대 모두 다만 사람이 마음에서 보는 바를 분명하게 해서 자연스럽게 (단계 단계 욕심을 없애는 데) 이르게 해야 한다. 그러나 오늘날 삼감을 말하는 자들은 모두 다 겉모양만 꾸미고 마음에서 공부할 줄을 모른다. 그래서 마침내 위태위태하여 쾌활하지 못함을 깨닫게 되니 이는 지금 당장 '놓아버린 마음을 (되)찾는 것[求放心]'에 공력을 쏟는 것 구 방심
만 못하게 된다. 따라서 놓아버린 마음을 (되)찾는 데 먼저 힘을 쏟는다면 훨씬 힘을 줄일 수 있을 것이다."

(주희의 제자인) 석자중이 말하기를 "마음은 열렬함과 신묘함[誠神] 성 신

을 겸하고, 본체와 쓰임(體用)을 고루 갖추고 있기 때문에 능히 고요
하면서도 감응할 수 있고(寂而感) 감응하면서도 고요합니다. 고요하
여 조금의 움직임도 없는 것이 열렬함이고, 본체이며 감응하여 마침내
(하늘과) 통하게 되는 것은 신묘함이며 쓰임입니다. 본체와 쓰임은 그
근원이 하나이고, 드러남과 숨음(顯微)[1]이 아무런 간격이 없다는 것
은 바로 마음을 두고 말한 것인 듯합니다"고 하자 주자는 "그대의 말
이 심히 좋다"고 말했다.

> **가만히 살펴보다** 여기서 말한 열렬함은 본체요, 신묘함은 쓰임이라는
> 것은 곧 주자(周子)가 말한 '(욕심이나 욕망이 없으면)
> 고요할 때 텅 비고(靜虛), 움직일 때 곧다(動直)'는 뜻이다.

이천 선생이 말했다.

"일등을 할 수 있는데도 그것을 다른 사람에게 넘겨주고, 자신은 이
등을 하겠노라고 말하지 말라. 만일 조금이라도 이와 같이 한다면 이
는 곧 자신을 버리는 것(自棄)이니 이는 비록 어짊에 머물며 의로움으
로 행동할 수 없는 자와 등급이 같지야 않겠지만 스스로를 작게 만든
다(自小)는 점에서는 똑같다. 배움을 말할 때는 곧 도리에 그 뜻을 두어
야 하고, 사람을 말할 때는 곧 빼어난 이(聖人)에 그 뜻을 두어야 한다."

> **가만히 살펴보다** 이하에 뽑아놓은 네 조목은 모두 배우는 자가 빼어난
> 이를 스승으로 삼고서 도리를 듣는 것을 요점으로 삼
> 아야 하며, 조금 이룬 것(小成)에 만족해 스스로 한계를 긋는 무리와
> 는 어울려서는 안 된다는 것을 논한 것이다. 이른바 마음에 관한 배

움〔心學〕이라는 것은 그와 같을 뿐이다. 비록 말하는 바가 주자(周子)와 모두 다 같지는 않지만 뒤에 깨달을 자〔後覺=後學〕들에게 열어 보여주신 뜻은 같지 않은 바가 없다.

구산 양씨가 말했다.

"옛날에 배우는 자들은 빼어난 이를 스승으로 삼았는데도 그 배움이 지극하지 못한 바가 있었다. 그렇기 때문에 그들의 다움에 차이가 있었다. 사람들은 빼어난 이가 되는 것이 어렵다는 것을 보았다. 그래서 모든 배우는 자들은 다 '빼어난 이는 (배워서) 도달할 수 있다〔聖人爲可至〕'고 말하면 반드시 헛소리라고 여기며 속으로 비웃는다. 무릇 빼어난 이(의 경지)는 진실로 쉽게 도달할 수는 없지만 (그렇다고) 만약에 빼어난 이를 스승으로 삼지 않고서 배운다면 장차 무엇으로 모범을 삼을 것인가? 빼어난 이를 스승으로 삼는다는 것은 활쏘기를 배울 때 과녁을 세우는 것과 같다. 과녁을 저쪽에 세운 다음에 활 쏘는 자는 이것을 볼 수가 있게 되어 적중하려 애쓸 것이다〔求中〕. 과녁에 적중하고 적중하지 못하고는 (쏘는) 사람에게 달려 있을 뿐이다. 하지만 (아예) 과녁을 세우지 않는다면 무엇을 표준〔準〕으로 삼을 수 있겠는가?"

또 (구산 양씨가) 나공(羅公) 중소(仲素)[2]에게 말했다.

"오늘날 배우는 자들은 배우는 방법을 알지 못하고, 또한 배움이 이뤄지고 나면 어떻게 써야 하는지를 알지 못한다. 이 문제는 일의 본체〔事體〕가 중요하다. 모름지기 일찍이 힘을 써봐야만 비로소 그것이 쉽지 않은 것임을 알게 된다. 무릇 배운다는 것은 빼어나거나 뛰어난 이의 (힘써) 행한 바를 배우는 것이다. 빼어나거나 뛰어난 이의 (힘써) 행한 바를 배우고자 한다면 모름지기 빼어나거나 뛰어난 이가 이룩한 도리를 들어야 한다. 만약에 단지 옛일을 널리 듣고 지금의 일에 통하여 〔博古通今〕 문장을 짓고, 진실함과 믿음〔忠信〕, 공손함과 성실함〔愿愨〕[3]
을 행하여 의롭지 못한 선비가 되지 않으려고 할 뿐이면 예로부터 이와 같은 사람들이 적지 않았으나 (그렇다고 이런 사람들에 대해) 도리를 들었다〔聞道〕고 말할 수는 없다. 예전에 동한(東漢-후한)이 쇠퇴했을 때 벼슬하지 않는 선비〔處士〕나 숨어 지내는 사람〔逸人=遺逸〕, 명망과 절조를 갖춘 선비로서 당대에 널리 알려진 자들이 많았지만 그들이 행동하는 지점〔作處〕을 잘 살펴서 옛날의 빼어나거나 뛰어난 이들의 도리를 척도로 삼아 비판을 가한다면 털끝만큼이라도 서로 같은 자가 거의 없는 것은 어째서이겠는가? 그것은 그들이 도리에 대해 애초부터 들은 바가 없었기 때문이다. 지금 배우는 자들은 평소에 말하기를 '나는 마땅히 옛사람들이 행하신 바를 하고 있다'고 하지만 겨우 한 가지 일이라도 정작 손에 닿으면 곧 아무런 조치를 취하지도 못한다. 이는 그들이 배운 것이라고는 널리 듣고 지금의 일에 통하여 문장을 짓고, 진실함과 믿음, 공손함과 성실함을 행하여 의롭지 못한 짓이나 하지 않으려 할 뿐이기 때문이다. 이를 바탕으로 해서 그들을 잘 살펴보면 도리를 듣지 못했다는 것은 배우지 않은 것과 같다고 할 수 있다."

주자가 말했다.

"모든 사람은 모름지기 빼어남과 뛰어남(혹은 빼어난 이와 뛰어난 이)을 자신의 맡은 일로 삼아야 한다. 그런데 세상 사람들은 대부분 빼어난 이와 뛰어난 이는 (까마득히) 높다고 여기면서 자신을 보기를 낮게 여긴다. 그래서 빼어남과 뛰어남으로 나아가려 하질 않는다. 이들은 '빼어난 이나 뛰어난 이가 (하늘로부터) 내려 받은 본성[稟性]이 일반인들과 똑같으니 어찌 빼어남과 뛰어남(혹은 빼어난 이와 뛰어난 이)을 자신의 맡은 일로 삼지 않을 수 있겠는가?'(라는 이치)를 알지 못한다.

하늘과 땅이 처음 열린 이래로 수많은 사람들이 태어났지만 자기 자신(의 본성이라 도리)을 다한 자[盡己者]를 찾아보면 천만 명 가운데 한두 명밖에 없고, (나머지는) 다만 뒤엉켜서 그릇되게 한 세상을 보냈을 뿐이다. 『시경』에 '하늘이 만백성을 낼 때에 일이나 사물이 있으면 법칙이 있다[天生蒸民 有物有則]'고 했다. (그런데) 지금 세상에 배우는 자들은 종종 일이나 사물이 있는 것은 알면서도 법칙이 있다는 것을 모른다. 『중용』에서 말한 '(그러므로 군자는) 다움과 본성을 높이고 (애씀을 부지런히) 묻고 배우는 길을 가는 것이다[尊德性而道問學]'라는 구절은 바로 처음과 끝을 꿰뚫는 것[徹首徹尾]이다. 사람의 본성은 본래 좋은 것이지만 단지 즐거움과 욕심[嗜慾]에 휘둘리고 이해관계에 쫓겨 한순간에 어두워지는 것이다."

어떤 사람이 "본성을 밝히려면[明性] 모름지기 삼감을 우선해야 합니다"고 하자 이렇게 말했다.

"진실로 옳다. 그러나 다만 삼감 또한 뒤섞어서 말해서는 안 될 것이다. 모름지기 매사를 점검해야 하는데 그 점검하는 큰 요체를 말한다면 오직 놓아버리거나 지나치지 않는 것[不放過]뿐이다. 대체로 자신을 갈고닦는 배움[爲己之學]은 다른 사람과는 털끝만큼도 관여되는 바가 없다. 빼어나거나 뛰어난 이의 천 마디 만 마디 말씀은 단지 사람으로 하여금 자신에게 고유한 바를 되찾아서 그 본성을 회복하도록 하는 데 있을 뿐이다."

휘암(徽菴) 정씨(程氏)[4]가 말했다.

"빼어나거나 뛰어난 이들이 깨우친 앎의 도리를 배우는 데는 다른 것이 없다. 삼감을 주로 함으로써 그 근본을 세우고〔主敬以立其本〕, 이치를 끝까지 파고듦으로써 그 앎을 완성하고〔窮理以致其知〕, 자신의 몸에 돌이킴으로써 그 실상을 밟아나갈 뿐이다〔反躬以踐其實而已〕. 그래서 자신의 몸에 돌이킬 때는 반드시 욕심을 없애는 것〔無欲〕을 삼감으로 삼고, 쉼이 없는 것〔無息=不息〕을 열렬함으로 삼고, 날로 새로워짐〔日新〕을 다움으로 삼고, 많이 갖게 됨〔富有〕을 일로 삼고, 한 사람과 한 물건이라도 은혜를 입지 못함을 자신의 책임으로 삼고, 천하와 후세에 이 도리가 전해지지 못함을 자신의 근심으로 삼는다면 이런 마음과 이런 도리의 모든 본체와 오묘한 쓰임〔全體妙用〕이 모두 이 안에 들어 있게 될 것이다. 구산이 말한 '빼어난 이를 스승으로 삼는다는 것은 활쏘기를 배울 때 과녁을 세우는 것과 같다'는 것이 바로 이것이다. (또) '빼어나거나 뛰어난 이가 행한 것을 배우고자 한다면 모름지기 빼어나거나 뛰어난 이가 얻은 도리를 들어야 한다'는 것이 이것이다. 정자께서는 '배움을 말할 때는 곧 도리에 그 뜻을 두어야 하고, 사람을 말할 때는 곧 빼어난 이〔聖=聖人〕에 그 뜻을 두어야 한다'고 하셨다. 만일 몸으로 체득하여 행하고, 조용히 묵묵하게 알아서 깊은 공부가 있으며, 마음으로 그 효험을 얻어 초연하게 스스로 깨달아 충분한 음미를 마친 자가 아니라면 이에 능할 수 있겠는가?"

1) 이는 드러나 있는 현상과 숨어 있는 이치를 가리킨다.

2) 나종언(羅從彦, 1072~1135년)을 가리킨다. 중소(仲素)는 자이고, 호는
   예장(豫章)이라 예장(豫章) 선생으로 불린다. 양시에게 정이천의 학문
   을 배웠다. 고종(高宗) 건염(建炎) 4년(1130년)에 특과(特科)에 급제하
   여 박라현(博羅縣) 주부(主簿)에 임명되었고, 후에 부라산(羅浮山)에
   들어가 학문을 연구했다. 양시의 학문을 문인(門人) 이동에게 전했고,
   이동은 주희에게 전했기 때문에, 정이로부터 주희에 이르는 학맥상 중
   요한 위치를 차지하였다.

3) 여기서 말하는 진실함이나 믿음, 공손함이나 성실함은 공자가 말하
   는 충신(忠信)과는 다르고 대충 시늉만 한다는 뜻이다. 공손함과 성실
   또한 손(遜)이나 성(誠)이라 하지 않고 그냥 원각(愿愨)이라고 한 것도
   그 같은 다소 부정적인 의미를 내포하고 있다.

4) 남송의 정약용(程若庸, 생몰년 미상)을 말한다.

33

보고 듣고 말하고
움직이는 것을 경계하다

정자(程子)

정자(-정이천)가 말했다.

"안연이 극기복례의 세세한 조목을 묻자 공자는 '예가 아니면 '절대' 보지도[視] 말고, 듣지도[聽] 말며, 말하지도[言] 말고, 움직여서도[動] 안 된다'¹⁾고 말했다. 이 네 가지는 사람의 몸의 쓰임[用]인데 속[中=心] 을 근거로 삼아 밖[外]에 응하는 것이니 밖에 제어를 가하는 것은 그 속 을 기르는 까닭이 된다. 안연이 그 말씀을 따르겠다고 한 것은 빼어난 이[聖人]로 나아가기 위함이었다. 배우는 사람이라면 마땅히 이를 가슴 속에 물어두고서 잃어버려서는 안 된다. 그래서 이를 바탕으로 잠(箴- 송곳이나 바늘 같은 경계의 말)을 지어 스스로 경계하고자 한다.

먼저 시잠(視箴)이다. '마음이여! 원래는 텅 비어 있으니 일과 사물 [物]에 응하여도 자취가 없다. 마음을 잡아 부리는 데[操]는 반드시 필요 한 것들이 있는데 우선 보는 것[視]이 모범이 된다. 눈앞에서 가리어지 면 그 속마음은 (다른 데로) 옮겨가게 되니 밖에 제어를 가함으로써 그 안을 편안하게[安] 해야 한다. 그래서 극기복례를 오래하면[久=長] 열렬

해[誠]지는 것이다.'

청잠(聽箴)이다. '사람은 마땅히 쥐고 놓아서는 안 되는 바[秉彝＝良心]2)를 갖고 있는데 그런 마음은 원래 하늘의 본성[天性]에 뿌리를 두고 있다. 하지만 (사람의) 앎은 유혹에 이끌려 그 일이나 사물[物]에 동화되어 마침내 그 (마음의) 바름[正]을 망치게 된다. 그러나 저 탁월한 선각자들은 (마음이 오래) 머물러야 할 데[止]를 알아서 가야 할 방향을 정함[定]으로써 사사로움을 막고 열렬함을 보존하여[閑邪存誠] 예가 아니면 결코 귀 기울여 듣지 않았도다[非禮勿聽].'

언잠(言箴)이다. '사람의 마음이 움직이는 것은 말로 인해 밖으로 표현되는 것이니 말을 할 때에는 조급함[躁]과 망녕됨[妄－거짓과 허위]을 막아야 안[內＝心]이 고요하고 한결같게 된다. 하물며[矧＝況] 말은 모든 일의 중추[樞機]여서 전쟁을 일으키고 우호를 만들어내며, 길흉영욕(吉凶榮辱)이 오직 이 말로 인해 생겨난다. 그래서 말을 지나치게 쉽게 하면 (행실이) 엉성해지고, 지나치게 (복잡하다 못해) 번잡하면 지리멸렬해진다. 또 말을 도리에 어긋나게 하면 돌아오는 말도 어그러진다. 도리[法＝理]가 아니면 말을 하지 말아서 삼가 그 가르침을 공경해야 할 것이다.'

끝으로 동잠(動箴)이다. '지혜로운 사람[哲人]은 조짐[幾]을 알기에 생각을 함에 있어 열렬하고, 뜻이 있는 사람[志士]은 힘써 행하고, 그 행함에 뜻을 지켜낸다. 이치를 고분고분 따르면[順] 넉넉해지고, 사람의 욕심을 그냥 따르면[從] 위험에 빠질 뿐이니 급박할 때[造次]에도 능히 깊이 생각하고, 두려울 때에도 자신을 잘 지켜내야 한다. 이를 몸에 익혀 본성처럼 되게 한다면 빼어나거나 뛰어난 이들[聖賢]과 같이 될 수 있으리라!'"

程子曰 顔淵問克己復禮之目 子曰 非禮勿視 非禮勿聽 非禮勿言
정자 왈 안연 문 극기복례 지 목 자왈 비례물시 비례물청 비례물언

非禮勿動 四者 身之用也 由乎中而應乎外 制於外所以養其中也 顔淵事
비례물동 사자 신지용야 유호중이응호외 제어외소이양기중야 안연 사

斯語 所以進於聖人 學者宜服膺而勿失也 因箴以自警
사어 소이진어성인 학자 의복응 이 물실 야 인잠이자경

其視箴曰 心兮本虛應物無迹 操之有要視爲之則 蔽交於前其中則遷 制
기 시잠 왈 심혜본허 응물 무적 조지유요 시위지칙 폐교어전기중즉천 제

之於外以安其內 克己復禮久而誠矣
지어 외 이 안 기내 극기복례 구이성의

其聽箴曰 人有秉彝本乎天性 知誘物化遂亡其正 卓彼先覺知止有定
기 청잠 왈 인유 병이 본호 천성 지유물화수망기정 탁피선각 지지 유정

閑邪存誠非禮勿聽
한사 존성 비례물청

其言箴曰 人心之動因言以宣 發禁躁妄內斯靜專 矧是樞機興戎出好
기 언잠 왈 인심 지동인언이선 발금 조망 내사 정전 신시 추기 흥융 출호

吉凶榮辱惟其所召 傷易則誕傷煩則支 己肆物忤出悖來違 非法不道欽哉
길흉 영욕 유기 소소 상이즉탄상번즉지 기사물오출패래위 비법 부도 흠재

訓辭
훈사

其動箴曰 哲人知幾誠之於思 志士勵行守之於爲 順理則裕從欲惟危
기 동잠 왈 철인 지기 성지어사 지사 려행 수지어위 순리 즉유 종욕 유위

造次克念戰兢自持 習與性成聖賢同歸
조차 극념 전긍 자지 습 여 성성 성현 동귀

1) 이 네 가지를 흔히 정이천의 사물잠(四勿箴-네 가지 해서는 안 되는 것
들)이라고 한다.

2) 병이(秉彝)라는 말은 원래 『시경』 「대아」 '증민(蒸民)'에 나오는 말인데
『맹자』 「고자 장구 상」에도 병이(秉夷)라는 표현으로 등장한다.

程 주자(朱子)가 제자들에게 말했다.

"정자께서 '밖에 제어를 가하는 것은 그 속을 기르는 까닭이 된다[制於外 所以養其中]'라고 하셨는데 이 한 구절은 좋아 보인다."

(주자가) 또 말했다.

"(다 '보다'는 뜻을 갖고 있지만) 시(視)는 간(看)이나 견(見)과 같지 않고, (다 '듣다'는 뜻을 갖고 있지만) 청(聽)은 문(聞)과 같지 않다. 예를 들어 예가 아닌[非禮] 색(色)이 만약에 눈앞을 지나가면 곧 지나칠 뿐이요, 그것을 보려고 하는 마음[視之之心]을 가져서는 안 되며, 예가 아닌 소리가 만약에 귀에 들어오거든 또한 지나칠 뿐이요, 그것을 들으려는 마음을 가져서는 안 된다."[1]

경원(慶源) 보씨(輔氏)[2]가 말했다.

"사람이 보는 것[視]이 가장 앞에 있으니 마땅히 보지 말아야 할 것을 마주쳤을 때에 조금이라도 그것을 보려고 하는 생각이 생겨나면 곧 그것은 예가 아니다. 그러므로 마땅히 보는 것으로 마음을 잡아 쥐는 법칙[操心之則]을 삼아야 한다."

(어떤 사람이) "시잠(視箴)에서는 어찌하여 특별히 마음[心]을 이야기했으며, 청잠(聽箴)에서는 어찌하여 특별히 본성[性]을 이야기했습니까?"라고 묻자 주자가 말했다.

"서로 바꿔서 이야기해도 얼마든지 가능하다. 그러나 속담[諺]에 '눈을 뜨자마자 잘못된다[開眼便錯]'고 했으니 이 때문에 보는 것을 마음으로 나아가 이야기한 것이요, '사람이 마땅히 쥐고서 놓아서는 안 되

는 선량한 마음[秉彝=良心]이 있는 것은 하늘이 준 본성에 근거한다'
고 했으니 도리란 본래 스스로 여기에 있지만 외부의 말이 섞임으로
인해 유혹당하게 된다. 이 때문에 듣는 것을 본성으로 나아가 이야기
한 것이다."

    백운(白雲) 허씨(許氏)[3]가 말했다.
    "듣는 것[聽]은 비록 소리에 주안점을 두지만 말과 관계된 모
든 것은 다 듣는 것에 속한다. 따라서 책을 읽어 배움을 익혀 책
과 (스승으로부터) 전수받는 바에서 얻는 것도 다 듣는 것의 종
류이다. 만약에 외부의 일이나 사물이 (마음으로) 다가올 때 그
에 대응하는 바가 혹 잘못될 경우에는 오히려 고칠 수 있지만 배
우고 묻는 것의 잘못에 이르러서는 마음을 쓰는 바[心術]에 해
를 끼쳐 마침내 그 본성을 잃는 데 이르게 된다. 이렇게 되면 구
제하여 치료할 길이 없다. 말의 간사함이나 바름[邪正]을 (가려
서) 듣는 것을 조심하고 두려워해야 하는 것이 이와 같다."

(주자가) 또 말했다.
"언잠(言箴)의 첫 문장은 몸에 가장 긴요하고 간절한 부분을 말한
것이니, 모름지기 조급함이나 망녕됨이 없어야 비로소 (마음이) 고요
하고 한결같을 수 있는 것이다. 자신의 마음이 스스로를 주재할 수 없
다면 어떻게 밖으로 나가 외부의 일이나 사물에 접촉할 수 있겠는가?
그 아래 '하물며[矧=況]' 말은 모든 일의 중추[樞機]여서 전쟁을 일으
키고 우호를 만들어내며'라는 구절은 말을 조심해야 한다는 도리를
말한 것이요, 나머지 아래 구절은 (이렇게 하지 않았을 때의) 네 가지

병통을 말한 것이다."

정씨(程氏) 복심(復心)이 말했다.

"말이 이치에 고분고분하지 못한 부분이 있다면 이는 곧 마음이 이치에 고분고분하지 못한 부분이 있는 것이다. 그러므로 말에서 이해되지 않거든 모름지기 마음에서 (그 이유를) 찾아야 한다. 마음의 기운이 순조로우면 말도 이치에 고분고분하게 된다. 그러나 또한 모름지기 말에 나아가 공력을 쏟아 안과 밖, 겉과 속이 조금이라도 빈틈[空闕]이 없어야 비로소 서로 응할 수 있게 된다."

(주자가) 또 말했다.

"생각[思]은 움직임이 아직 숨어 있는 것[動之微]이요, 행함[爲]은 움직임이 드러난 것[動之著]이다. 이는 움직임의 정밀함[精=思]과 거칢[粗=爲]에 해당하니 대개 안에서 생각함을 열렬하게[誠] 하지 않을 수 없고, 밖으로 행함을 지키지[守] 않을 수 없다. 문자를 볼 때는 모름지기 그 알맹이[骨子]를 알아내야 한다. 그대들은 우선 동잠(動箴) 가운데에 어느 것이 긴요한 것인지를 말해 보도록 해라."

(이에 어떤 제자가) "이치를 고분고분 따르면 넉넉해진다[順理則裕]는 것입니다"고 답하자 주자가 말했다.

"'사람의 욕심을 그냥 따르면[從] 위험에 빠질 뿐이다[從欲惟危]'라는 말까지도 모두 긴요하니, 이것은 살고 죽는 갈림길이다."

백운 허씨가 말했다.

"보고 듣고 말하는 것은 각각 한 가지 일만을 가리켰는데 움직임은 온몸〔一身〕을 들어서 말했다. 그래서 동잠(動箴)은 마음을 겸하여 이야기했으니 (이는) 안으로 마음의 움직임〔心之動〕과 밖으로 몸의 움직임〔身之動〕이 다 바름〔正〕에서 나와 겉과 속이 똑같으면 하늘과도 같은 이치〔天理〕가 두루 통하게 된 것을 말한 것이다. 만약에 밖을 억지로 제재하여 마음속〔中=心中〕에서 움직여 일어나는 것이 혹 다 좋지 못하면 병근이 (깨끗이) 제거되지 못해 얻음에 이를 수가 없다. 이것이 바로 그 홀로 있음을 삼가는〔愼獨〕 공부다."

(주자가) 또 말했다.

"(정이천의) 사잠(四箴-사물잠)을 옛날에 볼 때는 단지 그저 평범한 말씀이라고 생각했는데 근래에야 마침내 그 뜻하는 바가 정밀(精密)하다는 것을 깨달았다. 참으로 (이것이) 이른바 한 지팡이로 때리면 한 줄기의 지팡이 자국이 생기고, 한 손바닥으로 때리면 한 손바닥의 핏자국이 생긴다는 말이다."

(주자가) 또 말했다.

"사잠의 뜻하는 바와 생각하는 바〔意思〕는 모든 것을 남김없이 포괄하고 있으니 네 개의 잠은 말이 많은 것도 있고, 말이 적은 것도 있지만 많은 것은 줄일 수가 없고, 적은 것은 보탤 수가 없다. 다만 모름지기 자신이 공력을 쏟아야 실제로 어떠한지를 알 수가 있다. 이런 뜻하는 바와 생각하는 바를 볼 때 모두 사사로운 욕심을 이겨내어 예가 아닌 것을 보는 바가 없고, 예가 아닌 것을 듣는 바가 없고, 예가 아닌 것을 말하는 바가 없고, 예가 아닌 것을 움직이는 바가 없어야 하니 이것은 과연 어떤 기운과 풍모〔氣象〕이겠는가? 곧 모든 것을 아우르는 〔渾然〕 하늘과도 같은 이치〔天理〕이니 이것이 바로 어짊〔仁〕이다."

1) 이 문맥에서 보자면 시(視)는 의지를 갖고서 보려 하는 것이고, 간(看)이나 견(見)은 그저 보이는 것이다. 청(聽)도 들으려 하는 것이고, 문(聞)은 그저 들리는 것이다.

2) 주희의 제자인 보광(輔廣, 생몰년 미상)을 가리킨다.

3) 남송 말기의 학자 허겸(許謙, 1270~1337년)을 가리킨다. 김이상(金履祥) 문하에서 배워 하기(何基)의 삼전제자(三傳弟子)가 되었고, 정주학(程朱學)을 널리 전파하였다. 동양(東陽) 팔화산(八華山)에 은거하며 강학했는데, 학자들이 그의 문하에 들지 못하는 것을 부끄럽게 여길 정도였다고 한다. 하기에서 왕백(王柏), 김이상으로 이어지는 주자의 학맥을 계승하여 '금화사선생(金華四先生)'으로 일컬어졌고, 북방의 허형(許衡)과 함께 '남북이허(南北二許)'로 불렸다.

34

마음을 위해
경계하는 말에 관하여

범준(范浚)

범씨(范氏-범준)가 '마음을 위해 경계하는 말(心箴)'에서 말했다.

"아득하고 아득한 하늘과 땅이여, 굽어보고 우러러보아도 끝이 없도다! 사람은 그 사이에 있어 희미하게 몸뚱이 하나만 갖고 있으니 이 몸의 미미함은 마치 나라의 큰 창고에 있는 아주 작은 피와 같은 꼴[太倉稊米=滄海一粟]이라. (이 미미한 것이) 하늘, 땅, 인간세상 3재(才)에 끼게 된 것은 오직 마음이 있기 때문일 뿐이다. 옛날이나 지금이나 누군들 이 마음이 없겠냐마는 마음이 형체에 부림을 당하여 짐승도 되고 새도 되는 것이다. 오직 입과 귀와 눈과 수족 그리고 움직임과 고요함[動靜]이 저 물욕의 틈 사이에 던져지고 끼어들어 그 마음의 병이 된다. 한 마음의 미미함을 온갖 욕심들이 공격해 대니 그 마음을 제대로 보존할 수 있는 사람이, 오호라! 지극히 드물구나. 군자가 열렬한 마음[誠]을 보존하여 능히 근심하고 능히 삼간다면 내 마음이 태연해져서 온갖 몸[百體]이 (마음의) 명령을 따를 것이다."

范氏心箴曰 茫茫堪輿俯仰無垠 人於其間眇然有身 是身之微太倉稊米
범씨 심잠 왈 망망 감여 부앙 무은 인 어 기간 묘연 유신 시신 지 미 태창제미

參爲三才曰惟心爾 往古來今孰無此心 心爲形役乃獸乃禽 惟口耳目手足
참 위 삼재 왈 유심 이 왕고 래금 숙무 차심 심 위 형역 내 수 내금 유 구 이목 수족

動靜投間抵隙爲厥心病 一心之微衆欲攻之 其與存者嗚呼幾希 君子存誠
동정 투 간 저 극 위 궐 심병 일심 지 미 중욕 공 지 기 여 존자 명호 기희 군자 존성

克念克敬 天君泰然百體從令
극념 극경 천군 태연 백체 종령

程 (어떤 사람이) "여기『맹자』의 주(註)에 실려 있는 범씨의 '심잠(心箴)'은 범씨가 누구에게서 배운 것인지 모르겠습니다"고 묻자 주자가 말했다.[1]

"일찍이 다른 사람에게서 배운 것이 아니다. 다만 스스로 그런 식견에 이르러 이러한 일을 말하기를 이처럼 잘한 것이다. (반면에) 지난번에 여백공(呂伯恭-여조겸)을 만나보니 이것을 심히 소홀하게 여겼다."

(또 어떤 사람이) "이런 말은 다른 사람들도 많이 말했는데 모름지기 (스승님께서 범준의) 이 말을 취한 것은 어째서입니까?"라고 묻자 (주자는) 말했다.

"다름 아니고 사람들 중에서 이와 같이 말할 수 있는 자를 본 적이 거의 없기 때문이다. 이 취지는 나름대로 중요하다."

운봉 호씨가 말했다.

"염(念)이란 생각한다[思]는 것을 말하고, 삼감[敬]은 열렬함을 보존하는 방법[存誠之方]이다. 하나의 열렬함은 만 가지 거짓[僞=妄]을 없애버릴 수 있고, 하나의 삼감은 천 가지 간사함[邪]과 충분히 대적할 수 있다. 따라서 이른바 '먼저 그 큰 것부터 세운다[先立乎其大]'[2]는 것으로 이보다 더 간절한 것은 없다."

가만히 살펴보다 주자는 이미 범씨의 '심잠'에서 취한 바가 있었고, 또 마음을 보는[觀心] 설을 말해 석씨(釋氏-석가모니 혹은 불교)의 오류를 바로잡았으니 더욱 성학(聖學-유학)에 공이 있다. (그리고 주희는) 이제 이것을 뽑아 덧붙이니 (이는) 여러 배우는 자들이 이것을 바로 하는 데 마땅히 힘써야 하고, 또 저들의 간사함을 마땅히 분별해 내야 함을 훤하게 알아서 널리 구하여 수많은 의혹에 빠지지 않도록 하기 위함이었다.

어떤 사람이 "불교에 마음을 (살펴) 본다〔觀心〕는 말이 있는데 옳은 것입니까?"라고 묻자 주자가 말했다.

"마음이란 것은 사람이 자신의 몸에 대해 주인 행세를 할 수 있게 해주는 것이니 하나이지 둘이 아니요, 주인이 되는 것이지 손님이 되는 것이 아니요, 외부의 일이나 사물〔物〕에 명령하는 것이지 외부의 일이나 사물에게 명령을 받는 것이 아니다. 그러므로 마음으로써 외부의 일이나 사물을 살펴보면 그런 일이나 사물의 이치를 얻을 수 있지만 지금 다시 외부의 일이나 사물에 바탕을 두고서 거꾸로 마음을 살펴본다면 이는 이 마음의 밖에 다시 다른 마음이 있어서 이 마음을 주관하는 것이 된다. 그렇다면 이른바 마음이란 것은 하나인가, 둘인가? 주인인가, 손님인가? 외부의 일이나 사물에 명령을 하는 것인가, 그것들로부터 명령을 받는 것인가? 이 또한 굳이 견주어볼 필요도 없이 그 말이 오류임을 알 수 있다."

(또) 어떤 사람이 "선생의 말이 맞다면 빼어나거나 뛰어난 이의 이른바 '정밀하게 살피고 한결같음을 잃지 않는다〔精一〕[3]'는 것과 이른바 '(마음을) 잡아 쥐어 보존함〔操存〕'은 다 어떻게 하는 것입니까?"라고 묻자 (주자는) 말했다.

"그렇게 말하는 것이 서로 비슷해 보이지만 실은 같지 않다. 그것은 벼 싹과 가라지, 붉은 색과 자주색의 차이이니 배우는 자가 마땅히 분별해야 할 것이다. 사람의 마음이 오직 위태위태하다고 말한 것은 사람의 욕심이 싹터 오르기 때문이요, 도리의 마음이 오직 잘 드러나지 않는다고 한 것은 하늘과도 같은 이치가 오묘하기 때문이다. 이는 마음은 하나이지만 바르고 바르지 않음에 따라 그 이름을 달리 했을 뿐이다. 정밀하게 살피고 한결같음을 잃지 않는다[惟精惟一]는 것은 바름을 근거로 삼으면서 잘못됨을 살피고, 다름을 물리쳐 같음으로 되돌아오게 하는 것이다. 이렇게 하면 적중한 도리[中=中道]를 잡아 쥐어 지나침이나 미치지 못함[過不及]과 같은 치우침은 없을 것이다. 따라서 그것은 도리를 한마음[一心]으로 삼고, 사람(의 마음)을 한마음으로 삼으며, 또 (별도의) 한마음이 있어 정밀하게 살피고, 한결같음을 잃지 않게 하는 것이 아니다.

무릇 '잡아 쥐어 보존한다[操而存]'는 것은 저것으로 이것을 잡아 쥐어 보존하는 것이 아니요, '놓으면 잃는다[舍而亡]'는 것은 저것으로 이것을 놓아서 잃는 것이 아니다. 마음이 스스로 잡아 쥐면 잃었던 것도 보존되고, 놓고서 잡아 쥐지 않으면 보존된 것도 잃어버리게 되는 것일 뿐이다. 그러나 마음을 잡아 쥘 때에는 또한 (맹자께서) '낮에 하는 (잘못된) 소행들이 (어짊과 의로움의) 선량한 마음을 가두어 없애버리지 않게 할 뿐'이라고 말했으니 흙덩이처럼 오뚝하게 앉아서 밝기는 한데 아직 쓰지 않은[炯然不用] 지각(知覺)을 지키면서 그것을 일러 잡아 쥔다고 말한 것은 아니다.

대체로 빼어난 이가 배우고 묻는 바[學=學問]란 마음에 근거를 두고서 이치를 파고들고 그 이치를 고분고분하게 하여 외부의 일이나 사물에 응하는 것이다. 이는 마치 몸이 팔뚝을 부리고 팔뚝이 손가락을 부리는 것처럼 해서 그 도리[其道]가 평이하면서도 널리 통하며, 그 머무는 바[其居]가 넓고 편안하며, 그 이치[其理]가 꽉 차고, 그 행함[其行]이 자연스럽다. (반면에) 석씨(釋氏)가 배우고 묻는 바는 마음으로써 마음을 구하고, 마음으로써 마음을 부려 마치 입으로 입을 물고, 눈으로 눈을 보는 것과 같다. 그리하여 그 틀이 위태롭고 박절하며, 그 길이 험하고 막혀 있으며, 그 이치가 허황하고, 그 형세가 거스르니 그의 말은 비록 (유학의 그것과) 서로 비슷한 듯하나 그 실상의 같지 않음이 이와 같은 것이다. 그러나 깊이 생각하고﹝審思﹞ 밝게 판별하는﹝明辨﹞ 군자가 아니라면 진실로 누가 이에 현혹되지 않을 수 있겠는가?"

　　(어떤 사람이) "(희로애락이) 아직 일어나기 전에는 오직 삼감으로써 (마음을) 잡아 기르고, 이미 일어난 뒤에도 다시 삼감으로써 (마음을) 잘 살펴야 합니다. 그러나 이미 일어난 감정은 곧 마음의 쓰임이니 이를 깊이 살피면 마음으로써 마음을 보는 (불교와 같은) 병통을 면하지 못할 것입니다. 이 생각은 어떻습니까?"라고 묻자 주자가 말했다.

　　"이미 (희로애락이) 일어난 곳에서 마음의 본체인 저울과 자﹝權度﹞로써 마음이 일어나는 바를 깊이 살펴서 (마음에) 가볍고 무거움과 좋고 나쁜 점의 착오가 있을까 두려워할 뿐이다. 이른바 '외부의 일이나 사물은 다 그러하지만 마음은 더욱 심하다'는 것이 바로 이것이다. 만약에 일어난 바의 마음으로써 별도로 마음의 본체를 찾으려 한다면 (세상에) 이런 이치는 없다."

1) 주자는 『맹자집주(孟子集註)』를 편찬하며 「고자 장구」에 대한 주의 하나로 '심잠'을 실었다. 그래서 이렇게 물은 것이다.
2) 육구연이 제시한 마음 수양법의 하나다.

3) 이는 앞에서도 보았듯이 『서경』에 나오는 말로 순임금이 우왕에게 전
수해 준 심법이다. "사람의 마음이란 오직 위태위태한 반면 도리의 마
음은 오직 잘 드러나지 않으니 (그 도리를 다하려면) 정밀하게 살피
고 한결같음을 잃지 않아 진실로 그 적중해야 할 바를 잡도록 하여라
〔人心惟危 道心惟微 惟精惟一 允執厥中〕."
　　인심 유위　도심 유미　유정 유일　윤집 궐 중

35

삼가고 경계하는 말에 관하여

주자(朱子)

주자가 '삼가고 경계하는 말[敬齋箴]'에서 말했다.
경재잠

"의관을 바르게 하고, (자신을 들여다보는) 시선을 엄격하게 하여 마음을 차분하게 가라앉히고, 평소의 생활을 하면서 상제(上帝)를 대하듯이 하라. 발걸음은 반드시 무겁게 하고, 손 모양은 반드시 공손하게 해야 하며, 땅은 가려서 밟을 것이요, 개밋둑은 꺾어서 돌아가야 한다. 문밖에 나서면 (사람을 대할 때) 큰 손님을 대하듯 하고, 일을 행할 때는 큰 제사를 받들듯이 해야 하며, 늘 두려워하고 조심하여 혹시라도 감히 함부로 하는 일이 없어야 한다. 입을 지키기를 마개 닫힌 병처럼 하고, 뜻을 막기를 성곽처럼 하며, 열렬하고 한결같이 하여 혹시라도 감히 가볍게 하는 일이 없어야 한다. 동쪽으로 가다가 서쪽으로 가지 말 것이요, 남쪽으로 가다가 북쪽으로 가지 말 것이며, 일을 당해서는 마음을 보존하여 다른 곳으로 가지 말라! (하나의 일에 대한 하나의 마음을) 둘로 만들지도 말고, 셋으로 만들지도 말고, 오직 마음을 한 가지로 해서 온갖 변화를 제대로 살펴야 한다.

여기에 힘을 쏟는 것을 일러 삼감을 (내 몸에) 잡아 쥐는 것〔持敬〕이라
하니 움직이거나 고요할 때 어기지 말고, 겉과 속을 서로 바르게 하라.
잠시라도 끊어짐이 있으면 사사로운 욕심이나 욕망이 만 가지 방향으
로 일어나 불이 없어도 뜨거워지고, 얼음이 없어도 차가워질 것이다.

털끝만큼이라도 착오가 생기면, 하늘과 땅이 뒤바뀌어 세 가지 큰 벼
리〔三綱〕가 이미 없어질 것이고, 아홉 가지 법도〔九法〕[1]도 무너져 내릴
것이다. 아! 그대들이여! 생각하고 삼갈지어다. 먹으로 경계하는 글을
쓰게 해서 감히 마음에 고하노라!"

朱子敬齋箴曰 正其衣冠尊其瞻視 潛心以居對越上帝 足容必重手容
주자 경재잠 왈 정기 의관 존기 첨시 잠심 이 거 대월 상제 족용 필중 수용

必恭 擇地而蹈折旋蟻封 出門如賓承事如祭 戰戰兢兢罔敢或易 守口如甁
필공 택지 이 도 절선 의봉 출문 여 빈 승사 여제 전전긍긍 망감 혹 이 수구 여병

防意如城 洞洞屬屬罔敢或輕 不東以西不南以北 當事而存靡他其適 弗貳
방의 여성 동동 촉촉 망감 혹 경 부동 이 서 불남 이 북 당사 이 존 미 타 기적 불 이

以二 弗參以三 惟心惟一萬變是監 從事於斯是曰持敬 動靜弗違表裏交正
이 이 불삼 이 삼 유심 유일 만변 시감 종사 어 사 시 왈 지경 동정 불위 표리 교정

須臾有間私慾萬端 不火而熱不氷而寒 毫釐有差天壤易處 三綱旣淪九法
수유 유간 사욕 만단 불화 이 열 불빙 이 한 호리 유차 천양 역처 삼강 기륜 구법

亦斁 於乎小子念哉敬哉 墨卿司戒敢告靈臺
역 두 오 호 소자 엄 재 경재 묵경 사 계 감 고 영대

1) 『서경』에 나오는 홍범구주(洪範九疇)를 가리킨다. 그것은 다음과 같
   다. 그 첫 번째가 오행(五行)인데 첫째 水, 둘째 火, 셋째 木, 넷째 金, 다
   섯째 土이며 이 다섯 가지가 하늘과 땅 사이에서 흘러 다니기〔流行〕
   때문에 行이라고 한다. 두 번째가 신하들을 삼가며 부리는 데 오사(五
   事)를 쓰는 것인데 첫째는 용모〔貌〕이고, 둘째는 말하는 것〔言〕이고, 셋

째는 보는 것(視)이고, 넷째는 듣는 것(聽)이고, 다섯째는 생각하는 것
(思)이다. 세 번째가 농사에 팔정(八政)인데 첫째는 음식, 둘째는 재화,
셋째는 제사, 넷째는 토목관리(司空), 다섯째는 교육관리(司徒), 여섯
째는 형벌관리(司寇), 일곱째는 외교, 여덟째는 군사력이며, 농정은 백
성을 두터이 하는 일이다. 네 번째가 화합을 이룸에 있어 오기(五紀)
인데 세(歲), 월(月), 일(日), 성신(星辰), 역수(曆數)다. 사람들은 점을
쳐서 자신들이 하는 일이 오기와 화합하는지를 알고 싶어 했다. 다섯
번째가 세움에 황극(皇極-임금의 표준)을 쓰는 것인데 이는 위에서 표
준을 세워 아랫사람들로 하여금 따르게 하는 것이다. 여섯 번째가 다
스림에 있어 삼덕(三德)인데 첫째는 정직(正直), 둘째는 강극(剛克), 셋
째는 유극(柔克)으로 사람을 다스리는 도리다. 일곱 번째가 밝힘에 있
어 계의(稽疑), 즉 점(卜筮)치는 것인데 稽는 決, 疑는 惑이므로 稽疑는
의혹을 풀어내는 것이다. 여덟 번째가 생각할 때에는 서징(庶徵)을 쓰
는 것인데, 이는 비가 오고 해가 돋고 따뜻하고 춥고 바람이 부는 것
(雨暘燠寒風)이다. 이는 때를 징험한다는 말이다. 아홉 번째가 백성을
권면할 때에는 오복(五福-수명(壽), 부(富), 심신의 평안을 유지하는 것
(保康寧), 다움을 닦고 좋아하는 것(攸好德), 하늘이 부여한 수명을
다 살고 죽는 것(考終命)이다)을 쓰고자 염원하고, 백성을 징벌할 때
는 육극(六極-단명하는 것(凶短折), 질병(疾), 근심(憂), 가난(貧), 나쁜 일
(惡), 쇠약(弱)이다. 단명하는 것은 수명(壽)의 반대이고, 또한 하늘이 부여
한 수명을 다 살고 죽는 것의 반대다. 질병과 근심은 심신의 평안을 유지
하는 것의 반대다. 나쁜 일과 쇠약은 다움을 좋아하는 것의 반대다. 육극
중에서도 지극한 것을 궁극(窮極)이라 한다. 황극의 의리는 위협을 느끼
기보다는 경외의 대상에 가깝다)을 위엄 있게 쓰는 것이다.

程 　(어떤 사람이) '경재잠(敬齋箴)'에 관해 묻자 주자가 말했다.

　　"이것은 삼감의 조목들이다. 그 설명이 여러 방향으로 나간 점이 있다."

　(주자가) 또 말했다.

　"잠시라도 끊어짐[須臾之間]은 때[時]로써 말한 것이고, 털끝만큼의 착오[毫釐之差]는 일[事]로써 말한 것이다."

　　(어떤 사람이) '털끝만큼이라도 착오가 생기면, 하늘과 땅이 뒤바뀐다'는 구절에 관해 묻자 북계(北溪) 진씨(陳氏-진순)가 말했다.

　　"이것은 사소한 일에 삼가지 않았다 하여 곧 큰 병통이 된다는 것을 말하는 것이 아니다. 이는 큰 병통이 다만 아주 미미하고 작은 곳의 잘못에서 시작된다는 것을 말하는 것이다. 그래서 천리 먼 곳의 차이는 (이곳에서의) 털끝만 한 것에서 잘못되는 것이다. 그러나 또한 아주 미미하고 작은 곳의 차이나 잘못은 그냥 아주 작은 것으로 간주해도 되는데 무슨 이유 때문에 곧 하늘과 땅이 바뀌어 어지러워지며, 세 가지 큰 벼리가 없어지고, 아홉 가지 법도가 무너져 내리는 데 이르겠는가? 이것은 자못 공허한 말이기 때문에 그것으로는 그 뜻을 풀어내기가 어려운 것이다. 모름지기 사람의 사정과 일의 변화를 많이 겪어 무르익어야 비로소 이 삼가지 않음[不敬]의 해악이 분명해서 삼가 두려워할 만한 일이라는 것을 알게 된다.

　　하지만 이치가 밝고 의리가 정밀한[理明義精] 자가 아니면 진실로 마음을 발하여 여기에 이를 수가 없다. 따라서 (이 글은) 참으로 자기 자신에게 절실하게 경계해서 사람들을 구제하여 오랑캐와 짐승〔夷狄禽獸〕으로 돌아가는 함정에 빠지는 것을 면하게 해준다."

(어떤 사람이) "'경재잠'의 뒷부분에 차분하고 박절하지 않은〔從容不迫〕 기운이 약간 부족한 듯하니 선생께서 몇 자 더 보태주십시오"라고 청하자 주자가 말했다.

"(그대가) 어찌 박절함을 알겠는가? 지금 일찍이 (마음을 기르고 닦는 공부를) 시작도 하기 전에 곧장 차분하고 박절하지 않으려 하니 결코 그런 이치란 없다. 이 말 저 말 할 것도 없이 어떤 사람이 (마음을 기르는) 공부를 하려고 할 때 (그 사람에게) 대단히 박절하게 한 뒤에야 그에게 '박절하게 하지 말라'고 권할 수 있다. 이는 마치 사람이 서로 싸울 때 일찍이 칼날을 대기도 전에 곧 몸을 끌어서 후퇴하려고 하는 것과 같고, 또 지금은 일찍이 공부를 시작도 하지 않고서 곧바로 뒷문을 열고 도망치려는 것과 같다. 그렇기 때문에 진실로 박절함을 알지 못한다고 하겠다. 다만 일찍이 (마음의 공부를 아직) 시작도 하지 않았기 때문에 그런 것이니 공부를 할 때는 박절하면 어떻게 하나라는 걱정은 하지 않는다. 나는 다만 늘 (제자들을 대하는 마음을) 너그럽고 느긋하게〔寬緩〕 하려는 뜻을 많이 가지려 생각할 뿐이다."

면재 황씨가 말했다.
"이 잠(箴)은 곧장 거친 곳〔粗〕부터 말해 정밀한 곳〔精〕으로 들어가고, 얕은 곳〔淺〕에서 깊은 곳〔深〕으로 들어간다."
(면재 황씨가) 또 말했다.

"움직이거나 고요할 때 어기지 말고, 겉과 속을 서로 바르게 하라〔動靜不違表裏交正〕'는 바로 이 한 편의 강령과도 같다."
<small>동정 불위 표리 교정</small>

서산 진씨가 말했다.

"삼감의 뜻이 여기에 이르면 더 이상 남은 것이 없으니 성학(聖學-공자나 맹자의 학문)에 뜻을 둔 자는 마땅히 익숙해질 때가지 반복해서 익혀야 할 것이다."

임천 오씨가 말했다.

"'경재잠'은 모두 10장이고, 각 장은 4구로 돼 있다. 1장은 고요할 때 어기지 말라고 했고, 2장은 움직일 때 어기지 말라고 했고, 3장은 겉이 바름을 말했고, 4장은 속이 바름을 말했고, 5장은 마음이 바르게 되어 일에까지 도달함을 말했고, 6장은 일을 함에 한결같음을 주로 하는 것〔主一〕이 마음에 근본을 두고 있음을 말했고, 7장은 앞의 여섯 장을 총괄해서 말했고, 8장은 (다른 데로) 가지 않음〔無適〕을 제대로 하지 못하는 병통을 말했고, 9장은 일을 함에 한결같음을 주로 함을 제대로 하지 못하는 병통을 말했고, 10장은 이 한 편을 총괄해서 끝맺었다. 이로써 삼감을 (내 몸에) 잡아 쥐는〔持敬〕 공부를 말한 것이 두루두루 빠짐이 없이 다했다."
<small>주일</small>
<small>무적</small>
<small>지경</small>

36

놓아버린 마음을 되찾기 위해
경계하는 다짐에 관하여

주자(朱子)

주자가 '놓아버린 마음을 되찾기 위해 경계하는 다짐[求放心齋銘]'에
서 말했다.
구 방심 재 명

"하늘과 땅을 조화롭게 바꿔가는 그 마음은 지극히 어질다. 그 같은
어짊을 이루는 것은 나 자신에게 있으니 그래서 (사람의) 마음은 몸을
주재한다. 그 주재함이란 과연 무엇인가? 신명(神明)은 잴 수가 없다.
(그렇지만) 만 가지 변화를 일어나게 하여 이 사람의 표준을 세운다.
(그러나) 잠시라도 놓아버리면 천 리 밖으로 달아나니 열렬하지 않고서
어찌 있으며, 삼가지 않고서 어찌 보존하겠는가? 무엇이 놓아버리는 것
이고, 무엇이 (되)찾는 것인가? (또) 무엇이 없는 것이고, 무엇이 있는
것인가? 팔을 굽혔다 폈다 하는 것이 팔뚝에 있고, 손바닥을 뒤집는 것
이 손에 있는 것과 같다. 은미할 때 (이미) 막고, 그 홀로 있을 때 조심
하는 것이 이런 마음을 지키는 오래가는 법도다. 간절히 묻고 가까이에
서 생각함으로써 그 마음(을 지키는 것)을 도울지어다!"

求放心齋銘曰 天地變化其心孔仁 成之在我則主于身 其主伊何神明
구 방심 재 명 왈　천지 변화 기심 공 인　성 지 재 아 즉 주 우 신　기 주 이 하 신명

不測 發揮萬變立此人極 晷刻放之 千里其奔 非誠曷有非敬曷存 孰放孰
불측　발휘 만변 입차 인극　구 각 방 지　천리 기 분　비성 갈 유 비경 갈 존　숙 방 숙

求孰亡孰有 詘伸(屈伸)在臂反覆惟手 防微謹獨茲守之常 切問近思 曰惟
구 숙 무 숙 유　굴신　굴신　재 비 반복 유 수　방 미 근 독 자 수 지 상　절 문 근 사　왈 유

以相
이 상

程 주자의 자서(自序)에 '정정사(程正思)를 위해 지었다'[1]고 적혀 있다.

가만히 살펴보다 정사(正思)의 이름은 단몽(端蒙)이다. 신안 사람으로 파양(鄱陽)으로 이사해 주자를 따라 배웠다. 저서로 『소학자훈(小學字訓)』 등 여러 책이 있다.[2]

주자가 배우는 자들에게 말했다.

"예로부터 마음을 놓아버린 빼어나거나 뛰어난 이〔聖賢〕는 없었다.
한 가지 생각 중에서 아주 작은 것이라도 마땅히 깊이 조심해야 한다. (그렇지 않을 경우) 마음이 오로지 고요하고〔專靜〕 순수하게 하나〔純一〕일 수가 없기 때문에 생각하는 바가 정밀하지 못하고 밝지 못한 것이다. 모름지기 이 마음을 기르고 얻어서〔養得〕 텅 비워 밝게 하고〔虛明〕, 오로지 고요하게 해서 도리와 이치〔道理〕가 이로부터 흘러나오도록 해야 마침내 좋은 것〔善〕이다."

(주자가) 여자약(呂子約-여조검)에게 보낸 편지에서 말했다.

"맹자께서는 배우고 묻는 도리는 오직 놓아버린 마음을 되찾는 데 있다고 말씀하셨고, 정자(程子)께서도 마음이 내 몸통〔腔子=軀殼=身〕 안에 있어야 한다고 말씀하셨다. 그런데 이제 와서 하나같이 (겉에 불과한) 문자를 탐하고 드러내어 이 마음의 전체로 하여금 모두 달려가 책자 위에 (허수아비처럼) 있게 하고는 더 이상 자기 자신이 있다는 것은 알지 못한다면 이는 곧 지각이 없어 아픔과 가려움을 느끼지 못하는 사람이 되는 것이다. (이럴 경우) 설사 책을 (아무리) 읽는다 하더라

도 진실로 우리의 (마음을 기르고 다잡는) 일〔吾事〕에 무슨 더함이 있
겠는가?"

(주자가) 하숙경에게 답한 편지에서 말했다.

"선량한 마음이 발하여 드러나는 것은 미미하기 때문에 맹렬하게
살피고 일깨워서 마음을 어둡지 않게 하는 것, 이것이 (마음을 위해)
공력을 쏟는 본령이다. 본령이 이미 서게 되면 저절로 아래로는 (사람
의 일을) 배우면서 위로는 (하늘과도 같은 이치에) 통달하게 될 것〔下學
而上達〕이다.

만약에 선량한 마음이 발하여 드러나는 그 지점에서 제대로 살피
지 못하게 되면 아득하고 망망하여 (마음을 기르고 다잡는 일을) 착수
할 곳을 찾지 못할 것이다. 옛날의 빼어나거나 뛰어난 이들의 말씀과
행실을 많이 아는 것〔多識前言往行〕[3]은 진실로 군자라면 시급하게 여
기는 바이기 때문에 나도 그동안 견해가 이와 같았다. 그러나 최근에
내 몸에 돌이켜 찾아보았으나 마음이 진실로 편안하고 자연스러운 곳
〔安穩處〕을 얻지 못함으로 인해 도리어 비로소 이것이 지리멸렬함을
면치 못한다는 것을 알게 되었다. 예를 들면 그대가 말한 '여러 공(公)
들로 인해 정씨(程氏)를 찾고, 다시 정씨로 인하여 빼어난 이를 찾는
다'는 것은 여러 겹이나 막혀 있는 공공문서와도 같다. 어찌 묵묵히 마
음속으로 깨달아 근본을 세움으로써 말의 얻고 잃음〔得失〕이 자연스
럽게 나의 거울〔吾之鑒〕에서 도망치지 못하게 하는 것만 하겠는가?"

면재 황씨가 말했다.

"마음이란 것은 신명(神明)의 집이니 텅 비고 신령스러우며〔虛靈〕 훤

히 뚫고 나가 온갖 이치를 갖추고서 만 가지 일과 사물에 응하는 것이다. 그러나 귀, 눈, 입, 코의 욕망과 기뻐하고 화내고 슬퍼하고 즐거워하는 사사로움이 모두 나의 마음에 누가 될 수 있다. 이 마음이 단 한번이라도 외부의 일이나 사물에 대한 욕심에 얽매이게 되면 곧장 안일함으로 내달리고 방탕으로 흘러 올바른 이치를 잃게 되어 못하는 짓이 없게 된다. 이 때문에 옛날의 빼어나거나 뛰어난 이들은 늘 전전긍긍하면서 고요함을 보존하고 움직임을 살펴서 깊은 못에 임한 듯이 하고, 살얼음을 밟듯이 하고, 또 쟁반의 물을 받들듯이 하여 이 마음으로 하여금 조금도 놓아버리는 바가 없게 한 것이다. 이렇게 하면 이루어진 본성을 보존하고 또 보존하여〔成性存存〕⁴⁾ 도리와 의로움이 행해질 것이다. 이는 맹자께서 '놓아버린 마음을 되찾으라〔求放心〕'고 하신 말씀으로 배우는 자들을 경계시킨 뜻이 간절한 까닭이다. 진나라와 한나라〔秦漢〕 이래로 배우는 자들이 익히는 바는 사장(詞章)의 부요함〔富=富饒〕이 아니면 기문(記問)의 해박함〔博〕이니 (빼어나거나 뛰어난) 옛사람들이 마음을 보존한 배움〔存心之學〕에 비한다면 그게 무슨 일이겠는가? (그 이후) 주자(周子)와 정자(程子)에 이르러 유학을 널리 밝혀서〔倡明〕 맹자 이후 전해지지 않았던 실마리를 다시 이었다. 그러므로 제자들을 가르칠 때 더욱 삼감을 (내 몸에) 잡아 쥠〔持敬〕을 우선시했다. 따라서 삼가면 이 마음이 저절로 보존되니 이것이 바로 놓아버린 마음을 되찾는 요지(要旨)일 것이다."

---

1) 이 말은 '놓아버린 마음을 되찾기 위해 경계하는 다짐〔求放心齋銘〕'을 정정사를 위해 지었다는 말이다.

2) 정사(正思)는 정재(程才)의 아들인 정단몽(程端蒙, 1143~1191년)의 자다. 처음에는 강개(江介)에게 수학하다가 뒤에 주자에게 배웠다. 성리학의 개념을 정리한『성리자훈(性理字訓)』을 지었다.

3) 이것은『주역』의 대축(大畜) 괘〔䷙〕에 나오는 말로 약간 풀어서 옮긴 것이다.

4) 이것은『주역』「계사전」에 나오는 말이다.

37

다움과 본성을 높이기 위해
경계하는 다짐에 관하여

주자(朱子)

주자가 '다움과 본성을 높이기 위해 경계하는 다짐〔尊德性齋銘〕'에서
말했다.

"저 위대하신 상제께서 이 백성들을 내려주시면서 무엇을 주셨는가?
내 말하노니 의로움과 어짊을 주셨다. 의로움과 어짊은 상제가 세상을
다스리는 법칙이다. 이것을 공경하고 받들더라도 오히려 제대로 할 수
없을까 봐 두려운데, 어찌 어둡다 못해 제멋대로 하며〔昏且狂〕 구차스럽
게도 천하고 추잡하고 저질스럽게 하는가? 흘겨보고 삐딱하게 들으며
사지(四肢)를 게을리하여 하늘의 밝음을 더럽히고, 사람의 윤리를 함부
로 하여 이 하류(下流)로 빠져드는 것을 달게 여기니 온갖 나쁜 것들이
모여들게 된다.[1]

나는 이것을 거울로 삼아 이 마음을 삼가고 두려워하여 아무도 없는
방에서도 훤하게 있는 듯이 하노라. 옥을 잡은 듯, 가득 찬 물을 받들
듯 (조심)하여 어느 한순간도 그리고 아무리 급박한 때에도 똑같이 하
려 한다. 맡은 바는 무겁고 갈 길은 머니〔任重道悠〕[2] 감히 혹시라도 게

을리할 수 있겠는가?"

尊德性齋銘曰 惟皇上帝降此下民 何以予之 曰義與仁 維義與仁維帝
존 덕 성 재 명 왈　유 황 상 제 강 차 하 민　하 이 여 지　왈 의 여 인　유 의 여 인 유 제
之則 欽斯承斯猶懼弗克 孰昏且狂苟賤汙卑 淫視傾聽惰其四支 褻天之明
지 칙　흠 사 승 사 유 구 불 극　숙 혼 차 광 구 천 오 비　음 시 경 청 타 기 사 지　설 천 지 명
嫚人之紀 甘此下流衆惡之委 我其鑒此祗栗厥心 有幽其室有赫其臨 執玉
만 인 지 기　감 차 하 류 중 악 지 위　아 기 감 차 지 율 궐 심　유 유 기 실 유 혁 기 림　집 옥
奉盈須臾顚沛 任重道悠其敢或怠
봉 영 수 유 전 패　임 중 도 유 기 감 혹 태

1) 이 표현은 『논어』 「자장(子張)」 편에 나오는 자공(子貢)의 말을 풀어
서 인용한 것이다. "주왕의 패악스러움도 이처럼 심하지는 않았다. 이
래서 군자는 하류에 머무는 것을 싫어한다. 천하의 나쁜 것들이 모
두 그곳으로 모여들기 때문이다(紂之不善不如是之甚也 是以 君子惡居
　　　　　　　　　　　　　　　　　 주 지 불 선 불 여 시 지 심 야　시 이　군 자 오 거
下流 天下之惡皆歸焉)."
하 류　천 하 지 악 개 귀 언

2) 이 표현은 『논어』 「태백(泰伯)」 편에 나오는 증자(曾子)의 말을 압축
해서 인용한 것이다. "선비는 도량이 넓고 뜻이 군세지 않으면 안 되니
맡은 바가 무겁고 가야 할 길이 멀기 때문이다. 어짊을 자신의 맡은
바로 삼으니 진실로 무겁지 않겠는가? (그 길은) 죽은 뒤에라야 끝나
니 진실로 멀지 않겠는가(士不可以不弘毅 任重而道遠 仁以爲己任 不亦
　　　　　　　　　　　　　　 사 불가이 불 홍 의　임 중 이 도 원　인 이 위 기 임　불 역
重乎 死而後已 不亦遠乎)?"
중 호　사 이 후 이　불 역 원 호

程 　주자의 자서(自序)에 "내제(內弟)인 정윤부(程允夫)가 묻고 배
　　　　우는 것을 인도한다는 의미에서 도문학(道問學)이라고 서재
의 이름을 지었기에 나는 '마땅히 다움과 본성을 높인다는 의미에서
존덕성(尊德性)으로 바꿔야 한다'고 말했더니 윤부가 명(銘)을 지어줄
것을 청했으므로 이것을 지었다"고 적혀 있다.

> **가만히**
> **살펴보다**　윤부(允夫)의 이름은 순(洵)이다. 무원(婺源) 사람으로
> 　　　　　　주자를 따라 배웠다. 저서로『존덕성재집(尊德性齋集)』
> 이 있다.

　주자가 말했다.

　"마땅히 다움과 본성을 높이면서 묻고 배우는 것을 인도하며〔尊
德性而道問學〕,[1] 또 애씀으로 나를 넓히고 예로 나를 다잡아〔博我以文
約我以禮〕[2] 양 측면에서 다 공부를 하여 어느 쪽으로도 쏠리지 않아
야 한다."[3]

> **가만히**
> **살펴보다**　주자께서는 평소에 사람을 가르칠 때 존덕성과 도문학
> 　　　　　　두 가지 중 어느 하나도 편중되게 하는 잘못이 있어서
> 는 안 된다고 하셨으니 이 명(銘)에 드러난 것을 확인할 수 있다. 말
> 씀하신 바를 다 기록할 수 없으므로 지금 모두 여섯 조목을 뽑아서
> 붙인다.

　(주자가) 또 말했다.

　"만약에 도리와 이치에 입각해 보는 것〔看〕이 정밀하지 못하면 모름

지기 존덕성(尊德性)에 공력을 쏟아야 할 것이고, 만약에 다움과 본성에 부족함이 있으면 모름지기 묻고 배우는 데 힘써야 한다. 이 두 가지를 병행한다면 거의 서로 일으켜주고 밝혀서[發明] 크디크고 밝디밝은[廣大輝光] 경지에 이를 수 있다."
발명
광대 휘광

(주자가) 또 말했다.

"배우는 자의 공부는 오로지 삼감에 머물고[居敬=尊德性] 이치를
거경 존 덕성
파고드는 것[窮理=道問學], 이 두 가지니 이 둘은 서로 일으켜주고 밝
궁리 도 문학
혀준다. 궁리(窮理)를 하면 거경(居敬)의 공부가 날로 더욱 나아가고,
거경을 하면 궁리의 공부가 날로 더욱 치밀해진다."

(주자가) 풍작숙(馮作肅-풍윤중(馮允中))에게 답한 편지에서 말했다.
"거경과 궁리 둘 중 어느 한 가지도 버려서는 안 된다. 어느 하나를
버리면 다움이 외로워져서[德孤][4] 이로운 바가 없다."
덕 고

(주자가) 손경보(孫敬甫-손자수(孫自修))에게 답한 편지에서 말했다.
"정자(程子) 선생께서 말씀하신 '가만히 자신을 길러내려는 노력
[涵養]은 반드시 삼감[敬]으로 하고, 배움에 나아가려면 앎에 이르러
함양   경
야 한다[致知]'는 이 두 말씀은 수레의 두 바퀴와 같고 새의 양 날개와
치지
같아서 어느 하나를 버리고서는 갈 수도 없고 날 수도 없다. (그런데)
세상이 쇠퇴하여 도리가 미미해지고 이단들이 들고 일어나자 그 사이
에 완전히 이단에서 나오기는 했지만 오히려 (육상산처럼) 자기 자신
을 위하는 배움[爲己之學]을 잃어버리지 않는 자가 있고, 그 나머지는
위기 지 학
모두 사사로움을 꾸미고 이치에 반하니[飾私反理] 그것은 배움이라고
식사 반리

이를 수 없다."

(주자가) 왕자충(王子充-왕부저(王不著))에게 답한 편지에서 말했다.

"오늘날의 병폐는 독서하고 배우는 데[講學] 힘쓰는 자는 대부분 그
도리를 밟아 행하는[踐履=實踐] 데 부족하고, 실천만을 오로지 하는
자는 또한 마침내 독서하고 배우는 것을 쓸데없다고 하는 데 있다. (그
래서 오늘날 배우는 자들은) 자못 밟아 행하는 것의 꼭 참[踐履之實]
으로 인해 독서하고 배우는 공부를 지극히 해서 아는 바[所知]가 더
욱 밝아지면 지키는 바[所守]가 더욱 튼튼해져서 저 입과 귀 사이에
구구하게 (말이나) 하는 자와는 진실로 같은 등급이라고 말할 수 없
음을 알지 못한다."

주자가 말했다.

"이치를 절절하게 한 번 살피기를 마치 혈전을 치루듯이 해야만 그
후에 장차 가만히 자신을 길러내려[涵養] 갈 수 있다."

이어서 홀로 이렇게 말했다.

"내가 지금은 비록 고요하게 앉아 있어도[靜坐] 도리와 이치가 저절
로 보인다. 만약에 (도리와 이치를) 능히 알아차릴[識得] 수 없다면 과
연 무엇을 가만히 길러내겠는가?"

**가만히
살펴보다**　중년의 주자께서는 배우는 자들이 (앎과 행실을) 서로
　　　닦는 공부가 제대로 이뤄지지 못해 혹 떨치지 못하는
지경[不振]에 머물까 봐 두려워했고, 또 좋은 것을 고르는 일[擇善]을
정교하게 하지 못해 혹 이단의 헛된 지경[空虛]에 흐르게 될까 봐 두

려워했다. 그래서 묻고 배우는 것을 인도하는 데〔道問學〕중점을 두셨
다. 이에 지금 모두 열 조목을 뽑아서 붙인다.

(주자가) 또 말했다.

"모든 일〔萬事〕은 이치를 파고드는 데 달려 있다. 오래가는 도리〔經=
經道=常道〕가 바르지 못하고 이치가 밝지 못하면 아무리 잡아 쥐어
지키려 해도 단지 아무것도 아닐 뿐이다."

(어떤 사람이) 앎에 이르는 것〔致知〕과 가만히 자신을 길러내는 것
〔涵養〕에 관해 묻자 (주자는) "모름지기 먼저 치지(致知)하고 뒤이어 함
양(涵養)해야 한다"고 말했다. (또 그 사람이) "이천(伊川)께서는 '치지
를 하면서 삼감〔敬〕에 머물러 있지 않은 자는 없다'고 말씀하셨는데
이것은 어떻게 됩니까?"라고 묻자[5] 주자가 말했다.

"이는 큰 벼리〔大綱〕만을 말씀한 것이다."

(주자가) 또 말했다.

"나는 감히 내 스스로 어리석음〔昧=昏昧〕에 머물러 있을 수 없었기에
빈틈없이 한 푼 한 푼, 한 치 한 치 쌓아서 (지금의 경지를) 얻었다."

(주자기) 왕태초(汪太初-왕초재(汪楚材))에게 답한 편지에서 말했다.

"일찍이 듣건대 '배움이 잡스러운〔雜〕 자는 얼핏 널리 배운 것〔博〕처
럼 보이고, 자신을 다잡을 줄 아는 자〔約者〕는 얼핏 답답한 것〔陋=固〕
처럼 보인다'고 했다. 먼저 (애쓰는 바를 배우는 것〔學文〕을) 널리 하고
뒤에 그것을 다잡은 다음이라야 능히 잡스러운 데로 흐르지 않고 답

답함에 가려지지도 않을 것이다. 그렇기 때문에 『중용』에서 좋은 것을 밝히는 일[明善]이 몸을 열렬히 하는 것[誠身]보다 먼저 나오고, 『대학』에서 뜻을 열렬히 하는 것[誠意]이 일과 사물을 바로 파악하는 것[格物]보다 뒤에 나온다. 이는 빼어나고 뛰어난 이의 말씀이니 충분히 음미해 보아야 할 만한 것이다."

가만히 살펴보다 "배움[學]은 널리 배우려는 것[博]이요, 잡스러워지지[雜] 않으려는 것이며, (동시에) 다잡으려 하는 것[約]이요, 고루해지지[陋] 않으려는 것이다"는 것은 오봉 호씨(호굉)가 한 말이다.

(주자가) 조민표(趙民表)에게 답한 편지에서 말했다.

"옛사람들의 배움은 치지(致知)를 앞세웠으니 치지하는 방법은 격물(格物)에 있다. 격물이라고 하는 것은 하남부자(河南夫子-정자(程子))가 말씀하신 '혹 책을 읽어 의로움과 이치를 강구하여 밝히고, 위로는 옛사람들을 논하여 옳고 그름을 판별하고, 혹 일과 사물에 응하고 접해 마땅한 것[當]은 마땅하게, 마땅하지 않은 것은 거기에 맞게 처리한다'는 것이 다 격물의 일이다. 격물하여 앎이 지극해지면[格物知至] 행할 때 힘쓰지 않는 바가 없어 일과 마주쳤을 때 그것을 제대로 해내지 못할까 봐 걱정할 필요가 없다."

(주자가) 유공도(劉公度-유맹용(劉孟容))에게 답한 편지에서 말했다.

"천하의 일과 사물의 이치와 책에 있는 빼어난 이와 뛰어난 이들의 말씀을 모두 모름지기 세세하게 반복하여 끝까지 파고들어야 한다. 따라서 (마음을) 잡아 쥐어 지키는[持守] 데 이르게 되면 도리어 불필요

한 것들이 사라진다. 만약에 뭔가 제대로 되지 못한 것[未穩]을 깨달
았을 때는 다만 묵묵히 공력을 더 쏟아 힘써 앞을 향해 나아갈 뿐이
다. (그런데) 이제 내가 들으니 책을 내던져 익히지 않으면서 도리어 잡
아 쥐어 지키는 일을 공부하고 논하는 자료로 삼고 있다고 하니 이는
바로 두 가지 모두 마땅함을 잃은 것이다. 결국에는 쓸데없는 소리나
하다가 거두어들이는 바가 없게 되어 단지 자기 마음대로 지어내는
논리[杜撰][6]와 견강부회[揑合=捏造]를 이룰 뿐이다."

(주자가) 범문숙(范文叔-범중보(范仲黼))에게 답한 편지에서 말했다.
"윤화정(尹和靖)의 제자들이 자신들의 스승을 높여 말하기를 '크시
도다! 빼어난 이의 가르침과 육경(六經)의 편들을 귀로 고분고분 들어
마음에 터득함으로써 마치 자신의 말을 외우듯이 하셨다'라고 했으니
요컨대 마땅히 이런 차원에 이르러야 비로소 책을 제대로 읽은 사람
[讀書人]이라 할 수 있다."

(주자가) 유정부(劉定夫)에게 답한 편지에서 말했다.
"요컨대 배우는 자는 사리분별도 못하고 허황한[狂妄] 수많은 몸과
마음을 쉬게 하고, 부질없고 잡스러운[閑雜] 수많은 학설들을 없애가
면서 알차게 책을 읽어가려고 노력해야 한다. 처음에는 자기 마음대
로 종이 위에 있는 먹으로 쓴 글자를 더듬는 수준에 머물겠지만 그것
이 오래되면 자연스럽게 보이는 바가 있을 것이다. (내가) 가장 두려워
하는 것은 사람들이 '배움이란 책에 있는 것이 아니다'면서 책 보는 것
[佔畢][7]에 힘을 쓰지 않고, 입으로 외고 귀로 듣는 것을 한결같이 하
지 않는 것이다. 이렇게 되면 결국에는 장황하게 말만 늘어놓게 되어

도무지 거두어들이는 바〔收拾〕가 없게 된다. 이리 되면 단지 한바탕 크
게 벗어나고 텅 비게 될 뿐이니 진실로 물리쳐야 할 일이다."

(주자가) 유계장(劉季章-유불(劉黻))에게 답한 편지에서 말했다.

"이 광음을 쫓아 나이가 아직 늦은 나이〔晚暮〕에 이르지 않은 이때
에 충실한 기반을 만들어 쌓아가되, 다만 장구(章句)를 배열하고 애
씀의 이치〔文理〕를 즐겨 탐색하는 공부를 갖고서 수많은 억지로 지어
낸 논리들〔杜撰〕로 잔꾀를 부리거나 특이한 길을 찾으려는 마음의 힘
〔心力〕을 대신하여야[3] 모름지기 알차게 힘을 쓸 수 있는 곳이 있을 수
있다. 이렇게 하기를 오래하면 자연스레 마음의 기반〔心地〕이 평탄해
지고, 이치를 보는 것이 밝고 투철해져서 거의 이 배움이 전해지는 바
가 있게 될 것이다. 따라서 한평생을 헛되이 내버리는 데 이르지는 않
을 것이다."

주자가 말했다.

"이천은 '단지 한결같음을 주로 하는 것〔主一〕을 삼감〔敬〕이라 하고,
(다른 데로) 가지 않음〔無適〕을 한결같음〔一〕이라고 한다'라고 했으니
단지 이처럼 할 뿐이요, 그 밖의 다른 것은 없다. 나는 그동안 스스로
말을 할 때 존덕성(尊德性) 한 쪽을 가벼이 여겼는데 이제 그것이 옳
지 못한 것임을 깨달았다. 존덕성이야말로 (아직 굽지 않은) 질그릇이
나 기와〔坏子=坯子-밑바탕〕와 같다. 이런 질그릇이나 기와가 있어야
배우고 묻는 공력을 쏟는 일이 비로소 제대로 성과를 이룰 수 있는 의
지처가 생겨난다."

중년의 주자께서는 배우는 자들이 오직 익히고 말하는 데〔講說〕만 힘쓰고, 가만히 자신을 길러내는 것〔涵養〕은 폐기하여 장차 말과 글의 고루함으로 흘러가는데도 스스로 깨닫지 못한다고 지적했다. 이 때문에 다시 존덕성을 중시하여 이미 정윤부를 위해 명(銘)을 지으시고, 또 여러 차례 자신을 따르는 자들에게 경계시키셨으니 이는 대개 정해진 논의〔定論〕이다. 그러므로 『심경(心經)』을 여기서 끝맺었으니 훗날 배우는 자들이 진실로 여기에 힘을 쏟아 돌아가 머물 곳〔歸宿〕을 안다면 다움은 닦아지고 도리는 맺힐 수 있어 빼어남을 이루는 공부〔作聖之功〕를 거의 기대할 수 있을 것이다. 이에 지금 모두 열 조목을 뽑아서 붙인다.

(주자가) 또 말했다.

"다움과 본성〔德性〕을 높이지 않으면 마음이 해이해지고 태만해지니 배움이 무엇을 따라서 나아갈 수 있겠는가?"

어떤 사람이 여러 경전들의 의문 나는 부분을 묻자 선생(주희)은 이미 답하고 나서 다시 말했다.

"지금 비록 그대에게 다 말해 주고 그대가 다 깨닫는다고 해도 자신의 마음에서 공력을 쏟지 않는다면 진실로 그 일을 제대로 거둘 수 없다."

(주자가) 또 말했다.

"만약에 지금 도리와 이치를 이해했다고 하면서 정작 그 첫 원칙〔頭＝源頭〕을 알지 못한다면 모두 다 부질없는 소리다. 이 첫 원칙이란 무엇인가? 단지 자신의 몸에 고유하게 있는 인의예지(仁

義禮智)를 다 넓히고, 그것을 꽉 채워서 불이 처음 타오르듯이 하고 샘물이 처음 터져 나오듯이 하는 것이 바로 이 첫 원칙이다. 그것을 알아야 바야흐로 익히고 배울 수가 있다. 이는 마치 사람이 마땅히 행해야 할 것을 알면서도 다만 빼어나거나 뛰어난 이의 말을 빌어서 길잡이로 삼는 것과 같다."

(주자가) 하루는 제자들에게 말했다.

"나는 배우는 자들이 텅 빈 것을 말하고, 신묘한 것을 논하는 것〔談空說妙〕을 걱정해 우선 먼저 글의 뜻을 훤히 알고서 글에 나아가 그 뜻하는 바를 찾게 하고자 했다. 그런데도 결국 종종 또 다만 책자 위의 글자만 지키고 있으니 도리어 (이런 식으로 책을) 봐서 얻는 것〔看得〕은 자기 몸에 절실하지가 않다. 반드시 자기 몸에 절실한 것을 보아서 깊이 음미하여 마음속에 집어넣고 힘써 행해야만 비로소 더해지는 바〔所益〕가 있을 것이다."

(어떤 사람이) "평소에 책을 읽을 때 진실로 뭔가 보이는 바가 있는 것 같다가도 이미 책을 놓고 나면 책과 별개가 되어 읽기 전과 마찬가지입니다. 이런 병통의 원천이 어디에 있는지 모르겠습니다"라고 묻자 (주자가) 말했다.

"이는 곧 자기 몸에서 그것을 구하지 않고 오로지 책에서만 그것을 구하기 때문에 진실로 그렇게 되는 것이다. 옛사람이 말하기를 '어짊을 행하는 것은 자기 자신에서 비롯되는 것이지 어찌 남에게서 비롯되겠는가〔爲仁由己而由人乎哉〕'[9]라고 하셨다. 무릇 내 몸이 일상생활을 하고 있는 사이에 도리가 아닌 바가 없으

니 책이란 이 마음을 붙여 모이게 하는 것〔接湊〕일 뿐이다. 따라
서 반드시 먼저 자기 몸에서 구한 뒤에 책에서 찾아야 한다. 이렇
게 하면 책을 읽는 것이 비로소 맛있을 것이다.”

(또 어떤 사람이) “지난번 가르침을 받을 때 ‘책 읽기는 모름지
기 가만히 자신을 길러내야 하고〔涵養〕, 모름지기 흠뻑 젖어들어
야 한다〔浹洽〕’고 하셨습니다”라고 하고는 이어서 “맹자의 천 마
디 만 마디 말씀은 단지 이 마음을 논한 것이니 칠편(七篇-『맹자
(孟子)』)을 이와 같이 마음을 논한 것으로 보는 것이 가만히 자
신을 길러내는〔涵養〕 공부입니까?”라고 묻자 (주자가) 말했다.

“나는 사람들이 책을 읽을 때 대충대충 하는 것을 보았기 때
문에 ‘책 읽기는 모름지기 가만히 자신을 길러내어 마음속에 얻
는 바가 있게 해야 한다’고 말했던 것이다. 만일 그대의 말과 같
다면 또 한 가지 생각을 갖다 붙여서 억지로 뭔가를 하게 하는
것〔差排〕이다. 책을 보는 것이 어찌 그와 같겠는가?”

또 한 선비가 “선생의 푹 젖어들어 길러냄〔涵泳＝涵養〕에 관한
말씀은 바로 두원개(杜元凱)가 말한 넉넉하게 논다〔優柔〕는 것과
같은 뜻이겠군요?”라고 하자 (주자가) 말했다.

“진실로 그렇게 억지로 풀이해서는 안 된다. 이른바 함영(涵泳)
이란 세세하게 책을 읽는다는 것의 딴 명칭이다. 대체로 사람들
에게 말해 주는 것이 어렵기 때문에 나는 다만 한 개의 함영을
말했을 뿐이다. 그런데 한 사람은 한 가지 생각을 갖다 붙여서
억지로 뭔가를 하게 하고, 또 한 사람은 억지로 풀이하니 이는
말에 따라 풀이를 만들어내어 지리멸렬하고 늘어지는 것이다.
조금만 되돌아보면 단지 보탠 것들은 많아지고 말은 (실상과) 멀

어지니 이런 식으로 책을 읽는다면 전혀 스스로 하는 공부가 아니요, 근거로 삼을 바가 없으니 사람으로 하여금 배움을 말하게 하는 것 자체가 곧 텅 빈 담론[空談]임을 알 수 있다."

섭하손(葉賀孫)이 "예전에 제가 가르침을 받들 때는 단지 이치를 파고드는 것[窮理]에 나아가 말씀하시는 경우가 많았는데 근래에는 다움과 본성을 높이는 것[尊德性], (마음을) 넓고 크게 하는 것[致廣大], 높이고 밝히는 것을 지극히 하는 것[極高明] 등을 자주 던지시고 깨우침을 받게 됩니다. 이런 뜻은 어째서 그런 것입니까?"라고 묻자 (주자가) 말했다.

"예전에도 말한 바 있지만 단지 두 가지를 뒤섞어 말했었는데, 다만 근래에는 여러 제자들이 궁리(窮理)의 공부를 많이 이해하게 되어 그것이 스스로 자기 몸에서 필요성을 느끼지 않게 되었기 때문이다."

(주자가) 또 말했다.

"지금 나의 문하에서 배우는 자들이 이치를 고찰함에 정밀하고 마땅하지 않음이 없어서 말을 할 때에는 물샐 틈이 없지만 정작 그들이 행하는 바는 (그 이치가) 뒤집어지고 어지러워 그들이 아는 것과는 상반된다. 그래서 사람들은 단지 내가 제자들을 제대로 인도하지 못해서 지금 그들로 인해 누를 입게 된다고 말한다. 하지만 이는 다음과 같은 사실을 알지 못하기 때문이다. '제자들이 실제로 알고 있으니 내 어찌 그들에게 말해 주지 않았겠는가?' 그러나 행하는 바가 아는 바와 서로 부딪히게 되는 것은 다만 일찍이 첫 원칙[頭=源頭]에 힘을 쓰지 않고 쓸데없는 데 힘을 쏟았기 때문이다."

요덕명(廖德明-주희의 제자)이 "지금 다만 마음을 함양하는 것만 논하고 (배움을) 익히고 파고들지(講究) 않는다면 비록 간사함을 막고(閑邪) 열렬함을 보존하며(存誠), 분노를 다스리고(懲忿) 욕심을 막을(窒慾) 수는 있겠지만 일을 처리함에 차질이 생기는 것은 어떻게 하겠습니까?"라고 묻자 (주자가) 말했다.

"차질이 생기는 데 대해서는 굳이 말할 것이 없다. 우선 이른바 '평소 거처할 때는 공손히 하고, 일을 집행할 때는 삼간다(居處恭 執事敬)'[10]고 했으니 만일 공손하지 않고 삼가지 않는다면 곧 종잡을 수 없고 거리낌이 없게 된다(放肆). 이런 부류를 알아차리는 것이 어렵지 않은데도 사람들은 종잡을 수 없고 거리낌이 없어 공손하지 않고 삼가지 않는다. 이는 마치 하나의 크고 공정하며 지극히 바른 길이 아주 분명한데도 굳이 그 길로 가려 하지 않고, 도리어 작은 길을 찾는 것과 같다. 그래놓고 자신의 사사로운 뜻에 합치되면 곧 이를 도리와 이치라 일컬으니 지금 사람들은 늘 이와 같다."

(주자가) 항평부(項平父-항안세(項安世))에게 답한 편지에서 말했다.

"일깨워준 곡절(曲折)과 육국정(陸國正-육구연)에 대한 말씀을 세 번 반복해서 읽어보니 마음이 두려워져 어둡고 태만한 것에 대한 경계함이 두터웠다. 대개 자사(子思) 이래로 사람을 가르치는 방법은 오직 존덕성(尊德性)과 도문학(道問學) 두 가지 일을 공력을 쏟는 요점으로 삼았는데 지금 육자정(陸子靜-육구연)이 말하는 것은 오직 존덕성의 일이고, 내가 평소에 논한 바는 도문학에 관해 말한 것이 많다.

그러므로 육구연의 제자들 중에는 잡아 쥐어 지키는 것〔持守〕은 볼 만한 것이 많지만 의로움과 이치를 보는 데는 전혀 세세하지 못하고, 또 별개로 일종의 도리와 이치를 (억지로) 꿰어 맞추어 말해서 자신의 행위를 가리고 덮어 놓아버리려고 하지 않는다. 그리고 나는 스스로 생각해 보니 비록 의로움과 이치에 있어서는 감히 어지럽게 말하지는 않지만 자신을 위하고 남을 위하는 간절한 공부에 있어서는 힘을 제대로 다하지 못한 점이 많다. 지금 마땅히 자신에게 돌이켜〔反身〕 힘을 쏟아 단점을 버리고 장점을 취해 모은다면 거의 한쪽으로 떨어지지 않을 것이다."

(주자가) 임택지(林擇之-임용중(林用中))에게 답한 편지에서 말했다.
"함양(涵養)에 관한 한 절은 생각건대 옛사람들은 곧장『소학』안에서 함양을 이루어냈을 것이다. 그래서『대학』의 도리는 다만 격물(格物)로부터 시작한 것이다.

그런데 지금 사람들은 사전에 이 같은 함양 공부가 없으면서 다만『대학』이 격물을 맨 앞에 내세운 것을 보고서는 오직 사려와 지식으로 그것을 구하려 할 뿐이고, 더 이상 (마음을) 잡아 쥐어 지키는〔操存〕 데 힘을 쓰지 않는다. 이것은 아무리 살펴보고 헤아려 보아도 실질적인 근거가 없는 짓이다. 대개 삼감〔敬〕이란 것은 위아래 모두 통하는 뜻이요, 격물과 치지는 그 사이에서 차례차례 발걸음을 내딛는〔進步〕 곳이다."

(주자가) 유자징(劉子澄-유청지(劉淸之))에게 답한 편지에서 말했다.
"예전에는 배움을 행할 때 (매사를) 자기 자신에게 돌이킴〔反己=

反身]에 느슨했는데 모든 것을 뒤에 생각해 보니 후회스러운 것이 많다. 그동안 저술한 글들도 이런 병통에 걸려 실상을 제대로 반영하지 못한 부분들이 많으니 돌이켜볼 때 아득하여 1년이나 몇 달의 공부로도 능히 만회할 수 있는 것이 아니다. 이 때문에 더욱 스스로 결코 흔쾌하지가 않다. 예전에는 그래도 경부(敬夫-장식)와 백공(伯恭-여조겸)이 종종 바로잡아주어 경계하고 살필 수가 있었다. 그런데 두 벗이 세상을 떠나고 나니 내 귀는 이런 말을 전혀 들을 수가 없다. 지금 그대에게 깊이 바라는 바가 있노라. 지금 보내는 편지에 통렬히 꾸짖어 가르쳐주는 것이 바로 군자가 사람을 사랑하는 뜻이다."

(주자가 유자징에게) 또 말했다.

"요즘 와서 생각해 보니 그사이에 배움을 행한 것이 실로 밖을 향해서는 절실하지 못한 폐단이 있었다. 이는 내 자신을 그르치는 것은 물론이고, 남을 그르치는 것 또한 적지 않다. 바야흐로 막 별도의 한 가지 단서를 찾았는데 조금은 간략하면서도 분명한 듯하다. 즉 비로소 문자와 언어 밖에 따로 마음을 써야 할 곳이 있다는 것을 알게 되었다. 직접 얼굴을 대하고서 말하지 못하는 것이 안타까울 뿐이다."

(주자가) 하숙경에게 답한 편지에서 말했다.

"만약에 도리[道]라는 것이 많이 듣고 널리 보아서 얻을 수 있는 것이라면 세상에 도리를 아는 자[知道者]가 적지 않을 것이다. 내가 최근에 어떤 일로 인해 바야흐로 조금 살펴서 들춰 밝혀낸 것[發明]이 있다. 예를 들면 '솔개가 날고 물고기가 뛰어논다[鳶飛魚躍]'[11]는 것을 정명도(程明道)가 '반드시 일삼는 바가 있으면서도 그 효과를 미리 기

대하지 말라(혹은 바로잡으려 하지 말라)〔必有事焉勿正〕'[12)는 뜻과 같다
고 말씀하신 바를 지금에야 비로소 훤히 깨달아 아무런 의심도 없게
되었다. 그래서 일상생활 속에 이 흘러 다니는 본체〔體〕가 애당초 중간
에 끊어지는 곳이 없으며, 공력을 쏟음에 착수할 수 있는 의지처가 있
다는 것을 보았다. 그리하여 마침내 예전에 나 자신을 속이고 남을 속
인 죄를 이루 다 속죄할 수 없다는 것을 알게 되었다. 이는 서책(書冊)
을 잘 지키고 언어에 집착하는 것과는 전혀 상관이 없다. 부디 일상생
활 속에서 이 점을 잘 살피기 바란다. 이것을 안다면 곧 어짊〔仁〕을 알
게 될 것이다."

　　(주자가) 또 말했다.

　　"내가 예전에는 깊이 탐구하고 힘써 행하려는 뜻이 없었기에
　무릇 논하고 말한 것들이 모두 입에서 나오고 귀로 들어가는 부
　질없는 것들〔餘〕이었다. 이 때문에 전혀 힘을 얻지 못했다. 이제
　야 비로소 이것을 깨달아 과감하게 낡은 습관을 바꾸려 하지만
　혈기가 이미 쇠했고, 마음의 뜻 또한 더 이상 굳세지 못하니 결
　국에 가서 이루는 바가 있을지 모르겠다."

(주자가) 정윤부에게 답한 편지에서 말했다.

　"대개 이런 일은 (마음의) 본래 원천〔本原〕을 함양하는 것을 우선으
로 삼고, 경전들의 뜻을 익히고 논하는 것은 다만 이것을 보조하는 것
일 뿐이다. 그런데 (나는) 그동안 지나치게 (경전들을) 들고 나면서도
정작 따르는 바가 없었으니 이름으로는 배우고 묻는다〔學問〕고 했지만
실제로는 무엇이 있었는가? 참으로 웃길 뿐이다."

(주자가) 황직경(黃直卿)에게 답한 편지에서 말했다.

"배움을 행한다는 것은 곧 먼저 그 근본부터 세워야 하니 애씀의
뜻[文義]은 우선 바른 뜻[正意]을 말해 주어 마음을 너그럽게 한 다음
음미할 수 있도록 해야 할 것이요, 같고 다름[同異]을 상고하고 아주
가늘고 작은 것까지 고찰하게 해서는 안 된다. 왜냐하면 이렇게 할 경
우 그 뜻과 생각이 촉박해져서 큰 진전을 얻기 어려울까 봐 두렵기 때
문이다. 장차 큰 뜻을 보게 되거든 대략 한 두 절목(節目)을 들어 점차
적으로 이해하더라도 대개 늦지 않을 것이다. 이것이 그동안 (내가 저
지른) 잘못인데 지금 다행스럽게 발견했으니 모름지기 과감하게 고쳐
야 할 것이요, 남의 비판이나 비웃음을 구차스럽게 피하려고 사람을
잘못 이끌어서는 안 될 것이다."

북계 진씨가 말했다.

"노선생(老先生-주자)께서 평소 사람을 가르칠 때 가장 긴요하
게 여긴 것은 존덕성(尊德性)과 도문학(道問學) 두 가지 공부를
진실로 어느 한쪽도 폐기하지 않도록 하는 것이었다. 하지만 크
게 힘을 쓴 것은 대부분 도문학 쪽이었다. 그런데 강서(江西-육
구연)의 한 학파는 다만 번잡스러움[煩]을 싫어하고 큰 줄기[簡]
에 나아가려 하면서 존덕성에만 공력을 쏟으니 선생은 이것을
크게 병통으로 여기셨다."

🏮 가만히
살펴보다
주자께서 말년에 항평부, 임택지, 유자징, 하숙경, 정윤
부, 황직경에게 답한 편지에서 그 말씀이 (이미) 이와
같으셨는데 주자께서 돌아가신 뒤에 진씨(陳氏)의 말이 저와 같았다.

그렇다면 고정(考亭-주자의 호)의 학통이 진실로 한두 번 전해지기도 전에 그 참된 모습을 잃어버림을 면치 못한 것이다. 임천 오씨가 북계 진씨에 대해 불만[13]을 가졌던 것은 당연하다. 아마도 이런 유의 문제 때문이었을 것이다.

면재 황씨가 이경자(李敬子)[14]에게 답한 편지에서 말했다.

"옛날의 빼어나거나 뛰어난 이들이 배움에 대해 말씀한 것들을 보면 모두 몸과 마음으로 나아가 공력을 쌓았기 때문에 사람의 마음과 도리의 마음〔人心道心〕, 삼감으로써 안을 곧게 하는 것과 의로움으로써 밖을 반듯하게 하는 것〔敬以直內義以方外〕을 다 익히고 배우는 일〔講學〕과 가까운 것으로 설명하지 않았다. 그래서 주부자(朱夫子)께서도 (사람들의) 식견이 잘못되기 쉬울까 두려워하여 이에 애씀을 넓히는 것〔博文〕과 예로써 다잡는 것〔約禮〕을 대비시켜 말씀하셨다. (주자에 따르면) 박문(博文)이 먼저이고 약례(約禮)가 뒤에 오며, 박문은 쉽고 약례는 어렵다. 후세의 배우는 자들은 쉬운 것에만 오로지 힘쓰고, 늘 어려운 것을 꺼리니 이 때문에 (공맹이나 주자의) 도리가 전해지지 못한 것이다.

모름지기 이는 『중용』의 취지와 같이 하여 경계하고 두려워하는 것〔戒懼〕과 그 홀로 있음을 삼가는 것〔謹獨〕을 평생토록 행해야 할 과업으로 삼아 잠시라도 폐기하지 말 것이요, 익히고 배우는 것〔講學〕과 이치를 파고드는 것〔窮理〕은 밝고 또 바른 것〔明且正〕을 추구하는 것일 뿐이다. 만약에 단지 강학(講學)에만 힘쓰고, 몸과 마음(을 닦는 일)에 뜻을 두지 않는다면 배우고 묻는 일〔學問〕이 아무것도 이루어지지 않을까 두렵다.

사람이란 그 마음을 감추고 있어 (다른 사람들이) 그것을 측량할 수가 없다. (그러나) 한결같음〔一〕을 잣대로 그 마음을 파고들려고 할 때 예(禮)(라는 척도)를 버리고서 무엇으로 그 마음을 알 수 있겠는가? (예를 들어 그 사람이) 말의 기운〔詞氣〕과 용모를 취하는 사이와 외부의 일에 응하고 외부의 사물과 접하는〔應事接物〕 사이에 그것이 도리에 적중하는지〔中理〕 적중하지 못하는지를 깊이 살핀다면 열 가지 중에서 일고여덟은 얻을 것이다. 이런 식으로 사람을 알아간다면 거의 엉뚱한 데로 흘러 입과 귀에만 머물고 마음에는 이르지 못하는 배움〔口耳之學〕이 되지는 않을 것이다.

일찍이 명도(明道) 선생께서 사상채(謝上蔡)에게 '그대들이 여기에 와서 단지 나의 말만 배우는구나'라고 말씀하셨는데 이때 상채가 좀더 말씀해 주실 것을 청하자 명도께서는 '우선 고요하게 앉아 있으라〔靜坐〕'고 하셨다.

정자(程子-이때는 정명도를 가리킨다)의 문하에 상채와 같은 이는 속을 꽉 채우는 데 힘쓰고 자신을 위하는 공부를 한 자〔務實爲己者〕라 할 만한데도 명도께서는 오히려 이것을 갖고서 경계시키셨다. 만약에 (명도께서) 지금의 배우는 자들을 보신다면 어찌 크게 탄식하지 않으시겠는가?

나는 이미 늙어 달리 세상에 바랄 것은 없고 오로지 주자의 학통이 전해지기를 바랄 뿐이다. 이 때문에 스스로 분수에 넘침〔僭越〕을 알지도 못하고서 이렇게 말하게 되었다."

(면재 황씨가) 또 말했다.

"언제나 돌아가신 스승〔先師-주자〕께서 일생동안 힘들고 고생하시며 책을 지어 후학들에게 배움을 베푸신 것을 생각할 때마다 (그 은혜가) 빛나게 밝아 훤하디훤한데〔光明煒燁〕 그 제자들 중에는 스승의 본뜻에 능히 도달한 자가 없고, 또다시 몇 년이 지나자 그 전수받은 바를 익히는 것〔傳習〕이 더욱 잘못되니 돌아가신 스승께서 장차 땅 밑에서 눈을 감으실 수 없을 것이다."

과재(果齋) 이씨(李氏)[15)]가 말했다.

"공자〔洙泗〕[16)] 이래로 박문(博文)과 약례(約禮) 두 극에 모두 도달한 이는 선생(주자) 한 분뿐이다. 선생은 사람을 가르칠 때 그 규모가 넓고 컸으며 차례와 등급이 매우 엄하여 차근차근 순서가 있어 차례와 등급을 건너뛰는 것〔躐等〕을 용납하지 않았다.

(또) 그 몸을 절절하게 하고 속을 꽉 채우는 데 힘쓰며〔務實〕, 의로움과 이익을 엄격히 가려서 분별하고, 스스로를 속이지 말며〔毋自欺〕, 그 홀로 있음을 조심하라는 경계에 이르러서는 일찍이 진심으로 간곡하게 하면서 귀에다 대고 극진하게 말씀하지 않으신 적이 없었다.

늘 남헌(南軒) 장공(張公)의 '뭔가를 기대하면서 하는 바가 없어야 한다〔無所爲〕'는 말씀을 욀 때마다 반드시 세 번 감탄하셨고, 말년에 제자들이 문자의 뜻에만 얽매이는 것을 보시고서는 이 도리가 전해지지 않을까 깊이 걱정하여 비로소 본체(本體)를 가리켜 보여주심으로써 (제자들이) 깊이 생각하여 스스로 터득하게 하셨다. 그만큼 배우는 자들에게 기대했던 바가 더욱 간절하셨다."

자계(慈溪) 황씨(黃氏)[17)]가 말했다.

"옛날에 사람을 가르치고 배움을 행한다는 것은 몸소 행하는 것

〔躬行〕을 근본으로 삼았고, 궁행(躬行)은 효도와 공순함〔孝弟〕을 우선
으로 삼았다. 애씀〔文〕은 행하고 나서 여력이 있으면 뒤에 그것을 배웠
다.[18] 이른바 문(文)이란 또 예악사어서수(禮樂射御書數-육예)를 가리
키는 것이요, 언어와 문자의 지엽말단이 아니었는데 지금의 배우는 자
들은 마침내 혹은 이와 정반대로 하고 있다. 그리하여 세상의 조화(造
化)와 본성 및 천명〔性命〕이라는 높고 머나먼 이치를 익힌다고 하면서
도리어 효도, 공순함, 삼감과 믿음〔孝弟謹信〕[19]이라는 절절하면서도 일
상생활에 가까운 도리를 잊어버린단 말인가?

　두 분 정 선생(-정명도와 정이천)이 주자(周子-주돈이)의 말씀을 미
루고 헤아려〔推〕공자와 맹자(의 정신)에 도달하시고, 본성과 천명을
근거로 삼아 궁행으로 귀착시켜 그 말씀이 일찍이 앎과 행함〔知行〕을
겸하여 거론하지 않은 적이 없으셨으니 후세에 배우는 자들은 마땅히
이미 달리 구할 필요가 없었다. 그런데 불행하게도 두 분 정 선생이 돌
아가시자 문인과 제자들은 대부분 선학(禪學)으로 은근히 옮겨가면서
도 그것을 자각하지 못했고, 심지어 회옹(晦翁) 선생(-주자)께서도 젊
었을 때는 또한 거의 선학에 빠질 뻔했다. 그러다가 뒤에 비로소 일체
를 돌이켜 바르고 알찬〔平實〕데로 돌아와 평소 공력을 쏟은 것이 대
부분 『논어』였다. 평소 『논어』를 이야기할 때에는 대부분 효제충신
(孝弟忠信)을 주로 했고, 태극이나 본성 및 천명(등과 같은 추상적인
개념들) 등을 이야기하는 데 이르러서는 마침내 한때의 동년배나 선
배 유학자들과 서로 함께 익히고 논하면서〔講論〕본인의 의견을 드러
내셨다.

　문공(文公-주자)이 세상을 떠나자 이 학문이 비록 널리 행해지고
는 있지만 배우는 자들은 마침내 절실한 데는 관심이 없고, 오직 높고

머나먼 것에만 관심을 쏟아 익히고 배울 때에 『논어』는 내팽개친 채 말하지 않으면서 반드시 『주역』을 먼저 하고, 또 (어쩌다가) 『논어』를 말할 때에도 효제충신은 내팽개친 채 말하지 않으면서 '하나로써 만물을 꿰뚫는다〔一以貫之〕'만을 논하고 있다. 무릇 문공이 평소 깊이 경계하신 것들을, 배우는 자들은 마침내 스스로 편벽되이 따르고 (바른 가르침으로) 돌아올 줄을 모른 채 (온갖 설들이) 단지 귀에 들어가고 입으로 나와 궁행과는 전혀 상관없게 행동하고 있다.

살짝 시험 삼아 비유해 보자면 물을 떠서 마시려는 자는 반드시 샘의 원천을 깊이 판다. 그런데 원천을 깊이 파는 것은 물을 떠서 마시기 위함인데 도리어 그 물을 버리고 떠서 마시지 않음은 무슨 의도인가? 열매를 따서 먹으려는 자는 반드시 뿌리에 물을 준다. 그런데 뿌리에 물을 주는 것은 열매를 따서 먹기 위함인데 도리어 그 열매를 버리고 먹지 않음은 무슨 생각인가? (이와 마찬가지로) 궁행을 바르게 하려는 자는 반드시 본성과 이치〔性理〕를 정밀하게 연구한다. 본성과 이치를 정밀하게 연구하는 것은 궁행을 바로 하기 위함인데 도리어 궁행을 묻지 않고서 내버려둠은 어째서인가?

한나라와 당나라〔漢唐〕의 나이 많은 스승과 학식 많은 유학자들〔老師宿儒=老士宿儒〕은 훈고(訓詁)에 빠져 대부분이 의로움과 이치에 정밀하지 못했다. 하지만 근세에는 삼척동자도 전통을 이어 받아 모두 의로움과 이치에 대해 말들은 잘하지만 행실은 제대로 이뤄지지 못해 도리어 한나라와 당나라의 여러 유학자들만 못하다. 이 점을 통렬히 반성하고 속히 되돌리지 않는다면 지엽말단의 폐단이 당연히 얼마나 심해지겠는가? 생각건대 선배 유학자들이 (경서들에 대한) 강론을 지속하여 이미 정밀하게 되었으니 배우는 사람들은 날로 삼가 믿고서 받들어 행하는 것이 옳다. 이제 선배 유학자들이 들춰 밝혀놓은 것들〔發明〕을 단서로 삼아 공자의 큰 뜻〔大旨〕을 되찾고, 본성과 천명이 어디로부터 오는 것인지〔從來〕를 알아서 효도와 공순함의 실제 행실로 돌아가야 한다.

(그렇게 하지 않고) 또 어찌 다시 말과 글 사이에서 많은 것들을 구할 수 있겠는가?"

(자계 황씨가) 또 말했다.

"이치에는 저절로 그러함〔自然〕이 있기 때문에 굳이 말을 할 필요는 없지만 공자께서는 부득이하여 묻고 답하는 과정에서 드러낸 것이 있으니 이는 진실로 모두 바로 배우는 자들의 궁행을 위해 그렇게 들춰 보여주신 것이다.

주자(周子)와 정자(程子)께서 세상을 떠나시고 나자 배우는 자들이 공허한 것을 말하여 거짓으로 진실을 바꾸자 옳고 그름(의 기준)이 어지러워졌다〔貿亂〕.

이에 문공(文公) 선생께서 앎과 행함〔知行〕의 설을 힘써 주장하여 '반드시 먼저 의로움과 이치를 밝혀 옳고 그름을 분별한 뒤에 궁행(躬行)에서 그것이 드러나야 이단에 빠져드는 병폐를 면할 수 있다'고 말씀하셨다. 이를 보면 세상을 구제하려는 마음이 매우 절절하고, 이치를 분석하는 말씀이 매우 정밀하니 만약에 배우는 자가 그 말씀의 분명함을 근거로 삼아 자기 몸의 행하는 바를 바르게 한다면 (얼마든지) 빼어난 이〔聖=聖人〕가 되고 뛰어난 이〔賢=賢人〕가 되는 것이 어찌 불가능하겠는가?

그런데 도리어 마침내 허접한 실타래를 주워 모으고 붕 떠 있는 말들을 더 보태어 한갓 평생토록 의논만 있고 단 하루의 궁행이 없으면서 심지어 (배움의 이름을) 빌려 간특함을 꾸며대고 이리저리 다니며 세상을 속여 풍속이 파괴되는 바람에 차마 말할 수 없는 지경에까지 이르렀으니 문공이 강론하여 밝히려 했던 처음의 뜻이 어찌 이와 같았겠는가?

사정이 이러한대 우리들은 과연 거듭 경계하고 더욱 살피지는 않고서 말만 많이 하는 것을 능사로 삼아서야 되겠는가?"

임천 오씨가 말했다.

"하늘이 사람을 낳아준[生人] 까닭과 사람이 사람다운[爲人] 까닭은 이 다움과 본성[德性] 때문이다. 그러나 빼어난 가르침이 전해지지 않게 되면서부터 선비들의 배움에 종주(宗主)가 사라져 한나라와 당나라 1천 년 사이에 동중서(董仲舒)와 한유(韓愈) 두 분의 흐릿한 몇 마디 말씀이 도리에 가깝기는 했지만 (그나마) 그 근원에 대해서는 어두웠다. 그러다가 주자(周子)와 정자(程子), 장자(張子)와 소자(邵子)가 나와 비로소 위로 맹자를 통하여 하나가 되었고, 이어 정씨(程氏)가 네 번 전수하여 주자(朱子)에 이르러서는 애씀의 뜻[文義]의 정밀함이 또 맹자 이래로 일찍이 없었던 것이었다. 그런데도 배우는 무리들은 종종 (애씀이 아니라) 문자 자체에 집착하여 거기에 마음을 빠트린다. 이미 (주자는) 세속의 유학자들이 사장(詞章)이나 달달 외는 것을 속학(俗學)이라고 (비판)했음에도 그들이 배우는 바는 여전히 지엽적인 말과 문자에서 벗어나지 못했고, 이것은 가정(嘉定)[20] 이후 주자학파의 일부 말단 학문의 병폐가 되어 이를 바로잡은 자가 없었다.

무릇 빼어난 이의 배움을 귀하게 여기는 까닭은 하늘이 나에게 주신 것〔天之與我〕을 온전하게 하기 위함일 뿐이다. '하늘이 나에게 주신 것'이란 다름 아닌 다움과 본성〔德性〕이다. 이 다움과 본성이 인의예지 (仁義禮智)의 뿌리가 되며, 또 형태와 바탕, 피와 기운〔形質血氣〕의 주 재하는 바가 된다. 따라서 이것을 버리고서 달리 구하려 한다면 배운 다는 것이 무슨 배움인가? (그런데도 만일 그렇게 한다면) 가령 그 행 실이 사마광(司馬光)과 같고 재주가 제갈량(諸葛亮)과 같다 한들 익 혔는데도 드러내지 못하고〔習不著〕, 행하면서도 살피지 못함〔行不察〕 을 면치 못할 것이다. 즉 이런 경우 자질이나 그릇이 보통 사람보다 뛰 어난 데 불과할 뿐 성학(聖學)에 대한 얻음이 있다고 말할 수 없다. 하 물며 훈고의 자세함과 강설의 치밀함에 그쳐서 북계 진씨나 쌍봉 요씨 와 같다면 저 사장(詞章)이나 달달 외는 속학(俗學)과의 거리가 어찌 한 치나 되겠는가? 성학이 송나라 때 크게 밝아졌는데도 그 뒤를 이 은 자가 이와 같으니 한스러울 뿐이다.

　나는 애씀의 뜻〔文義〕을 깊이 연구하여 자세하게 나누고 정치하게 분석하면서 늘 진씨도 정밀하지 못하다고 여기고, 요씨도 치밀하지 못 하다고 여기면서 이 (글자의 뜻이 파는) 구덩이 속에 떨어진 지 40년이 되어서야 비로소 그것이 잘못된 것임을 깨달았다. 지금부터는 하루의 안에 자시(子時)부터 해시(亥時)까지, 한 달의 안에 초하루부터 그믐 까지, 1년의 안에 봄부터 겨울까지 항상 나의 다움과 본성을 훤히 밝 게 해서 하늘이 운행하는 것과 같고, 해와 달이 오고 가는 것과 같도 록 하기를 잠시라도 중간에 쉼이 없게 하려고 한다. 이렇게 한다면 이 다움과 본성을 높이는 도리에 거의 가까울 것이다.

　만일 이에 능하지 못하면 남에게 묻고 스스로 배워서 반드시 이르 고자 해야 할 것이다. 만약에 힘을 쓰는 방법으로 말하자면 말로 다

비유할 수 없다. 『중용』의 첫 장과 「정완(訂頑)」[21)]의 마지막 편을 음미하여 스스로 깨달을 때 그렇게 될 수 있다."

가만히 살펴보다 배우는 자들의 폐단은 마음을 건성건성 하고 서두르는[簡捷] 쪽으로 내달리게 해서 (마음을) 탕진하며 이단적인 배움의 공허함에 빠지지 않으면, 뜻을 지극히 한다면서 (나름대로) 본성이나 천명을 연구하며 엉뚱한 데로 빠져 속된 학문[俗學]이나 하고 만다. (주자 등과 같은) 현철한 자들이 있던 시대에도 이미 그러했는데 하물며 삼백 년이나 흐른 지금에야 말할 것이 있겠는가?

면재 황씨와 과재 이씨는 직접 고정(考亭)에게 수업해 전수함을 받은 자인데 속으로 근심하는 바가 이와 같았고, 자계 황씨와 임천 오씨는 둘 다 고정을 사숙(私淑)하여 이 도리를 들은 자인데도 공공연히 말하는 바가 또 이와 같았다. 그래서 (이를 보면) 그 앎의 참됨과 보는 바의 적절함은 진실로 하늘이 그사이에서 도움을 주어 이 도리가 끝내 세상에서 어두워지지 않게 한 듯하다.

배우는 자가 이에 대해 마음 아파하고 뼈에 새겨 주자(朱子)를 스승으로 삼고, 삼감[敬]을 도리에 들어가는 요체로 삼아 놓아버린 마음[放心]을 되찾고, 다움과 본성을 높이며[尊德性] 배움과 물음[學問]으로 존덕성을 돕고[輔之以學問], 힘써 행함[力行]으로써 존덕성이 앞으로 나아가게 하고[先之以力行], (마음을) 굳게 잡아줘어 지킴으로써 존덕성을 더욱 튼튼히 해야 한다[堅之以持守]. (이렇게 하여) 공허한 것들은 도리어 바르고 알찬 데[平實]로 나아가고, 비근한 것들은 위로 높고 밝은 도리에 도달하게 된다면 공맹 문하[聖門]의 온전한 본체[全體]와 큰 쓰임[大用]의 배움에 혹 거의 가까워질 것이요, 이

『심경』에 뽑아놓은 것들도 헛소리가 되지 않을 것이다.

뜻있는 선비들에게 바라건대 서로 함께 여기에 힘써야 할 것이다.

1) 이 둘 사이에는 주희의 성리학과 육구연의 양명학 간의 대립이 고스란히 담겨 있다. 주희는 육구연이 존덕성에 치우쳤다고 비판하고, 육구연은 주희가 도문학에 치우쳤다고 비판한다.

2) 이 표현은 『논어』 「태백」 편에 나오는 안연의 말로 공자가 자신을 어떻게 가르쳤는지를 다른 사람들에게 설명하는 표현이다.

3) 여기서 두 가지란 尊德性=約我以禮의 한 측면과 道問學=博我以文의 측면을 가리킨다.

4) 이 표현은 『논어』 「이인」 편의 다음과 같은 구절에서 나온 것이다. "다움은 외롭지 않아 반드시 이웃이 있다〔德不孤必有鄰〕."

5) 그 사람은 주희의 말이 정이천의 말과 충돌한다고 생각해 이런 질문을 던진 것이다.

6) 옛날에 두묵(杜黙)이라는 사람이 시를 지을 때 격식에 맞지 않는 것이 많았다. 그래서 어떤 일을 하면서 격식에 맞지 않는 일을 하는 것을 일러 두찬(杜撰)이라고 했다.

7) 『예기』 「학기(學記)」에 따르면 佔은 보다〔看〕, 畢은 간책(簡冊)이라고 했다. 조선시대 성리학자 김종직(金宗直, 1431~1492년)의 호 점필재(佔畢齋)는 여기서 따온 것이다.

8) 건강부회나 요설 혹은 특이한 학설에 휩쓸려서는 안 된다는 말이다.

9) 『논어』 「안연」 편에 나오는 공자의 말이다.

10) 『논어』 「자로」 편에 나오는 공자의 말이다.

11) 『시경』에 나오는 말이다.

12) 앞서 나온 맹자의 말이다.

13) 뒤에 임천 오씨가 북계 진씨를 비판하는 내용이 나온다.

14) 주자의 제자 이번(李燔, 생몰년 미상)을 가리킨다.

15) 주자의 제자 이방자(李方子, 생몰년 미상)를 가리킨다.

16) 중국의 수수(洙水)와 사수(泗水)를 지칭하는데 공자가 이 근처에서
    강학 활동을 하였다고 한다. 그래서 이후로는 공자의 가르침을 가리
    키는 말로 사용된다.

17) 황진(黃震, 1212~1280년)을 가리킨다. 주돈이, 이정, 주희의 학문을
    모범으로 삼았으며, 하기 등과 함께 주자학을 발전시킨 인물이다.

18) 황진의 이 말은 문(文)을 어떻게 봐야 할 것인지에 대한 실마리를
    제공한다. 우선 문(文)은 글이 아니다. 황진은 『논어』「학이」 편에
    있는 공자의 말을 염두에 둔 것이다. "젊은이들은 집에 들어오면 효
    도하고, 밖에 나가면 공순하며, 행실을 삼가고, 말에는 믿음이 담겨
    야 하며, 널리 사람들을 사랑하되 어진 이를 가까이 (하는 것을 배
    우려) 해야 한다. 이런 일들을 몸소 익혀 행하면서도 남은 힘이 있거
    든 그때 가서 문(文)을 배우도록 하라〔入則孝 出則弟 謹而信 汎愛衆
    而親仁 行有餘力 則以學文〕." 이 점은 이어지는 문장을 통해서도 확인
    된다.

19) 이것은 『논어』「학이」 편에 나오는 공자의 말 중에서 앞부분인 "(젊
    은이들은) 집에 들어오면 효도하고, 밖에 나가면 공순하며, 행실을
    삼가고, 말에는 믿음이 담겨야 한다"를 염두에 둔 표현이다.

20) 이것은 송나라 영종(寧宗)의 연호로 주자가 세상을 떠난 이후를 가
    리킨다.

21) 장횡거가 서재의 오른쪽에 걸어 놓은 글이다. 서명(西銘)이라고도
한다.

정민정의 심경후서(心經後序)

    서산 선생의 『심경』과 『정경(政經)』[1] 두 경(經)이 간행된 지〔梓行〕 이미 오래됐다. 그러나 일찍이 이 둘을 자세히 살펴보니〔諦觀〕 『심경』에는 선생께서 직접 지은 들어가는 말〔贊〕이 있어 그것이 손수 교정을 거쳐 나온 것임을 의심할 바가 없으나 『정경』의 경우에는 비록 경전의 가르침을 앞에 세우기는 했지만 한(漢), 진(晉), 수(隨), 당(唐) 나라의 수령(守令)들의 일을 붙이고 광범위하게 선생이 역임했던 주와 군〔州郡〕에 방문(榜文)으로 써붙이고 유시(諭示)했던 글들도 함께 섞어서 붙여놓았으니 이에 스스로 그것을 경(經)이라고 부른 것을 옳지 않은 듯하다. 이는 아마도 선생께서 일찍이 경전과 사서〔經史〕 중에서 백성들을 기르는 요점을 손수 기록하여 (관직의 일을) 보고 살핌〔省覽〕에 대비하려 했던 것일 뿐인데 후세 사람들이 괜히 덧붙이고 일을 만들어 『심경』과 짝을 이루게 하려고 했던 것이 아니겠는가?

어떤 사람은 "『심경』을 본체[體]로 하고 『정경』을 쓰임[用]으로 삼아 거의 일가의 학설을 이룰 수 있다"라고 말하는데 이는 더욱더 옳지 못하다. 정자가 말하기를 "마음은 하나인데 본체를 가리켜 말한 것이 있고 쓰임을 가리켜 말한 것이 있다"고 했고, 주자의 『대학장구』에서도 마음의 온전한 본체[全體]와 큰 쓰임[大用]을 갖고서 말한 바 있는데 이제 홀로 마음을 가리켜 본체라고 한다면 어찌 심하게 그릇된 것이 아니겠는가? 하물며 빼어난 임금의 정사(政事)는 몸으로 말미암아 집에 이르고 나라에 이르고 천하에 이르러서 무릇 예와 악을 제정하고 나라 안의 정치를 닦고 나라 밖의 적을 물리치며[修內攘外] 인재를 쓰고 나라 살림을 잘 키우는 것이 모두 정사 중에서 큰 것인데 (『정경』은) 이에 관해 하나도 언급하지 않고 인민과 사직의 사이[2]와 거조(擧措)와 금계(禁戒)[3]의 자취에만 집중하였으니 진실로 이해할 수 없는 점이 있다.

　그래서 지금 오직 『심경』만을 취해 주를 붙였으며 『정경』은 다룰 이유가 없다. 생각하건대 진실로 심학(心學)에서 얻음이 있으면 이를 들어 조처함에 (정치 전반의 분야에서) 베푸는 곳마다 마땅하지 않음이 없을 것이니 본체가 갖춰지고 쓰임이 두루두루 이루어지는 것을 다른 데서 구할 필요가 없을 것이다.

　홍치(弘治) 5년(1492년) 임자일(壬子日) 8월 초하루에 정민정이 다시 쓰다.

　1) 송나라 진덕수가 정사(政事)를 하는데 상경(常經)이 되는 원칙과 수

령들의 임무를 설명한 책이다. 즉 중앙정치보다는 지방수령의 임무를 중심으로 하고 있다. 정약용은『목민심서(牧民心書)』서문에서 자신의 책이『정경』등을 모범으로 삼았다고 밝히고 있는데,『정경』은 정치 일반보다는 수령의 목민정신과 지침을 주로 하고 있다. 오히려 정치 일반에 대해서는 진덕수의『대학연의』가 잘 다루고 있기 때문에 수기(修己)가『심경』의 내용이라면 치인(治人)은『대학연의』의 핵심이라 할 수 있다.

2) 중앙조정과 백성의 관계에 대한 일반적 언급을 말한다.

3) 거조란 수령의 자세한 행정조치들을 말하고, 금계란 지방수령으로서 금해야 할 것과 조심해야 할 것을 말한다.

찾아보기

인명

진덕수 眞德秀(1178~1235년)

중국 송(宋) 나라의 유학자이자 정치가로 지금의 푸젠성[福建省]인 건녕부(建寧府) 포성(浦城) 출신이다. 영종(寧宗) 때인 1199년에 진사(進士)가 됐고, 1205년에 현직 관료들을 대상으로 시행하던 시험인 박학굉사과(博學宏詞科)에 합격했다. 1225년 이후 이종(理宗)의 총애를 받아 중서사인(中書舍人), 예부시랑(禮部侍郞) 등에 임명됐지만, 재상이었던 사미원(史彌遠)의 탄핵으로 파직됐다. 벼슬자리를 떠나 있으면서 '황제의 다움을 닦고 다스림을 보필하기 위해'『대학연의(大學衍義)』를 집필했다. 사미원 사망 후 1234년에 다시 정계에 복귀하여 황제에게『대학연의』를 바쳤고, 호부상서(戶部尙書)를 거쳐 한림학사지제고(翰林學士知制誥)가 됐으나, 다음 해 참지정사(參知政事)에 오른 뒤 1년이 채 되지 않아 58세에 병으로 세상을 떠났다.

조선 전기에는『대학연의』가 널리 읽혔고 조선 후기에는 그의 다른 저작인『심경(心經)』이 선비들의 필독서로 각광받았다. 그 밖의 저서로는『당서고의(唐書考疑)』『서산독서기(西山讀書記)』『문장정종(文章正宗)』『서산갑을고(西山甲乙稿)』『서산문집(西山文集)』 등이 있다.

정민정 程敏政(1445~1499년)

중국 명(明) 나라의 유학자로 지금의 안후이성[安徽省]인 휘주부(徽州府) 휴녕(休寧) 출신이다. 자는 극근(克勤)이고, 중년 이후 황돈(篁墩)을 호로 삼았다. 효종(憲宗) 때인 성화(成化) 2년(1466년) 진사(進士)에 급제하여 편수(編修)에 임명되었다. 한림(翰林) 중 학문이 해박하다 하여 황태자를 가르치기도 했다. 태상사경(太常寺卿) 겸 시강학사(侍講學士)를 거쳐 예부우시랑(禮部右侍郞)까지 올랐으나 홍치(弘治) 12년(1499년) 탄핵을 받아 물러난 후 얼마 지나지 않아 세상을 떠났다. 문집으로『황돈집(篁墩集)』과『송유민록(宋遺民錄)』『영시집(咏詩集)』이 있고, 그 밖에『명문형(明文衡)』과『신안문헌지(新安文獻志)』 등을 편찬했다.

옮긴이

이한우

1961년 부산에서 태어나 고려대 영문과를 졸업하고 동 대학원 철학과 석사 및 한국외국 어대 철학과 박사과정을 수료했다.《뉴스위크》《문화일보》를 거쳐 1994년《조선일보》로 옮겼다. 2002~2003년 논설위원을 지낸 후 문화부 기자와 문화부장으로 학술과 출판 관 련 기사를 썼고, 현재는 편집국 선임기자로 근무 중이다.

10여 년에 걸쳐『조선왕조실록』을 탐독하며 조선 군주의 리더십 연구에 몰두해 온 저자 는 인문학적 깊이와 감각적 필치가 돋보이는 〈이한우의 군주열전〉 시리즈, 즉『태종: 조 선의 길을 열다』『세종: 조선의 표준을 세우다』『성종: 조선의 태평을 누리다』『선조: 조선 의 난세를 넘다』『숙종: 조선의 지존으로 서다』『정조: 조선의 혼이 지다』를 펴냈고, 조선 의 사상적 기반을 추적하는 데 있어 공자 사상에 주목해『논어』로 사서삼경을 풀이하는 〈이한우의 사서삼경〉 시리즈를 기획,『논어로 논어를 풀다』『논어로 중용을 풀다』『논어 로 대학을 풀다』『논어로 맹자를 읽다』를 출간했으며, 조선 왕조 '제왕학의 교과서'로 일 컬어지는『대학연의』를 최초로 완역해 한문학에서 정치학까지 학계의 주목을 두루 받 고 있다.

조선 당쟁의 숨은 실력자인 구봉 송익필의 생애를 생생하게 복원하고 그 사상을 입체적 으로 조명한『조선의 숨은 왕』, 조선사의 다양한 이면을 다루는『조선사 진검승부』『왜 조선은 정도전을 버렸는가』『조선을 통하다』『왕의 하루』『왕비의 하루』, 고려사의 역동 적 순간을 담은『고려사로 고려를 읽다』, 공자의 생애와 사상을 정리한『슬픈 공자』등도 그간의 연구 성과 중 하나다. 그 외에도『우남 이승만, 대한민국을 세우다』와 사회비평서 『한국은 난민촌인가』『아부의 즐거움』등을 출간했다.

역서로는『해석학이란 무엇인가』『역사의 의미』『여성 철학자』『폭력사회』『안전의 원칙』 등 역사와 사회철학 분야를 아울러 20여 권이 있다.

심경부주

초판 1쇄 2015년 11월 20일
초판 4쇄 2022년 4월 30일

지은이 | 진덕수 · 정민정
옮긴이 | 이한우
펴낸이 | 송영석

주간 | 이혜진
기획편집 | 박신애 · 최미혜 · 최예은 · 조아혜
외서기획편집 | 정혜경 · 송하린 · 양한나
디자인 | 박윤정 · 유보람
마케팅 | 이종우 · 김유종 · 한승민
관리 | 송우석 · 전지연 · 채경민

펴낸곳 | (株)해냄출판사
등록번호 | 제10-229호
등록일자 | 1988년 5월 11일(설립일자 | 1983년 6월 24일)

04042 서울시 마포구 잔다리로 30 해냄빌딩 5 · 6층
대표전화 | 326-1600 **팩스** | 326-1624
홈페이지 | www.hainaim.com

ISBN 978-89-6574-505-1